GOLDMA
ESOTERIK

Buch

Für alle Freunde der weltberühmten Schauspielerin und erfolgreichen Esoterikautorin Shirley MacLaine ist dieses Buch die zwingende Fortsetzung ihres Bestsellers »Zauberspiel«: Brian Bates, Psychologe und Regisseur aus Leidenschaft, lotet in anschaulichen Beispielen und faszinierenden Analogieschlüssen den Zusammenhang zwischen dem Rollenspiel des Schauspielers und unserer persönlichen Rolle aus, die wir als Inkarnation in diesem Leben zu erfüllen haben. Ähnlich wie der Schamane muß auch der Schauspieler sein Publikum verzaubern. Auch für ihn gilt es, den Weg von Transformation und Wiedergeburt zu beschreiten, um seine Rolle mit echtem Leben zu füllen.

Die Techniken und Erkenntnisse, die der Schauspieler dabei erarbeitet, können auch für unseren spirituellen Weg wertvolle Erkenntnisse vermitteln. Wenn wir lernen, uns seine »zauberischen« Fähigkeiten anzueignen, gewinnen wir Zugang zu unserem Transformationsprozeß, der uns hilft, unsere Lebensprobleme besser zu bewältigen.

Autor

Brian Bates unterrichtet humane und transpersonale Psychologie an der Universität von Sussex. Er ist Direktor eines medizinisch-psychologischen Forschungsprojekts und leitet seit sieben Jahren Workshops, in denen Theaterstücke studiert und mit Hilfe des Rollenspiels psychologische Erkenntnisse gewonnen werden. Mit seinem Buch »Wyrd« (Goldmann Taschenbuch 8546), in dem er den Entwicklungspfad eines angelsächsischen Zauberers beschreibt, erregte er international Aufsehen. Derzeit arbeitet er an einer psychologischen Studie über Tolkiens »Herr der Ringe«.

BRIAN BATES

Der Spieler und der Zauberer

Der Schauspieler als moderner Schamane

Aus dem Englischen von
Hans Jürgen Baron von Koskull

GOLDMANN VERLAG

Originaltitel: The Way of the Actor
Originalverlag: Century Hutchinson Ltd., London

Deutsche Erstveröffentlichung

Der Goldmann Verlag
ist ein Unternehmen der Verlagsgruppe Bertelsmann

Made in Germany · 10/89 · 1. Auflage

Umschlaggestaltung: Design Team, München
Satz: Uhl + Massopust, Aalen
Druck: Elsnerdruck, Berlin
Verlagsnummer: 11890
Redaktion: Erna Tom
Lektorat: Brigitte Leierseder-Riebe
Herstellung: Gisela Ernst
ISBN: 3-442-11890-5

Inhalt

Dank des Verfassers

Ich bin Glenda Jackson zum ersten Mal in ihrer Garderobe im Old Vic Theatre in London begegnet. Während wir uns unterhielten, legte sie sich die Schminke für die exotische Maske einer Königin in der Titelrolle von Racines *Phädra* auf. Während sie die Wimpern tuschte, sprach sie von esoterischen Energien. Das war der Situation durchaus angemessen, denn diese wunderbare Schauspielerin vereinigt in sich die intellektuelle Erregung und die leidenschaftliche Energie, die das Leben eines Schauspielers bestimmen, mit dem schlichten Respekt für die praktischen Dinge. Die Wesensart des Schauspielers ist sowohl esoterisch als auch praktisch, und Glendas Arbeit und Ideen haben mich zu diesem Buch inspiriert.

Charlton Heston läßt sich in keine Kategorie einordnen. Er ist ein legendärer Filmstar, der auch die anspruchsvollsten Bühnenrollen meistert, eingeschlossen die großen Charaktere in den Dramen von Shakespeare. Obwohl er mit Recht behauptet, daß der Schauspieler *handelt* und seine Kunst sich in ihrer »Nebelhaftigkeit« nicht mit Worten allein beschreiben läßt, hat er alles getan, um das Gegenteil zu beweisen. Seine Ansichten über das Wesen des Schauspielers waren aufschlußreich, unterhaltsam und provozierend.

Antony Sher wird von seinem Publikum als großartiger Schauspieler gefeiert. Mit seinem riskanten Spiel greift er zurück auf die magischen Kräfte des Schauspielers, und seine großen Erfolge zeigen, welch wichtige Rolle das Theater in unserem Leben spielt. Er hat bescheiden und humorvoll mit mir über seine Arbeit gesprochen, und diesen Gesprächen habe ich vieles zu verdanken, was in diesem Buch behandelt wird.

Liv Ullmann hat mich an ihren originellen, erfrischenden, freimütigen und ungewöhnlich lebensklugen Ideen teilnehmen lassen. Sie spricht über ihre Arbeit und ihr Leben so, daß es einen unterhält, inspiriert und belehrt. Ihr Engagement für andere Menschen und ihr großes Einfühlungsvermögen sind ihre herausragenden Charaktereigenschaften. Liv verkörpert jene Art von Weisheit, die, wie ich glaube, den Wesenskern des großen Schauspielers ausmacht.

Zwar habe ich meinen Gesprächen mit diesen vier Schauspielern sehr viel zu verdanken, doch ist dieses Buch vor allem das Ergebnis meiner jahrelangen Zusammenarbeit mit Hunderten von Schauspielern. Ein großer Teil dieser Arbeit wurde an der Royal Academy of Dramatic Art (RADA) in London geleistet, einer der in der ganzen Welt führenden Schauspielschulen. Hugh Cruttwell war Direktor der RADA, als er mich vor zehn Jahren einlud, vor seinen Schauspielern einen Vortrag zu halten. Das war der Beginn meiner Beschäftigung mit der Welt des Schauspielers, und im Anschluß daran habe ich unter der Leitung von Hugh Lehrgänge veranstaltet, praktische Übungen geleitet und Regie geführt. Diese Tätigkeit hat schließlich dazu geführt, daß dieses Buch entstanden ist. Hugh hat mich großzügig beraten und meine Arbeit gefördert, und er hat mir immer klar und freimütig seine Meinung gesagt. Ohne ihn hätte dieses Buch nicht geschrieben werden können.

Die besondere Stärke dieser Akademie liegt darin, daß in ihren Intensivkursen alle Aspekte der Schauspielkunst behandelt werden; es gibt keine enge »Parteilinie«. Und sie beschäftigt die denkbar besten Lehrer und Regisseure. RADA zeichnet sich daher durch eine einmalige Vitalität aus, und ich bin den Mitarbeitern der Akademie dankbar für die vielen Anregungen, die ich hier empfangen habe, für ihre Aufgeschlossenheit gegenüber neuen Ideen und ihr lebendiges Interesse für die besondere Art des Schauspielers. Vor allem gilt mein Dank dem neuen Direktor der RADA, Oliver Neville, der mich bei der Arbeit an diesem Buch großzügig unterstützt und mich zum Schreiben ermutigt hat.

Zwar stütze ich mich hier weitgehend auf Erfahrungen, die ich an der RADA gemacht habe, aber die Abenteuer, die ich schildere, habe ich selbst zu verantworten, und niemand darf es der Akademie zur Last legen, wenn ich mich gelegentlich geirrt haben sollte.

Bei meinem Bemühen, das Wesen des Schauspielers zu ergründen, haben mich zahlreiche Persönlichkeiten mit Rat und Tat unterstützt. Zu denjenigen, die hier genannt werden müssen, gehören Elizabeth Watson Bates, der ich viele der besten Ideen zu verdanken habe; John Goodman, mit dem ich nächtelang Gespräche führen durfte; die Bibliothekarin der RADA, Claire Hope, die mich sachkundig beraten hat; Elna Steinmann, die meine Seminare organisiert hat, und Gill Ingle, die mich ermutigt und die notwendigen Ferngespräche mit Rom geführt hat. Ebenso danke ich Carol Malcolmson von der Royal Shakespeare Company und Tracey Walker für ihre Arbeit an der Schreibmaschine, vor allem aber für die amüsanten Geschichten, mit denen sie mich unterhalten haben.

Vor allem gebührt mein Dank jedoch den Hunderten von Schauspielern, mit denen ich im Lauf der Jahre zusammengearbeitet habe. Es wäre ungerecht, einzelne Namen besonders hervorzuheben, aber die Persönlichkeiten, die unter meiner Regie auf der Bühne gestanden haben, die ich unterrichten durfte und die mit mir in den Seminaren an meiner Forschungsarbeit beteiligt waren, sind es, die mich gelehrt haben, das Wesen des Schauspielers zu erfassen, denn in Wirklichkeit haben sie dieses Buch mit mir geschrieben.

Einführung: Die Welt des Schauspielers

Als sie sich zum ersten Mal begegneten, wußte Alec Guinness, daß James Dean sterben würde. Es war keine auf rationale Überlegungen gegründete Voraussage, die sich auf die angebliche Unbesonnenheit von Dean stützte, ja nicht einmal eine intuitive Eingebung bei der Beurteilung des Charakters dieses jungen Mannes. Es war eine Vorahnung, so gnadenlos und scharf wie eine Guillotine. Guinness warnte Dean und sagte ihm, er werde innerhalb einer Woche sterben. Und genau sieben Tage später war Dean tot.[1]

Ein Schauspieler an der Royal Academy of Dramatic Art lag mit geschlossenen Augen auf dem Rücken. Aber während er bewegungslos dalag, verließ sein Geist, seine Seele, sein »astrales« Selbst seinen Körper und das Gebäude, durchstreifte die Straßen Londons und schilderte alles, was dort geschah, als könne er diese Dinge direkt wahrnehmen.

Und Shirley MacLaine spürt, wenn sie in ihren Filmen die verschiedenen Rollen verkörpert, die dargestellten Persönlichkeiten nicht nur als in der Phantasie existierende Menschen, die nur zu unserer Unterhaltung erfunden worden sind. Im Gegenteil. Sie sind ihrer Meinung nach die spirituelle Essenz von Menschen, die gelebt haben und gestorben sind, um unter uns wiedergeboren zu werden.[2]

Diese erstaunlichen Erfahrungen sind Hinweise auf geheimnisvolle Bereiche in der menschlichen Natur, die von der Wissenschaft noch nicht ausgelotet worden sind. Darüber hinaus haben solche Erfahrungen jedoch eine besondere Bedeutung für uns. Sie zeigen uns, daß sich der Schauspieler auf einem ganz eigenen Weg zu Wissen und Macht befindet.

Viele Schauspieler haben von überwältigenden Erlebnissen berichtet, die ihnen ganz neue Dimensionen des Lebens offenbart zu haben scheinen, wenngleich das Paranormale nicht das einzige Kriterium der Profundität ist. Glenda Jackson hat bei manchen ihrer Auftritte gefürchtet, ihr Leben zu riskieren; sie hat geglaubt, sie könnte ihre Seele verlieren und müsse dahinwelken und sterben. Jeder Auftritt ist ein Risiko und erfordert Mut. Charlton Heston ist als Darsteller in den großen Dramen von Shakespeare bis an die Grenzen des menschenmöglichen gegangen. Es waren Herausforderungen, bei denen er das Gefühl hatte, wie ein Jäger immer steilere Berghänge erklimmen zu müssen, um eine unbekannte Beute zu finden. Antony Sher erlebt seine Bühnenrollen wie geliebte Menschen, die in sein Leben treten, wie eine andere Persönlichkeit, die stets gegenwärtig und immer in seiner Nähe ist. Und doch ist es sein eigenes Wesen, das im Mittelpunkt seines Spiels steht und ständig von neuem ausgelotet, erforscht und zum Ausdruck gebracht wird.

Und Liv Ullmann begegnet als Schauspielerin ihrem inneren Selbst und stellt es dar. Sie erlebt, wie die Filmkamera ihre Gedanken, Emotionen und Ängste aufzeichnet. Und doch sind es nicht ihre eigenen Gedanken, Emotionen und Ängste, denn sie ist bei ihrem Spiel von einer fremden Gegenwart erfüllt, einer Persönlichkeit, die sie in Besitz genommen hat, von einem Geist, von dem die Schauspielerin und ihr Publikum erfüllt sind.

All diese Erfahrungen haben eine besondere Bedeutung, denn sie enthüllen in den Schauspielern und in uns selbst tiefe Geheimnisse. Und doch gab es in der Vergangenheit einen Zugang zu diesem Wissen. Denn in den frühen Gesellschaften dieser Welt hat man von den Schauspielern *erwartet*, daß sie die Zukunft voraussagen können. Daß sie die Grenzen ihrer Körperlichkeit verlassen und selbst die Geister der Mysterien verkörpern; bei ihren Auftritten ihr Leben auf der Jagd nach dem Unbekannten riskieren, einen in ihrem Inneren wohnenden Geist lieben und offenbaren, der mit anderen in der Tiefe ihrer Seelen in Verbindung träte.[3]

Über Jahrtausende hat man die Schauspieler als Bewahrer der Weisheit angesehen. Und das Leben des Schauspielers war ein Weg zu persönlichem Wissen und Macht.

Ich bin der Meinung, daß dem auch heute noch so ist.

Die tiefen Einsichten, die von Schauspielern auf ihrem Weg gewonnen wurden, kannte man in allen traditionellen Gesellschaften, aber im Lauf der vergangenen Jahrhunderte sind sie verschüttet worden und dem Rationalismus zum Opfer gefallen. Und doch blüht auch noch heute diese intuitive Psychologie in der Arbeit des Schauspielers, ohne daß wir uns dessen bewußt sind. Es ist ein Wissen, das neu entdeckt und neu erkannt werden muß: altes Wissen in neuem Licht. Und aus diesem Grund zeigt uns der Schauspieler einen *neuen* Weg zu persönlichem Wissen und persönlicher Macht.

Schauspieler als Schamanen

Der Filmregisseur John Boorman unternahm zur Vorbereitung seines Films *The Emerald Forest* eine Expedition in das Innere der Regenwälder Brasiliens, in dem ein weißer amerikanischer Junge von einem südamerikanischen Indianerstamm entführt und aufgezogen wird. Boorman flog zunächst in das Stammesgebiet und drang von seinem Landeplatz aus weiter in den Dschungel vor, um sich dort mit dem berühmten Schamanen Takuma zu treffen. Als er ihn schließlich gefunden hatte, fragte ihn Takuma nach seiner Arbeit: »Es ist nicht leicht, einem Mann zu erklären, was ein Film ist, wenn dieser Mann noch nie in einem Kino war oder ein Fernsehgerät gesehen hat. Aber ich gab mir große Mühe, und er hörte aufmerksam zu. Ich sagte ihm, wie eine Szene plötzlich aufhört und die nächste beginnt, und zwar an einem anderen Ort und zu einer anderen Zeit, wie in einem Traum. Sein Gesicht leuchtete auf, denn das konnte er begreifen. Dann schilderte ich ihm die Tricks, mit denen wir das Unmögliche möglich machen. Das befriedigte schließlich seine Neugier. ›Du machst Visionen, Magie. Du bist ein *paje* wie ich.‹«[4]

Alle sogenannten »primitiven« Gesellschaften haben führende Persönlichkeiten, die über besondere Kräfte verfügen. Diese Menschen besitzen die Fähigkeit, ihr normales Ich in öffentlichen

Aufführungen in etwas anderes zu verwandeln, in einen Gott, in ein Tier, in einen Vorfahren oder in die Verkörperung eines Geistes. Ihre besondere Aufgabe in der Gesellschaft ist es, die Grenzen ihrer eigenen Identität zu überschreiten, einem Weg zu folgen, der zu persönlichem Wissen führt, und ihre Zuhörerschaft in dramatischen Aufführungen auf eine rituelle Reise in die Tiefen der eigenen Psyche zu führen. Es sind Mystiker, magische Seher und Erzeuger von Visionen. Diese Leute, die man als Schamanen, Zauberer oder Medizinmänner bezeichnet, waren die ersten Schauspieler.[5]

Heute ist das »Erzeugen von Visionen« nicht nur die Aufgabe von Schauspielern, sondern auch von Filmregisseuren wie John Boorman, von Schriftstellern, Produzenten, Kameramännern, Technikern, Bühnenarbeitern und so weiter. Aber im Mittelpunkt des ganzen Geschehens steht der Schauspieler, vor allem auf der Bühne. Aber auch in Filmen, wo der Regisseur durch Spezialeffekte wirkungsvolle Bilder entstehen läßt, weist der Schauspieler die Richtung. Er ist die Schlüsselfigur, die Persönlichkeit, die uns die Bilder, die wir sehen, entschlüsselt.

In traditionellen Gesellschaften nehmen die Schauspieler einen ganz besonderen Rang ein. Es sind Menschen, die die Fähigkeit besitzen, direkt mit der »Geisterwelt« in Verbindung zu treten, mit den Mächten und Kräften des Lebens, von denen wir zwar wissen, daß sie existieren, die wir jedoch nicht sehen können. Sie haben die Gabe, Wahrheiten zu schauen, die jenseits der Wahrnehmungsfähigkeit unserer Sinne liegen. Als Schauspieler auftretende Schamanen manifestieren in dramatischen Vorstellungen den »Geist«. Dabei erwecken sie den Eindruck, in die Geisterwelt fliegen zu können, von Geistern besessen zu sein oder selbst zu Geistern zu werden. Noch heute betrachtet man in orientalischen Kulturen, in Südamerika und Afrika Schauspieler als Menschen mit ungewöhnlichen Fähigkeiten.[6]

Aber auch in westlichen Gesellschaften haben die Schauspieler vor Jahrhunderten die Rolle des Hellsehers, des Heilers und des Weisen übernommen. Damals waren sie im wesentlichen öffentlich auftretende Mystiker.

Heute gibt es im Westen viele Schauspieler, die von Erfahrungen berichten, die sich durchaus mit denen dieser »öffentlich auftretenden Mystiker« vergleichen lassen. Shirley MacLaine spricht von dem Gefühl, den Körper verlassen zu haben. Dabei hat sie sich selbst aus der Perspektive der Körperlosigkeit gesehen. Dieses Erlebnis wurde begleitet von ekstatischen Emotionen und Visionen. Was sie hier beschreibt, ist den Erlebnissen von Schauspielern früherer Zeiten sehr ähnlich, die in die Geisterwelt »geflogen« sind, um dort die Geheimnisse des Lebens zu entdekken.

Für Shirley MacLaine ist ihre Arbeit zugleich Selbsterfahrung: »Ich muß in mich hineinreichen und mich berühren, wenn ich die Welt begreifen und gute Arbeit leisten will.« Aber der Schauspieler gewinnt dieses innere Verständnis nicht dadurch, daß er sich allein auf sich selbst konzentriert: »Es ist für mich sehr wichtig, mich auch mit Fragen außerhalb meiner selbst zu beschäftigen, denn, um ehrlich zu sein, glaube ich, daß ich nur auf diesem Weg zu mir selbst finden kann.«[7]

In der Verkörperung einer Rolle liegt eine verborgene Kraft. Diese Energie richtet sich während der Vorstellung nach außen und läßt das Selbst des Schauspielers hinter sich. Die Arbeit ist nach außen gerichtet. Die Erfahrungen des Schauspielers, so aufschlußreich und erregend sie sein mögen, sind als solche nicht Gegenstand der Betrachtung und Überprüfung, wie dies im Rahmen einer Therapie notwendig wäre. Ebenso wie die Kunst des Bogenschießens im Zen, wo die Konzentration des Bogenschützen auf sein Einssein mit dem Ziel verborgene Kräfte frei werden läßt, wird auch der Schauspieler eins mit der handelnden Person, der Rolle, der Aufführung und dem Theaterstück. Der Schauspieler geht einen an die Übungen des Zen erinnernden Weg zur Selbsterkenntnis.

Natürliche Schauspieler arbeiten mit einer Vision von der psychischen Einheit des Lebens, die ihrer Arbeit Sinn und Richtung gibt. Liv Ullmann hat ein ähnliches Bild vor Augen, wenn sie sagt, der Schauspieler suche einen intimen Kontakt mit seinen eigenen Emotionen, um anderen Menschen näher sein zu können... »Man wird dadurch kein besserer Gesprächspartner, keine größere Schönheit, und man gewinnt auch nicht an Verstand, aber es gibt einem das Gefühl, ganz unmittelbar am Lebensprozeß teilzunehmen. Man hat einen engeren Kontakt mit anderen, weil man diesen Kontakt zu sich selbst hergestellt hat.«[8]

Manchmal führt das Wissen des Schauspielers um das eigene Ich zu einem explosionsartigen, reinigenden Freiwerden von Emotionen. Diese konzentrierte Form der Selbstentdeckung kann das Leben in dramatischer Weise verändern. Marlon Brando berichtete zum Beispiel, wie seine Arbeit am Beginn seiner schauspielerischen Laufbahn auf ihn gewirkt hat: »Die Arbeit als Schauspieler hat mich mehr als alles andere ... meine Neigung zur Gewalttätigkeit erkennen lassen und mir geholfen, sie loszuwerden. Und ich glaube, nach Abschluß der Dreharbeiten für den Film *Der Wilde* war sie endgültig verschwunden.«[9]

Wenn eine Rolle von einem Schauspieler verlangt, eine bisher verborgene oder auch verdrängte starke psychische Eigenschaft zum Ausdruck zu bringen, dann hat das unter Umständen entscheidende Auswirkungen. Aber die Arbeit des Schauspielers unterscheidet sich von den meisten psychotherapeutischen Verfahren, bei denen die Energie nach innen gerichtet wird, um sich dort auf vergangene Erfahrungen zu konzentrieren, sie bewußt zu machen und im einzelnen zu analysieren. Wenn sich der Schauspieler mit solchen Erfahrungen beschäftigt und sich ihrer Bedeutung bewußt wird, dann tut er es intuitiv, verwendet sie jedoch dazu, einer von ihm dargestellten Persönlichkeit oder Rolle Leben einzuhauchen. Die in seinem Inneren verborgene Emotion bleibt auch weiter verborgen, kommt jedoch in anderer Form zum Ausdruck – im Charakter der dargestellten Persönlichkeit. Starke emotionale Kräfte im Inneren des Schauspielers werden kreativ einbezogen, ohne daß die Kraft verlorengeht, die manchmal die bewußte, rationale Analyse innerer Erfahrungen begleitet. Marlon Brando hat von dem emotionalen Aufruhr gesprochen, der seinen Auftritten die Eindringlichkeit verleiht, und seine Berichte entsprechen denen »primitiver« Schauspieler, die sich in Gemütszustände versetzen, die wir als pathologisch bezeichnen würden. Doch anschließend kehren sie unbeschadet in die normale Welt zurück, nachdem sie durch dieses Erlebnis etwas für das Leben gelernt haben. Es ist eine Art heilenden Wahnsinns, den Brando mit öffentlich auftretenden Mystikern der traditionellen Gesellschaften teilt.

Ben Kingsley wurde für seine bemerkenswerte schauspielerische Leistung als Gandhi in dem gleichnamigen Film mit einem Academy Award ausgezeichnet. Zehn Jahre zuvor hatte er bei der Royal Shakespeare Company die Rolle des Hamlet gespielt. Im Rückblick sagte er dazu: »Hier hatte ich Gelegenheit, mich selbst so gründlich zu erforschen, daß ich glaube, daß diese Erfahrung mein ganzes Leben verändert und umgestaltet hat. Seit Hamlet habe ich mich ständig selbst überrascht, indem ich immer ruhiger wurde.«

Äußerliche Aktivität, die nicht mit der inneren Ruhe verbunden ist, erscheint dem Schauspieler als unsinnig. Die Voraussetzung dafür, präsent zu sein, besteht für den Schauspieler darin, daß er seine persönliche Mitte, einen Kraftpunkt, findet, der fest mit der äußeren Aktivität verbunden ist. Das ermöglicht ihm, sein Publikum zu fesseln und es zu zwingen, sich auf ihn zu konzentrieren. Es ist eine Präsenz, die weit über das Physische hinausgeht und, wie wir sehen werden, in jene »zwielichtige Zone« der Wissenschaft hineinreicht, die wir als »paranormal« bezeichnen.

Wir müssen natürlich nicht durch die ganze Welt reisen, um festzustellen, welche Rolle der Schauspieler in anderen Kulturen spielt, und müssen dazu auch nicht in längst vergangene Zeiten zurückgehen, wenngleich uns das helfen wird, uns über bestimmte Einzelheiten zu informieren. Wir müssen das Leben des Schauspielers nur mit anderen Augen ansehen, und zwar nicht als Theater- oder Filmkritiker, als Rezensenten von Fernsehspielen, als Vertreter einer besonderen Methode für die Ausbildung von Schauspielern, als akademische Theoretiker auf dem Gebiet des Dramas oder als Sachverständige für zeitgenössische Kunst. Wir müssen vielmehr selbst erleben und begreifen, welche inneren *Erfahrungen* der Schauspieler macht. Und die Erforschung dieser inneren Welt des Schauspielers zeigt uns, was wir über uns selbst und über das Leben lernen können, wenn wir das Leben des Schauspielers erforschen als einen neuen Weg, Erkenntnisse zu gewinnen und Einfluß auszuüben. Wie wir aus den Erfahrungen der heutigen Schauspieler sehen können, geht es ihnen in keiner

Weise darum, ihre anthropologische oder historische Neugier zu befriedigen, sondern sie sehen in ihrem Beruf durchaus einen Weg zu persönlichem Wissen und persönlicher Macht.

Schauspieler als Neurotiker

Natürlich hat sich unsere Einstellung gegenüber den Schauspielern verändert. Heute nehmen wir zu ihren Fähigkeiten und Eigenschaften augenscheinlich eine sehr ambivalente Haltung ein. Einige Schauspieler werden zu Helden, zu hoch angesehenen Persönlichkeiten, und man räumt ihnen ein ungeheures Prestige und Einfluß ein. Dustin Hoffman, Jane Fonda, Marlon Brando und Meryl Streep verdienen in wenigen Wochen oder auch nur wenigen Tagen mehrere Millionen Dollar. Theateraufführungen, in denen Antony Sher, Liv Ullmann, Charlton Heston und Glenda Jackson auftreten, sind regelmäßig ausverkauft. Gemessen daran, wie wir mit unseren »Stars« umgehen, kann die Bedeutung der Schauspieler kaum überschätzt werden.

Und doch werden sie oft als Menschen dargestellt, die ihrer selbst nicht sicher sind, die ständig Aufmerksamkeit und Beifall brauchen. Oder man glaubt, sie litten unter Neurosen und müßten sich auf der Flucht vor sich selbst hinter ihren Rollen verstecken. Dann wieder beschuldigt man sie, ihr übermäßig aufgeblähtes Ego zu pflegen, besonders bei ihren Auftritten in der Öffentlichkeit. Während wir möglicherweise ihre Begabung und ihre Leistungen bewundern, vergessen wir, daß wir von den Schauspielern etwas für unser eigenes Leben lernen können.

Im Gegensatz zu den traditionellen Gesellschaften heute und in der Vergangenheit ordnen wir die Menschen, die uns als Darsteller in die Welt der Phantasie entführen, in die frivole Welt der »Unterhaltung« ein. Sie sollen uns in unserer Freizeit amüsieren und das Entspannungsbedürfnis von Menschen befriedigen, die eine Ablenkung vom Alltag brauchen. Belehrung und Lebenshilfe erwarten wir indessen von den Wissenschaftlern.

Ich glaube, damit machen wir einen verhängnisvollen Fehler.

Denn der Lebensweg des Schauspielers gleicht durchaus dem unseren, mit dem einzigen Unterschied, daß der Schauspieler auf seinem Weg sehr viel weiter vorankommt. Damit, daß der Schauspieler das Wesen anderer zu ergründen sucht, erforscht er sich selbst. Und wenn wir die Erfahrungen der Schauspieler teilen, werden wir auch unsere eigenen Erfahrungen verstehen lernen.

Wir sind alle Schauspieler

Wir alle sind Schauspieler. Jeden Tag spielen wir mit wechselndem Geschick und mehr oder weniger großer Hingabe die verschiedensten Rollen. Unsere Bühne sind das eigene Haus, der Wagen, die öffentlichen Verkehrsmittel, der Arbeitsplatz, Restaurants, Läden, Partys und viele andere Schauplätze. In einigen dieser »Produktionen« sind wir Statisten und übernehmen nur Nebenrollen. Wir offenbaren nur einen Teil unserer selbst und verbergen anderes, je nach den Erfordernissen der Situation.

Viele Schauspieler kennen das Alltagsleben sehr genau und haben sich dazu geäußert, wie die Kunst des Schauspielers in diese Verhaltensweisen integriert werden muß. Rip Torn spricht von den kleinen dramatischen Aufführungen, mit denen wir unsere Gespräche würzen: »Ich glaube, wir alle kennen Menschen, die, besonders wenn sie anfangen zu tratschen, andere Leute imitieren.«

Und für uns alle gibt es dramatische Szenen, Auftritte, bei denen wir glauben, uns anders verhalten zu müssen als im »normalen« Leben – überzeugender, attraktiver und stärker. In diesen Szenen übernehmen wir eine bestimmte Rolle. Rip Torn sagt dazu: »Wir sind alle Experten bei der Inszenierung eines Stücks. Was tun Sie, wenn Sie sich entschließen, Ihren Chef um eine Gehaltserhöhung zu bitten? Sie haben diese Szene in Gedanken bereits in allen Einzelheiten durchgespielt, nicht wahr?«[11]

Und Marlon Brando betont die hohen Anforderungen, die das tägliche Leben an die schauspielerischen Fähigkeiten des einzelnen stellt: »Die meisten Menschen glauben, sie hätten keinerlei schauspielerische Begabung, aber in Wirklichkeit spielen sie vom frühen Morgen bis zum späten Abend.«

Von Zeit zu Zeit beschäftigen wir uns im täglichen Leben auch mit anderen Formen der darstellenden Künste. Die meisten von uns tanzen, weil sie Vergnügen daran haben, malen, weil es ihnen Freude macht, singen im Chor oder in der Badewanne oder spielen ein Instrument. Das sind ganz gewöhnliche Freizeitbeschäftigungen. Aber Schauspieler sind wir die ganze Zeit. Wir schreiben unsere eigenen Stücke mit einer eigenen Rollenbesetzung, und jedes dieser Stücke gibt uns die Gelegenheit, uns selbst darzustellen, nachdem wir unsere Rollen gründlich eingeübt und die Szene entsprechend aufgebaut haben.

Gerade weil wir alle *wissen*, wie wir unseren Auftritt gestalten müssen, was es bedeutet, vor einer Gruppe von Menschen zu sprechen und sich in einer bestimmten Weise zu verhalten, um einen bestimmten Eindruck zu erwecken –, gerade weil uns diese Aktivitäten so vertraut sind, haben wir eine so intime Beziehung zu den Methoden, mit denen der Schauspieler seine Erkenntnisse gewinnt. Fast alles, was Schauspieler tun, läßt sich mit Dingen identifizieren, die auch wir im täglichen Leben in weniger aufsehenerregender Form tun. Um jedoch die konzentrierten Wahrheiten zum Ausdruck zu bringen, von denen das Drama lebt, und überzeugende Aufführungen vor einem großen Publikum und vor dem durchdringenden Auge der Film- und Fernsehkamera zustande zu bringen, muß der Schauspieler seine Selbsterkenntnis und seine Ausdruckskraft weit über das Maß hinaus entwickeln, das den meisten von uns gegeben ist.

Der Regisseur Peter Brook spricht von dem wesentlichen Unterschied, wenn er sagt: »Das Spiel des Schauspielers beginnt mit einer winzigen Bewegung, die so gering ist, daß sie fast unsichtbar bleibt ... Ich sage einem Schauspieler zum Beispiel, er solle sich vorstellen, ›sie verläßt dich‹. In diesem Augenblick kommt es tief im Inneren eines jeden zu einer subtilen Gemütsbewegung, aber in den meisten Menschen, die keine Schauspieler sind, ist diese Bewegung zu gering, um sich in irgendeiner Weise nach außen zu manifestieren. Der Schauspieler ist ein empfindsameres Instrument, und in ihm spürt man dieses Beben.«[12]

Ähnliche Unterschiede gibt es auch in anderen Bereichen der Reaktionsfähigkeit, der Phantasie, der psychischen und körperlichen Möglichkeiten und der Ausdrucksmittel des Schauspielers. Und die Art, wie Schauspieler diesen Zustand einer höheren Reaktionsfähigkeit und eines geschärften Bewußtseins ihrer persönlichen Kräfte erreichen, bildet den Hintergrund für dieses Buch. Denn obwohl wir vielleicht nicht alle technischen Fähigkeiten des Schauspielers erwerben wollen, glaube ich doch, daß es im Spiel, in den Proben, in der Ausbildung und in der Lebenserfahrung des Schauspielers eine ganze Welt intuitiven Wissens und menschlicher Einsichten gibt.

Wissen und Macht

Der Schauspieler verfügt über kein System zur Selbstvervollkommnung, das wir uns zunutze machen könnten, um uns auf ein bestimmtes Ideal hin weiterzuentwickeln. Es geht auch nicht um eine Psychotherapie, mit Hilfe derer wir »Ordnung in unser Leben bringen«. Es kommt vielmehr darauf an zu begreifen, welche inneren Ressourcen uns zur Verfügung stehen, um sie zu aktivieren und unser Leben in Einklang mit uns selbst zu bringen. Der Schauspieler bedient sich sehr wohl ganz bestimmter Techniken, die zum Teil in diesem Buch beschrieben werden. Vor allem aber geht es um eine Art zu leben, bei der wir gewisse Grenzen überschreiten, die uns durch unsere Vorstellungen von der menschlichen Natur gesetzt und in der heutigen Gesellschaft fest verankert sind.

Das alles soll natürlich nicht heißen, daß Schauspieler einer Gattung übermenschlicher Wesen angehören. Auch Schauspieler zeigen menschliche Schwächen. Zwar eröffnet dieser Beruf dem einzelnen einen Weg zur Erweiterung seines Wissens über sich selbst, doch das muß nicht heißen, daß alles, was es dabei zu entdecken gibt, leicht absorbiert, verdaut und integriert wäre. Es gibt viele Schauspieler, die eine Menge über sich wissen, denen jedoch das, was sie sehen, nicht gefällt. Der Weg, den der Schauspieler gehen muß, ist kein keimfreier, abgeschirmter und gesicherter Weg. Aber es gibt Schauspieler, viele Schauspieler, die aus ihrer Arbeit etwas gelernt und deren Erkenntnisse sie zum Verständnis ihrer selbst und anderer geführt haben.

Selbsterkenntnis führt zu innerer Stärke. Aber diese Stärke will nicht andere beherrschen und kontrollieren. Eine solche Haltung wäre Ausdruck der eigenen Unsicherheit. Es ist vielmehr die Fähigkeit, das eigene Schicksal angesichts der uns auferlegten äußeren Zwänge selbst zu bestimmen. Während es angeblich das Ziel der wissenschaftlichen Psychologie ist, »menschliches Verhalten vorauszusagen und zu kontrollieren«, bemüht sich der Schauspieler darum, sich selbst zu verstehen, und dieses Bemühen kann dazu beitragen, daß eine solche Persönlichkeit weniger berechenbar wird und weniger leicht von äußeren Kräften beherrscht werden kann.

Dieses Buch zeigt anhand der Erfahrungen heutiger Schauspieler, was wir von Schauspielern über uns selbst lernen können. Es soll uns den Weg weisen, unsere innere Identität zu finden, uns zu verändern, uns unserer Lebenserfahrungen bewußt zu werden und sie zu integrieren, das Leben mit anderen Augen zu sehen und Verständnis für andere zu entwickeln; uns unserer geistigen Kräfte bewußt zu werden; Risiken einzugehen und Verpflichtungen zu übernehmen; zu lernen, wie wir unser Leben auf das Jetzt konzentrieren und die Geheimnisse der persönlichen Gegenwart und des Charismas entschlüsseln können; unsere Sinne für die Wahrnehmung dessen zu schärfen, was wir sind, und uns von den engen Vorstellungen dessen zu befreien, was eine Persönlichkeit ausmacht. Wir sollen lernen, unsere geistigen und seelischen Kräfte zu aktivieren und auf dieser Ebene mit anderen zu kommunizieren.

Ich habe die Welt des Schauspielers vor etwa zehn Jahren kennengelernt, als ich einen Lehrauftrag für Psychologie an der Royal Academy of Dramatic Art erhielt. Die RADA ist eine der führenden Ausbildungsstätten für Schauspieler in der ganzen Welt. Zu ihren Absolventen gehören viele international bekannte Bühnen- und Filmschauspieler.

Ich begann meine Arbeit mit Seminaren über Themen, die nach meiner Ansicht für einen Schauspieler wichtig sind. Aber Schauspieler sind Menschen, die ihre Ideen in die Tat umsetzen wollen. Als wir über die Psychologie des Wahnsinns sprachen, verlangten sie, aufstehen und es versuchen zu dürfen; sie wollten die Rolle eines Wahnsinnigen spielen und dabei erleben, was man dabei fühlt. Das gefiel mir. Es folgten praktische Übungen und Entwürfe für Aufführungen, die den persönlichen Erfahrungen der Schauspieler entsprachen. Dann richteten wir einzelne Stücke für die Bühne ein, und schließlich schrieb ich eigene Stücke und führte dabei Regie.

So gestaltete sich alles ganz anders, als ich es ursprünglich beabsichtigt hatte. Ich hatte geglaubt, ich müßte die Schauspieler in die Psychologie einführen. Aber bald mußte ich erkennen, daß Schauspieler intuitive, kreative Psychologen *sind.*

Ich glaube nicht, daß die Psychologie, die Wissenschaft, die es sich zur Aufgabe macht, Menschen zu verstehen, nur in Laboratorien und Nervenheilanstalten angewendet werden sollte. Der Psychologe gehört überall dorthin, wo sich das Wesen des Menschen ergründen läßt. Und das Zusammensein mit Schauspielern in Arbeitsgemeinschaften, Seminaren, Meisterklassen, Beratungsgremien, Interviews, Proben und Aufführungen hat mich gelehrt, daß es einen neuen und zugleich seit jeher gültigen Weg zur Selbsterkenntnis gibt. Natürlich ist die Psychologie für den Schauspieler etwas sehr Wichtiges. Aber dieses Buch sagt nichts darüber aus, wie die Psychologie die Tätigkeit des Schauspielers »begreifen« würde. Es geht vielmehr der Frage nach, wie Schauspieler die menschliche Natur begreifen.

Meine Forschungen und Schriften beschäftigen sich mit dem Schamanismus und anderen Methoden, mit denen wir etwas über uns selbst zu erfahren suchen. Ich habe nicht lange dazu gebraucht zu erkennen, daß der Schauspieler ein lebendes Beispiel für die vom Schamanen angewendete Methode ist. Das gilt natürlich nicht für jeden Schauspieler. Einige von ihnen würden diese Vorstellung für absurd und anmaßend halten. Aber die meisten Schauspieler, mit denen ich zusammengearbeitet habe, waren dieser Idee nicht abgeneigt. Sie hat ihnen geholfen zu begreifen, was sie wissen und was sie tun. Und die Erforschung der schamanischen Vergangenheit der Schauspielkunst hat klarwerden lassen, was der Schauspieler *für uns* tut.

Meine jahrelange Zusammenarbeit mit Hunderten von Schauspielern an der Royal Academy of Dramatic Art hat mich zu diesem Buch inspiriert und bildet seinen Rahmen. In den folgenden Kapiteln schildere ich einige meiner Begegnungen mit diesen Schauspielern. Doch als ich mich entschloß, meine Ideen vor allem mit den Erfahrungen von Schauspielern zu illustrieren, um die Gültigkeit der Konzepte zu überprüfen und die Aussagen dieses Buches auf direkte Erfahrungen zu stützen, hatte ich das große Glück, daß vier bemerkenswerte Schauspieler, Glenda Jackson, Charlton Heston, Liv Ullmann und Antony Sher, mir ihre Zeit, ihre Hilfe und ihren Rat zur Verfügung gestellt haben. Ich habe Interviews mit jedem einzelnen von ihnen auf Band aufgenommen, und ihre Ideen sind im ganzen Text dieses Buches mitverarbeitet worden. Wenn ich diese Schauspieler ohne Hinweis auf das Literaturverzeichnis zitiere, dann habe ich das Zitat dem Manuskript meiner Interviews entnommen. Die Gespräche mit ihnen haben mich in meiner Überzeugung bestätigt, daß der Schauspieler einen Weg beschreitet, der ihn zur Selbsterkenntnis und Macht führt. Denn sie sind nicht nur hervorragende Schauspieler, sondern auch anregende, anspruchsvolle und inspirierende Menschen.

Doch im allgemeinen hat man eine ganz andere Vorstellung vom Wesen des Schauspielers. Und bevor wir untersuchen, wie der Schauspieler Erkenntnisse gewinnt, müssen wir uns mit der Frage beschäftigen, wie das traditionelle Wissen des Schauspielers verlorengegangen ist. Wir müssen aber auch drei allzuleicht in die Irre führende Fragen zu beantworten suchen, die immer wieder auftauchen, wenn es um den Beruf des Schauspielers geht: Welche Techniken wenden sie an? Ist es eine schöpferische oder eine interpretierende Kunst, und, sind Schauspieler nicht neurotische und ungefestigte Persönlichkeiten, die auf Anerkennung und Applaus angewiesen sind? Diese Fragen tragen viel dazu bei, daß unklare, abträgliche stereotype Vorstellungen über den Schauspieler entstehen. Wir müssen uns mit diesen Fragen beschäftigen, weil sich in ihnen Hindernisse auf dem Weg zum Verständnis des Schauspielers verbergen.

William Heard hat, nachdem er für seine Rolle in dem Film *Kuß der Spinnenfrau* mit dem Academy Award ausgezeichnet worden war, seine Arbeit als die eines »psychischen Forschungsreisenden« bezeichnet. Das umschreibt genau das Thema des zweiten Teils dieses Buches, der den Weg des Schauspielers zu Selbsterkenntnis und Macht behandelt.

1. Die verlorene Tradition

Als Meryl Streep nach London kam, um für den Film *Kramer gegen Kramer* zu werben, spielten die Medien verrückt. Drei Tage lang drängten sich die Journalisten auf dem Korridor vor ihrem Hotelzimmer, um einzeln zu den Interviews vorgelassen zu werden. Einer von ihnen hatte vielleicht zu lange auf dem Korridor warten müssen und war ungeduldig geworden. Er schrieb verächtlich über die Schauspielerin, die solches Aufsehen bei der Presse erregt hatte: »In ihrem Londoner Hotel gaben sie sich die Klinke in die Hand, Journalisten aus Italien, Holland, Belgien, Spanien, Deutschland, Skandinavien und Südafrika. Sie waren gekommen, um zu hören, was eine 33jährige Frau über sich zu sagen hatte, deren Beruf es ist, so zu tun, als sei sie jemand anderes.«[1]

Dieser Medienzirkus wäre vielleicht verzeihlich gewesen, wenn es sich um einen Politiker oder vielleicht einen Wissenschaftler gehandelt hätte. Schließlich beschäftigen sich diese Leute mit wichtigen Dingen. Aber eine Schauspielerin? Jemand, dessen Aufgabe es ist, so zu tun, als sei er jemand anderes? Die Bewunderung für eine so frivole Person ist doch sicherlich kindisch und beschämend.

Andererseits schreibt ein Journalist nach einem Interview mit Al Pacino: »Wir erwarten natürlich zu viel von unseren Schauspielern. Wir interviewen sie, bilden sie auf den Titelseiten der Zeitschriften ab und wiederholen ihre Worte, als seien es göttlich inspirierte, auf Steintafeln eingemeißelte Weisheiten. Doch die Kunst der Schauspieler entzieht sich jeder rationalen Analyse ...«[2]

Was sich jedoch in Wahrheit der rationalen Analyse entzieht, ist unsere widersprüchliche Haltung gegenüber den Schauspielern. Wir bewundern und verachten sie. Wir vergöttern sie und machen uns über sie lustig. Millionen von Menschen sehen und hören zu, wenn sie im Fernsehen interviewt werden, aber dann verlangen wir von ihnen, daß sie uns etwas über die trivialsten Aspekte ihres Lebens sagen. Wohl gibt es Schauspieler, die für ihre Leistungen geadelt werden, aber über die anderen lesen wir am Frühstückstisch nur billige Schlagzeilen in den Gesellschaftsspalten der Zeitungen, die von ihren ausgefallenen Gewohnheiten berichten. Und noch verwirrender ist die Tatsache, daß manchmal derselbe Schauspieler auf der einen Seite geehrt und bewundert und auf der anderen verächtlich behandelt wird. Fast jeder bekannte Film- und Fernsehschauspieler hat es erleben müssen, daß die Zeitungen die schmeichelhaftesten Artikel über ihn schrieben, um schon am nächsten Tag mit beißendem Spott über ihn herzuziehen. Und sogar in England, wo Bühnenschauspieler ein gewisses Ansehen genießen, hat sich Ian McKellan darüber beschwert, daß die meisten Menschen glauben, die Welt des Schauspielers bestehe aus nichts anderem als »... einer auffallenden Garderobe, einer gekünstelten Sprechweise und einem schreienden Exhibitionismus.«[3]

Wo liegt der Grund für diese widersprüchliche Haltung? Warum haben wir so schizophrene Vorstellungen von der Welt des Schauspielers? Es kann nicht viele Berufe geben, die Reaktionen über die ganze Breite des Spektrums der Gefühle, vom Starkult bis zur Verachtung, auslösen.

Um die Ursachen für dieses Phänomen zu ergründen, müssen wir weit in die Vergangenheit bis zur Quelle der Macht des Schauspielers zurückgehen.

Eine sinnlose Tätigkeit

»Manchmal hat es den Anschein, als sei die Schauspielkunst keine Beschäftigung für einen erwachsenen Menschen. Falsche Nasen und eine dicke Schicht Schminke im Gesicht – ich kann es nicht mehr aushalten.«[4] Als das English National Theatre 1970 zum ersten Mal die Vereinigten Staaten besuchte, überraschte Laurence Olivier die amerikanische Presse mit diesen Worten, die deshalb so schockierend wirkten, weil er schließlich als einer der bedeutendsten Schauspieler seiner Zeit angesehen wurde. Obwohl ihm sein Leben als Schauspieler mißfiel, war Olivier von seiner Arbeit in seltsamer Weise besessen: »Ich hoffe, ich werde nie wieder im Westend auftreten müssen ... aber ich glaube, ohne das würde ich sterben.«

Die Arbeit des Schauspielers wird dem Außenstehenden als etwas Leichtes und sogar Törichtes erscheinen, wenn ihr kein Verständnis entgegengebracht, kein Sinn und keine Bedeutung beigemessen wird. Die Schauspieler »tun« es, und wir »sehen« es uns an, und wir alle haben etwas davon. Aber augenscheinlich haben wir vergessen, worum es eigentlich geht.

Sogar die Schauspieler fragen sich, warum sie es tun.

Richard Burton hat sich in den 70er Jahren gelegentlich von seiner Arbeit distanziert. »Mein Handwerk, das ich so oberflächlich und erfolgreich ausübe, ist mir völlig fremd geworden«, grollte er. Und dann wurde er noch leidenschaftlicher: »Mir scheint, es ist die lächerlichste und unwürdigste Beschäftigung der Welt, mich hinzusetzen und irgendwelche langweiligen Sätze auswendig zu lernen, die irgendein langweiliger Mensch geschrieben hat.« Und schließlich wiederholte er die Klage von Olivier: »Als Schauspieler aufzutreten, ist für einen Mann eigentlich etwas, dessen er sich schämen muß. Es ist nicht natürlich, sich zu schminken, in einem Kostüm auf der Bühne aufzutreten und zu sagen, was ein anderer geschrieben hat. So trinkt man, um die Scham zu überwinden.« Und doch mußte Burton ebenso wie Olivier gestehen, daß er von seiner Arbeit gefesselt war. »... Es ist sehr schwer, genau zu sagen, was der Schauspieler tut. Er ist ein eigenartiges Wesen, und es fasziniert mich, ihn zu beobachten.«[5]

Viele Schauspieler behaupten immer wieder, sie hätten das Gefühl etwas Törichtes zu tun, dessen sie sich schämen müßten. So hat zum Beispiel Gene Hackman eines Tages seinen Dialog in einer Szene des Films *Eureka* noch einmal aufgenommen und dazu gesagt: »Ich bin ganz allein im Aufnahmeraum ... und sehe mich in der Szenenfolge, in der ich in Kanada Gold finde. Und ich jubele, springe umher, lache, schreie und brülle. Ich bin 52 Jahre alt und hüpfe dort herum wie ein Clown. Was ist das nur für eine Art, seinen Lebensunterhalt zu verdienen!« Aber ebenso wie die anderen fügt Hackman hinzu: »Manchmal wirkt es zwar töricht, aber ich liebe das Schauspielern.«[6]

Die vielleicht extremsten Aussagen über den Wert des Schauspielers hat Marlon Brando gemacht. Es ist allgemein bekannt, daß sich Brando gelegentlich aus der Welt des Schauspielers zurückgezogen hat. Dann hat er sie verhöhnt und gesagt, der Schauspieler führe »das Leben eines Schnorrers, weil es ihn zur völligen Zügellosigkeit treibt. Man wird dafür bezahlt, daß man nichts tut, und das Ganze führt auch zu nichts.«[7] Aber dann mußte er gestehen: »Ich habe immer versucht, das Leben des Schauspielers abzuwerten ... ich weiß nicht warum. Es ist durchaus nicht das Schlechteste, was man tun kann ...«[8]

Diese Schauspieler haben Freude an ihrer Arbeit, sie sind von ihr fasziniert, ja sogar süchtig danach. Und doch glauben sie manchmal, ihr Leben sei sinnlos und sie hätten Grund, sich dessen, was sie tun, zu schämen. Es scheint, einige Schauspieler teilen die zwiespältige Haltung der Medien, die die Schauspielkunst im gleichen Atemzug bewundern und abwerten.

Helen Mirren ist im Laufe ihrer Karriere häufig interviewt worden. Wenn sie über die Aufmerksamkeit spricht, die man ihr entgegengebracht hat, dann beschäftigt sie sich ganz besonders mit der Tatsache, daß Schauspieler von so vielen für verrückt gehalten werden. Sie sagt: »Mir kommt es immer seltsam vor, daß Menschen mit Schauspielern sprechen wollen. Ingenieure werden schließlich auch nicht regelmäßig interviewt. Und es hängt auch nicht mit dem Glanz und Glitter zusammen, sondern es hat etwas damit zu tun, daß die Arbeit des Schauspielers eigentlich etwas ganz Verrücktes ist.«[9]

Das ist eine wichtige Aussage. Sie stellt die Behauptung auf den Kopf, daß Schauspieler sich schämen müßten, weil sie ihren Lebensunterhalt mit einer so »verrückten« Tätigkeit verdienen oder daß Journalisten das Gefühl haben sollten, sie seien verrückt, wenn sie Schlange stehen, um so frivole Subjekte wie »Stars« zu interviewen. Helen Mirren meint vielmehr, daß es gerade die »Verrücktheit« der Arbeit des Schauspielers ist, die uns so sehr fasziniert. Es ist die Tatsache, daß der Schauspieler so tut, als sei er ein anderer, und es sind die Kostüme, die Schminke und das »Herumhüpfen wie ein Clown«. Und wenn wir diesen »Verrücktheitsfaktor« näher untersuchen, dann zeigt es sich, daß er eine wesentliche Voraussetzung für das Verständnis der Tradition der Schauspielkunst ist.

Denn Leute, die sich »verrückt benehmen«, sind Außenseiter.

Außenseiter

Als Charlton Heston neulich in dem Stück *The Caine Mutiny Court Martial* die Regie führte und die Hauptrolle übernahm, entstand nach seinem Eintreffen in Londons Westend ein Verkehrsstau. »Auf einer Fußgängerinsel mitten auf der Shaftsbury Avenue drängten sich die Reporter mit ihren Mikrophonen und die Fotografen mit ihren Blitzlichtern um ihn. Er selbst stand aufrecht, erhobenen Hauptes da und blickte über das Gewimmel seiner Bewunderer hinweg.« Schließlich gelang es Heston, den Ort zu erreichen, an dem er zu einer Pressekonferenz verabredet war. »Seine gegenwärtige Beliebtheit läßt sich an der phantastischen Zahl der Journalisten, Fotografen, Rundfunk- und Fernsehreporter und anderer Vertreter der Medien ermessen, die sich versammelt hatten, um ihn auf seiner Londoner Pressekonferenz in der Bar des Queen's Theatre zu sehen und zu hören.«[10]

Charlton Heston steht schon seit vielen Jahren im Mittelpunkt des öffentlichen Interesses. Er hat mir aber auch erzählt, daß es eine ganz andere Seite im Leben eines Schauspielers gibt. Bei einem seiner ersten Engagements war er der Hauptdarsteller im

Theater einer kleinen Stadt in einer von stockkonservativen Farmern bewohnten Gegend. Der Direktor des Theaters bat Heston nach seinem Eintreffen zu einem persönlichen Gespräch zu sich und erklärte: »Die Bewohner unserer Stadt lieben das Theater. Sie kommen gern hierher, aber sie wünschen nicht, daß Sie die Bekanntschaft ihrer Frauen und Kinder suchen. Es gibt eine Straße in der Stadt, und das ist die Grenze, die von den Mitgliedern des Ensembles nicht überschritten werden darf. Wenn Ihnen das nicht gefällt, dann sagen Sie es mir bitte gleich.«

Damit war Heston buchstäblich und symbolisch zum Außenseiter abgestempelt. Diese konservative Gemeinde mag ein extremes Beispiel sein, aber darin zeigt sich eine häufig zu beobachtende Einstellung gegenüber Schauspielern. Charlton Heston hat diese Regeln akzeptiert und tut es noch jetzt. Denn obwohl er einer der bekanntesten »Stars« ist, der gute persönliche Beziehungen zu einflußreichen und privilegierten Kreisen in der Politik, in der Wirtschaft und bei Hofe hat, ist er als Schauspieler ein Außenseiter. »Schauspieler sind gesellschaftlich immer noch nicht anerkannt«, erklärt er. »Soweit ich weiß, bekommt ein Schauspieler bis auf diesen Tag kein Zimmer im Ritz in Madrid, einem der größten Hotels der Welt. Regisseure ja, Bühnenschriftsteller ja; das sind ehrbare Leute – aber Schauspieler, seien sie nun bekannt oder unbekannt... nein.«

Heston wollte vor allem sagen, wie Schauspieler in ihrem täglichen Leben benachteiligt werden. In Amerika haben Schauspieler Schwierigkeiten, wenn sie einen Telefonanschluß in ihrer Wohnung haben wollen. »Wenn die Telefongesellschaft weiß, daß ein Schauspieler den Anschluß beantragt, dann wird sie ihm Schwierigkeiten machen, obwohl ein Schauspieler dringend eine solche Einrichtung braucht. Aber weil sie in Geldangelegenheiten als unzuverlässig und emotional, als instabil gelten, ist es für Schauspieler nicht leicht, einen Telefonanschluß zu bekommen.« Fälle dieser Art kamen so häufig vor, daß sich Charlton Heston als Präsident der Screen Actor's Guild mit den Telefongesellschaften in Verbindung setzte und verlangte, daß seine Kollegen ebenso behandelt wurden wie jeder andere Kunde. Aber das Problem ist bis heute nicht gelöst.

Aus welchem Grund also verweigert die Gesellschaft dem Schauspieler einen Telefonanschluß, die Unterkunft in den besten Hotels und isoliert ihn in einem bestimmten Stadtbezirk? Warum behandeln wir diese Menschen wie Außenseiter?

Mit verschmitztem Augenzwinkern legt Heston den Finger auf die stereotypen Vorstellungen, die dem Mißtrauen zugrunde liegen, das wir dem Schauspieler entgegenbringen: »Schauspieler – sie verführen deine Tochter und vielleicht sogar deine Frau. Und außerdem bezahlen sie ihre Rechnungen nicht, jeder weiß das. Sie waschen sich nicht gern und werfen in der Öffentlichkeit mit schmutzigen Ausdrücken um sich. Sie kratzen sich am Sack und trinken unmäßig.« Wir beide lachten über diese Litanei der Dekadenz. Natürlich gibt es Schauspieler, die solche Sünden begehen, aber das Komische daran ist, daß dies eine so zutreffende Aufzählung der üblichen Vorurteile gegen Schauspieler ist.

Der Beruf des Schauspielers ist zwar mit finanziellen Risiken verbunden, denn er hat keine Garantie dafür, ständig beschäftigt zu sein. Deshalb mag es eine gewisse Berechtigung haben, wenn die Leute an seiner Zuverlässigkeit beim Bezahlen von Rechnungen zweifeln. Aber woher kommen die anderen schlimmen Vorurteile, woher kommt die Vorstellung, daß der Schauspieler ein ungewaschener, grober, fluchender Lüstling und Trunkenbold ist?

Heston geht näher auf den Ursprung dieser stereotypen Vorstellungen ein: »Es fällt den Menschen schwer, den Beruf des Schauspielers als ernsthafte Beschäftigung anzuerkennen, denn was tun diese Leute? Sie verstellen sich und tun so, als seien sie nicht sie selbst. Deshalb sind sie nicht vertrauenswürdig und ehrlich, denn sie können sich überzeugend als Menschen darstellen, die sie in Wirklichkeit nicht sind. Und wir mögen niemanden, der uns hinters Licht führen kann.« Aber es kommt noch schlimmer: »Jeder, der sich in einen anderen verwandeln kann, hat wahrscheinlich gar kein wirkliches ›Selbst‹; deshalb ist er wahrscheinlich nicht sehr viel wert.« Nicht vertrauenswürdig, unehrlich und ohne ein wirkliches Selbst; das sind schwere Vorwürfe – sie wiegen viel schwerer als die Auffassung, Schauspieler seien »verrückt«. Und die Geschichte lehrt, daß der Schauspieler in den westlichen Kulturen schon sehr lange Zeit diesen zweifelhaften Ruf genießt.

1895 wurde Henry Irving als erster Schauspieler von einem britischen Monarchen geadelt. Im gleichen Jahr schrieb George Bernard Shaw: »Viele ehrbare Engländer betrachten den Besuch eines Theaters immer noch als Sünde«, obwohl sich viele Angehörige der privilegierten Kreise inzwischen »daran gewöhnt hätten, gewöhnlichen Schauspielern und Schauspielerinnen in Gesellschaftskreisen zu begegnen, wo sie noch vor 30 Jahren ebensowenig damit gerechnet hätten, einen Akrobaten anzutreffen...«[11]

Zwar waren Schauspieler immer noch suspekt, aber offensichtlich befanden sie sich schon auf dem Weg zu einer gewissen Respektabilität. In der ersten Hälfte des 20. Jahrhunderts, als das Buch *Blick zurück im Zorn* von John Osborne und zahlreiche neue Filme, die das Leben der Arbeiterklasse zum Thema hatten, Menschen aus den verschiedensten Bevölkerungsschichten den Weg zur Bühne öffneten, galt der Beruf des Bühnenschauspielers für einen Angehörigen des Mittelstandes in England fast schon als eine durchaus achtbare Tätigkeit.

Wir müssen aber sehr viel weiter zurückgehen, wenn wir sehen wollen, wo die offizielle Diskriminierung des Schauspielers begonnen hat. 1372 verabschiedete das Parlament ein Gesetz, das »Vagabunden, Bettler und Landstreicher, Bärenführer und gewöhnliche Schauspieler in Wandertheatern sowie Bänkelsänger als Gauner bezeichnete.«[12] Schon 600 Jahre bevor Charlton Heston seinen Katalog der stereotypen Vorstellungen, die sich die Öffentlichkeit vom Wesen des Schauspielers macht, aufstellte, hat dieses Gesetz das Verhalten der Schauspieler als kategorisch »unzüchtig« und daher strafbar bezeichnet.

Und ein halbes Jahrhundert später veröffentlichte ein anonymer Verfasser einen erschütternden Katalog der Eigenschaften des Berufsschauspielers: »Schauspieler sind schon durch die Tatsache diskreditiert, daß sie diesem Beruf angehören, in dem es lediglich darauf ankommt, stumpfe Gemüter mit angenehmen Illusionen und groben Scherzen zu kitzeln; und wie könnte jemand einen guten Ruf genießen, der seine ganze Zeit mit Nichtigkeiten und Lügen, mit Nachahmen und nichts anderem zubringt...«[13]

Das sind eindeutige Aussagen. Damals bestand kein Zweifel daran, daß der Schauspieler zu einer außerhalb der Gesellschaft stehenden Gruppe gehörte. Aber woher rührte diese Feindschaft, die so weit ging, daß die Regierung Gesetze gegen Schauspieler erließ, und warum hielt man die Schauspieler für »unzüchtige Sünder« – für moralisch und geistig degeneriert?

Die Antworten auf diese Frage zeigen, welche Kräfte sich in der Tradition des Schauspielers verbergen. Und wir können erkennen, weshalb auch wir, selbst nach jahrhundertelanger offizieller »schlechter Presse«, immer noch fasziniert sind, und zwar nicht nur von der Arbeit der Schauspieler, sondern auch von den Schauspielern selbst. Denn wenn wir noch weiter als 600 Jahre zurückgehen in die Zeit vor der Christianisierung Westeuropas, dann sehen wir, daß die Schauspieler keineswegs verfemte Außenseiter waren. Man hielt sie auch nicht wie heute für »frivol, aber interessant«.

Schauspieler waren Heilige.

Heilige Schauspieler

»Ein krampfartiges Zittern durchfährt den Körper des Wahrsagers, dann ein zweites, und sein Kopf bewegt sich ruckartig von einer Seite zur anderen. Die Bewegungen des Kopfes werden schneller, bis es scheint, als könnten die Halswirbel die Belastung nicht mehr aushalten... ein würgendes Schluchzen kommt aus seiner Kehle – der erste Laut des Gottes, der sich durch sein Medium artikulieren will. Mit stoßweise herausgepreßten Silben dient die Stimme des Wahrsagers der Gottheit als Sprachrohr.«[14]

Dieser Bericht aus Südindien klingt so, als handele es sich um eine inspirierte Improvisation. Aber es ist mehr. Es geht über eine schauspielerische Darstellung hinaus. Denn in den traditionellen Gesellschaften eröffnet der Auftritt des Schauspielers den Zugang zu Geheimnissen, Mysterien, Visionen und Stimmen aus der Geisterwelt.

In allen traditionellen Gesellschaften gab es außergewöhnliche

Menschen, die sogenannten Schamanen, und in manchen gibt es sie heute noch. Sie heißen Medizinmänner, Zauberer oder Wahrsager und stehen in enger Beziehung zum Bereich des Heiligen und Übersinnlichen. Schamanen sind Menschen, welche die besondere Fähigkeit haben, den Zustand ihres Bewußtseins und ihres Körpers zu verändern und zum Himmel aufzusteigen oder in die Unterwelt abzusteigen, wo die Welt der Geister und der Götter liegt, der Bewahrer ewiger Wahrheit und ewigen Wissens. Nach unseren Begriffen unternimmt der Schamane diese Reise in der Phantasie, wenngleich es in vielen traditionellen Gesellschaften keine strenge Grenze zwischen »Realität« und »Phantasie« gibt.

Der Anthropologe Weston La Barre, der sehr umfassende Untersuchungen über Schamanen angestellt hat, beschreibt ihre Fähigkeiten und Funktionen wie folgt: »... Das Urbild des Künstlers, Tänzers, Musikers, Sängers, Dramatikers, des Intellektuellen, des Dichters, des Barden, des Botschafters, des Ratgebers von Häuptlingen und Königen, des Unterhaltungskünstlers, Schauspielers und Clowns, des Heilers, des Zauberkünstlers, des Gauklers, des Jongleurs, des Volkssängers, des Wetterpropheten, des geschickten Handwerkers, des Bewahrers der Kultur und des Taschenspielers.«[15] Mit anderen Worten, die Schamanen waren praktische Mystiker, Vermittler der Weisheit. Sie waren heilige Schauspieler.

Die »primitiven Schauspieler« verfolgen mit ihren Auftritten die verschiedensten Absichten, wollen ihr Publikum aber niemals nur »unterhalten«. Sie versetzen sich in außergewöhnliche Bewußtseinszustände, in denen sie fähig sein sollen, künftige Ereignisse vorauszusagen; sie veranstalten religiöse Feste, sind die Bewahrer von Mythen und Legenden und geben sie als öffentliche Geschichtenerzähler weiter. Manchmal tritt der Schamane auch öffentlich als Heiler auf. Dabei versetzt er sich in Trance und ist dabei in der Lage, das Wesen und die Ursachen von Krankheiten zu erkennen. Seine Heilmethoden sind einer intensiven Psychotherapie sehr ähnlich. In den traditionellen Gesellschaften erfüllt der Schauspieler eine ganze Reihe sehr wichtiger Funktionen, und im Mittelpunkt all dieser Funktionen – und das ist die Basis der persönlichen Macht des Schauspielers – steht seine enge Beziehung zur »Geisterwelt«. In den heutigen traditionellen Gesellschaften wimmelt es ebenso wie in den westlichen Gesellschaften vor dem 1. Jahrtausend von Geistern.[16] Diese allgegenwärtigen Wesen existieren gleichzeitig mit der materiellen Welt und sind Manifestationen der Kräfte des Lebens und des Todes. Sie verleihen vielen Phänomenen Identität und Form, für die wir nur ganz allgemeine Begriffe haben, weil sie in einem Bereich außerhalb des wissenschaftlich Erkennbaren liegen. Es sind psychologische Bedürfnisse, sprituelle Energien, archetypische Ängste, prophetische Träume, Naturkräfte und die Seelen der Verstorbenen. Die Geister vermitteln Weisheit; Wissen aus »der anderen Welt«.

Diese Geister sind unsichtbar. Das heißt, sie sind unsichtbar, bis sie sich in dem Schauspieler inkarnieren, bis er von ihnen besessen wird und sie dem Publikum durch seine Vorstellung als menschliches Medium sichtbar werden läßt. Man glaubte, schamanische Schauspieler könnten Geister *sehen* und direkt mit ihnen kommunizieren. In einigen Ritualen versetzt sich der Schamanenschauspieler in Trance, und man glaubt, seine Seele verließe in diesem Zustand seinen Körper, steige zum Himmel auf oder hinab in die Unterwelt. Diese Reisen werden dem Publikum häufig in sehr dramatischer Form vorgeführt. Der Schauspieler »spielt den Aufstieg oder Abstieg in die andere Welt, die seine Seele in diesem Augenblick vollzieht, und die Lebendigkeit seiner Darstellung wird erhöht durch Kostüme, Requisiten, Musik und sogar primitive Lichteffekte und Szenenwechsel. Die Kostüme können aus Tierfellen oder stilisierten Darstellungen des menschlichen Skeletts bestehen und zeigen oft einen komplexen Farbensymbolismus.«[17] Solche Aufführungen finden oft bei Kerzenlicht oder im Fackelschein statt, und mit diesen Beleuchtungseffekten wird die Wirkung bewußt gesteigert. Primitive Darsteller personifizieren die Kräfte, die sie in sich erleben. Sie sind ausgezeichnete Bauchredner und können Vogel- und Tierstimmen imitieren. Sie sind geschickte Zauberkünstler und erzeugen die erstaunlichsten Bühneneffekte. So lassen sie etwa die Hütten, in denen sie auftreten, wie durch unsichtbare Kräfte erzittern oder erwecken den Eindruck, daß auf den Wänden Fußtritte zu hören sind.[18]

Der Schamanenschauspieler wird bei seinen Auftritten nicht zu einer anderen Person, sondern er verwandelt sich in ein Wesen aus einer anderen Welt. Und dieses Wesen ist keine Ausgeburt der Phantasie, sondern ein Geist. Der Geist vermittelt den Zuschauern durch den Schauspieler Zugang zu Visionen, Stimmen, Mysterien und tiefen Wahrheiten. Der Schauspieler selbst taucht bei seinem Auftreten in den zeitlosen Ozean menschlicher Erfahrungen ein und beeinflußt das Leben seiner Zuschauer damit, daß sich in ihm die Geister mit ihrer Weisheit inkarnieren. Schauspieler und Zuschauer wissen um den tieferen Sinn der Aufführung. Sie sind Zeugen und Teilnehmer an einem heiligen Ritual.

Doch was ist aus diesen heiligen Schauspielern geworden? Eine rivalisierende Religion hat sie vertrieben.

Die Welt der Geister gehörte in eine vorchristliche Spiritualität und lag außerhalb der Rechtsprechung der christlichen Kirche. Geister waren Kräfte der Volksreligion, die von der Kirche als heidnisch bekämpft wurde. Und deshalb waren Schauspieler, in denen sich diese Geister manifestierten, die Feinde des neuen Glaubens. Die Kirche mußte diese Schauspieler aus dem religiösen Bereich verbannen, um die heidnische Bevölkerung in Europa davon zu überzeugen, daß die geistigen Kräfte des Lebens nicht von Schauspielern dargestellt werden könnten, sondern durch die Diener der Kirche zur Wirkung gebracht wurden.[19]

Die christliche Mission in Europa verbündete sich sehr bald mit der politischen und militärischen Macht und ergriff mit deren Hilfe strenge Maßnahmen gegen die Schauspieler. Theateraufführungen unterlagen einschränkenden Bestimmungen oder wurden verboten. Die Geistlichkeit verurteilte die Schauspieler in ihren Predigten als Außenseiter und Verfemte. Die Kirche erklärte, sie seien nicht von »Geistern«, sondern von »Teufeln und Dämonen« besessen. Damit verloren sie ihr hohes Ansehen als »mystische Interpreten« des Wissens und der Macht der Geisterwelt.

Später erlaubte man es den Schauspielern, komische Rollen zu übernehmen, und damit entstanden im Laufe der Jahrhunderte in Italien die Commedia dell'Arte, und im übrigen Europa Ähnliches. Außerdem durften sie an christlichen Festtagen auftreten, wo sie in den meist von Laien inszenierten Mysterienspielen Episoden aus dem Leben Christi darstellten. Vorchristliche Wesenszüge spielten auch weiterhin eine wichtige Rolle im Volkstheater, aber allmählich wurde das Theater zur bloßen »Unterhaltung«. Während die Theater immer noch gut besucht wurden, erließ das Establishment zunehmend schauspielerfeindliche Gesetze und drängte sie an den Rand der Gesellschaft, denn diese Gesetze klassifizierten sie als Gauner, Vagabunden und Außenseiter.

Ihre Arbeit bringt es mit sich, daß sich Schauspieler durch die Jahrhunderte hindurch Elemente persönlichen Wissens und persönlicher Macht bewahrt haben, was sich auch im Leben der heutigen Schauspieler erkennen läßt. Aber die ursprüngliche Bedeutung des Schauspielers geriet in Vergessenheit. Sein Beruf verlor die Verbindung zu den alten Traditionen, und das Theater wurde zur reinen Belustigung und war von der Quelle der Inspiration abgeschnitten.

Aber nicht vollständig. Wenn wir die traditionelle Rolle des Schauspielers als Geistermedium mit ihrer heutigen Funktion vergleichen, dann nehmen wir diese Geister in unserem Unterbewußtsein immer noch wahr.

Die Rückkehr der Geister

Auf den japanischen Inseln gibt es 80 000 Shinto-Schreine. Jedes Dorf hat seinen eigenen Gott, und seine Bewohner versammeln sich mehrmals im Jahr, um mit Tänzen und Aufführungen um die Gunst dieses Gottes zu werben. »Im Freien vor dem Tempel führen die Darsteller ein heiliges Ereignis, einen magischen Ritus auf, wobei sie überlieferte Erzählungen darstellen, in denen Götter und Menschen durch das Schicksal miteinander verbunden sind.«[20]

Diese uralte Tradition ist eines der noch heute lebendigen Beispiele für die Rituale, die den vor 1000 Jahren im Westen verbreiteten sehr ähnlich sind. Die traditionellen Schauspieler in Japan haben die Einflüsse religiöser, kultureller und wissenschaftlicher Revolutionen überlebt. Zwar sind diese Aufführungen jetzt vor allem eine Touristenattraktion, aber das traditionelle japanische Theater ist durchaus noch lebendig.

Im japanischen Noh-Theater, der streng stilisierten Weiterentwicklung der dörflichen Traditionen, tragen die Darsteller Masken. Mit den Masken treten die Geister und andere übernatürliche Wesen auf. Im Lauf der Jahrhunderte sind etwa 80 Masken entstanden, welche die handelnden Personen und Geister repräsentieren, die auf der Bühne des Noh-Theaters auftreten. Es sind die Verkörperungen zeitloser Urbegriffe.[21] In den traditionellen Gesellschaften gehören die Masken zu bestimmten Ritualen, deren Wirkungskraft durch sie verstärkt wird. So gibt es zum Beispiel eine tibetanische Maske, die einmal im Jahr aus ihrem Schrein geholt und über Nacht in eine Kapelle eingeschlossen wird. Zwei Mönchsnovizen bleiben die ganze Nacht wach und singen Gebete, um den Geist der Maske daran zu hindern auszubrechen. Die Dorfbewohner im weiten Umkreis verbarrikadieren bei Sonnenuntergang ihre Türen, und niemand wagt sich ins Freie. Am folgenden Tag zieht sich ein Tänzer die Maske über den Kopf und nimmt als Inkarnation des Geistes an einer großen Zeremonie teil. Keith Johnston fragt: »Was wird der Tänzer fühlen, wenn dieses schreckenerregende Gesicht zu seinem eigenen wird?«[22]

Die Götter und Geister, die mit den Masken der »primitiven« Schauspieler dargestellt werden, lassen die Dinge zur greifbaren Wirklichkeit werden, die wir in der modernen westlichen Gesellschaft ungesagt, manchmal unerkannt und oft unverstanden lassen. Es sind die unterdrückten und verborgenen Kräfte des Lebens. Ein Anthropologe hat das zum Teil in einer Beschreibung solcher Praktiken in Haiti zum Ausdruck gebracht: »Die haitianischen Wodu-Zeremonien sind ohne Zweifel Theateraufführungen, in denen Probleme und Konflikte aus dem Leben der Teilnehmer dramatisch und mit großer Symbolkraft dargestellt werden... unterdrücktes Verlangen und verdrängte Wünsche, die abnormen ebenso wie die sozial konditionierten, werden hier an der Öffentlichkeit voll ausgelebt.«[23]

Unsere heutigen Schauspieler verwenden nur sehr selten richtige Masken. Sie schminken sich vielmehr und tun damit etwas, das Olivier und Burton so peinlich zu sein scheint. Aber die Maske war, wie wir gesehen haben, ursprünglich ein Gegenstand mit großer Macht, weil sie die übermächtigen Lebenskräfte darstellte, die sich in ihr inkarnierten. Heute ist der ganze Auftritt des Schauspielers die Maske, denn wir sehen die Lebenskräfte durch das Medium Mensch und nicht durch das Medium Geist. Die heute geltende Kosmologie sieht die Welt durch das Prisma menschlicher Erfahrung. Wenn wir auf die Welt einwirken, dann geht diese Wirkung von unserer eigenen Mitte aus. Wir materialisieren unsere Hoffnungen, Freuden, Sorgen, Probleme und Fragen nicht mehr durch die außerhalb unserer selbst liegenden Kräfte von Geistern.

Aber dennoch präsentieren und inkarnieren Schauspieler erdachte Personen, die in unseren Dramen ein intensiveres, dramatischeres Leben führen. Die großen, lebensbestimmenden Kräfte, Geburt, Tod, Liebe und Konflikt werden gewöhnlich von Charakterschauspielern in Filmen und Theaterstücken dargestellt, so wie das in den traditionellen Gesellschaften von maskentragenden Schauspielern getan wurde.

Nach jüngsten Berechnungen sehen 250 Millionen Fernsehzuschauer in mehr als 80 Ländern die Serie *Dallas*. Esther Shapiro, die Autorin von *Denver-Clan*, meint, die Beliebtheit dieser Serie und auch von *Dallas* liege darin, daß es »...im wesentlichen Phantasien über Macht, Geld und Sex sind. Beide Serien handeln von reichen Menschen, die sich nicht an die Konventionen halten. In beiden Serien haben die Darsteller die gleichen Probleme wie viele unserer Zuschauer. Sie können einen gewissen Trost darin finden, daß diese außergewöhnlichen Menschen in ihrem Leben mit den gleichen Schwierigkeiten kämpfen müssen wie sie.«[24]

Das klingt so, als zeigten die Charaktere und Begebenheiten in diesen Fernsehspielen ganz alltägliche menschliche Probleme, nur im vergrößerten Maß. Aber kann dieser Aspekt allein für die Beliebtheit verantwortlich sein? Vielleicht kommen wir der Wahrheit etwas näher, wenn wir sagen, daß beliebte Fernsehserien wie *Dallas* und *Denver-Clan* in einer nicht bedrohlichen Weise die moralischen Strukturen der zeitgenössischen Gesellschaft widerspiegeln. Legt man zum Beispiel die Zehn Gebote als Schlüsselkonflikte zugrunde, dann lassen sich viele Parallelen erkennen. Du sollst nicht töten, du sollst nicht stehlen, du sollst nicht ehebrechen, du sollst nicht begehren, du sollst nicht lügen usw. »J. R.«, der Schurke in *Dallas*, verstößt wahrscheinlich in jeder einzelnen Episode gegen jedes dieser Gebote. Aber der in dieser Rolle Dargestellte ist eine *ungefährliche* Personifizierung des Teufels. Die Zuschauer empfinden Vergnügen daran, ihn zu hassen. Hier geht es nicht einfach darum, daß sich die Menschen mit den dargestellten Personen identifizieren. Kaum jemand würde sich J. R. zum Vorbild nehmen. Wie der Teufel in den Mysterienspielen der Grafschaft York ist J. R. das von der Allgemeinheit akzeptierte Böse. Und deshalb gelingt es Larry Hagman mit seinem großen schauspielerischen Können, die hochstilisierte Rolle des J. R. menschlich und deshalb erträglich erscheinen zu lassen.

Diese erdachten Personen nehmen in unseren Herzen und in unserem Bewußtsein einen wichtigen Platz ein. Irgendwie scheinen sie eine vergrößerte Familie darzustellen, die aus Personen besteht, mit denen wir uns identifizieren können und die manchmal einen ebenso wichtigen Platz in unserem Leben einnehmen wie einige der »wirklichen« Menschen, die wir kennen. Als J. R. vor einigen Jahren am Ende einer *Dallas*-Episode erschossen wurde, haben die Nachrichtensendungen vieler westlicher Länder darüber berichtet.

Es gibt Leute, die sich darüber lustig machen, daß wir vom Schicksal solcher »Filmhelden« so fasziniert sind. Man behauptet, das sei ein Symptom dafür, daß es uns an echten menschlichen Kontakten fehle, und ein bedauerlicher, negativer Aspekt des modernen, von Medien beherrschten Lebens. Mir erscheint diese moralistische Haltung zu kurzsichtig. Anstatt uns zu benehmen wie verklemmte Viktorianer, die nicht recht wissen, was ihnen fehlt, und deshalb nicht zugeben, daß sie sich so verhalten, wie sie es tun, wäre es sinnvoller, wenn wir uns darum bemühten zu begreifen, was wir *wirklich* brauchen und weshalb. Welche Bedeutung haben diese fiktiven Personen für uns? Weshalb sind sie so beliebt?

Es ist nicht schwer, diese Art der »Volksbelustigung« als frivol oder sogar dekadent zu bezeichnen. Aber wenn Filme wie *Rambo* mit Sylvester Stallone überall in der Welt zu großen Kassenschlagern werden – zum Entsetzen vieler wegen der darin dargestellten Gewalt –, dann müssen wir uns ernsthaft fragen, welche psychologische Bedeutung solche Dramen für uns haben. In den traditionellen Kulturen manifestieren sich die Geister der Gewalt und des Todes in den Schauspielern, die sie darstellen, aber die Menschen sind sich der Bedeutung und der Macht dessen, was sie erleben, bewußt. Doch wir tun so, als träten die von unseren Schauspielern verkörperten Geister nur zu unserer Unterhaltung auf, und es beunruhigt uns, wenn die Menschen auf solche Aufführungen mit einem fast fanatischen Enthusiasmus reagieren.

Könnte es nicht sein, daß hier die »Geister«, die Ausgeburten unseres Unterbewußtseins dargestellt werden, denen wir in den traditionellen Gesellschaften in den Schauspielern als »Wesen aus einer anderen Welt« begegnen? Die erdachten Personen in unseren Filmen vermitteln uns keine aus einer Tradition des Wissens inspirierten Botschaften. Die Drehbuchautoren, Regisseure und Schauspieler wollen in ihrem Publikum lediglich Emotionen wekken. Rambo, die handelnden Personen in *Dallas* und ähnlichen Fernsehdramen stellen als Persönlichkeiten in ihrer äußeren Erscheinung und in ihrem Verhalten die Probleme, Hoffnungen, Freuden und Ängste ihres Publikums dar, indem sie das Verhalten bestimmter Menschentypen in uns allen bekannten Lebenssituationen vorführen. Sie tun damit das gleiche wie die Geister in den traditionellen Gesellschaften.

Schauspieler als Geister

Die traditionellen Schauspieler auf Bali glauben noch heute, daß, wenn sie sich in Trance versetzen, geistige Wesen auf die Erde herabsteigen und für die Dauer der Aufführung vom Körper des Schauspielers Besitz ergreifen und darin leben. Die Zuschauer sehen in den Schauspielern diese Geister. Die von den Schauspielern dargestellten Geister haben bestimmte archetypische Persönlichkeitsmerkmale. Das Verhalten der von den Geistern besessenen Schauspieler entspricht dem der Gottheit, die sie verkörpern.[25] Das Pantheon der Gottheiten ist gewissermaßen das Repertoire der dramatischen Rollen. Der einzelne Schauspieler verkörpert jeweils einen bestimmten Geist. Entweder tut er das ständig oder nur während der jeweiligen Zeremonie.

Im Westen kennen wir Schauspieler, die die verschiedensten Rollen übernehmen. Aber die Inkarnation eines bestimmten Geistes in einem Schauspieler erleben wir am deutlichsten und einfachsten bei den Filmschauspielern, die in allen Rollen den gleichen Persönlichkeitstypus darstellen. In den ersten Jahren der Filmgeschichte haben wir in Hollywood Charakterdarsteller erlebt, die außerordentlich beliebt waren, wie etwa James Cagney, Gary Cooper, Humphrey Bogart, James Dean, Marilyn Monroe, Mae West und Jean Harlow. Heute gibt es Schauspieler wie Clint Eastwood und Sylvester Stallone, die unabhängig davon, wer und was sie im Privatleben sind, in jedem Film den gleichen Typus darstellen. Dabei können sie die verschiedensten Rollen übernehmen, aber das Publikum weiß immer, welchen Charakter Eastwood oder Stallone verkörpern werden.

Ebenso wie im traditionellen balinesischen Theater inkarnieren sich in diesen Schauspielern bestimmte und bekannte Geister, die sich so verhalten, wie wir es von ihnen erwarten.

Es gibt Schauspieler, die von dem Geist, den sie verkörpern, nicht mehr losgelassen werden. Robert Redford ist zum Beispiel mehr als die Persönlichkeit bekannt, die er im Film darstellt, und weniger als der Darsteller bestimmter Rollen – obwohl er diese Rollen hervorragend spielt. Bruce Dern sagt von Redford: »Er ist zwar ein sehr guter Schauspieler, gehört aber wahrscheinlich zu einer Gruppe international bekannter Darsteller, die nicht nur einen bestimmten Persönlichkeitstypus verkörpern, sondern einen ähnlichen kollektiven Geist.«[25]

Solche Schauspieler haben oft eine Riesenanhängerschaft von »Fans«, und die Bedeutung dieser Schauspieler erklärt sich mit dem Wort »Fan«. Es kommt von dem lateinischen *fanaticus* und bezeichnet einen Menschen, dessen »Hingabe an eine Gottheit zum Wahnsinn führt.« Die Fans sehen in dem Schauspieler während seines Auftritts die Inkarnation einer Gottheit oder eines Geistes.[27]

In den Geistern der traditionellen Gesellschaften manifestieren sich die Kräfte, mit denen wir es im Leben zu tun haben, und sie werden damit für uns sichtbar. Der Sinn der Transformation des Bühnenschauspielers lag darin, diese »Geister« sichtbar werden zu lassen – als einen dramatischen Spiegel, in dem die Zuschauer das Abbild des Lebens sehen konnten. Heute erkennen wir diese Geister nicht mehr, aber unser inneres Selbst ist noch das gleiche, und wir haben die gleichen Beziehungen zu anderen Menschen, die gleichen Ängste, Träume, Leidenschaften, persönlichen Schicksale und die gleichen Fragen nach der Bedeutung des Lebens und des Todes, mit denen wir fertig werden müssen. Vielleicht brauchen wir immer noch irgendwelche Geister, Manifestationen der Kräfte, die in uns und außerhalb unserer selbst auf uns einwirken.

Wir betrachten diese Dinge heute aus einer diesseitigen, psychologischen und nicht spirituellen Perspektive, aber das verringert nicht ihre Bedeutung und ihre Wirkung auf unser Leben. Ich glaube, in unserem tiefsten Inneren wissen wir noch immer, was die Darstellung bestimmter Charaktere durch den Schauspieler uns zu sagen hat. Die Tatsache, daß uns die Schauspieler so sehr faszinieren, beweist die rituelle Funktion ihrer Kunst und die Macht, die sie ausüben, und die hinter dem Schleier der oberflächlichen Unterhaltung weiterlebt und wirkt.

Immer noch befindet sich der Schauspieler bei der Ausübung seines Berufs auf dem Wege zu Wissen und Macht. Und das ist gewiß Grund genug für die Weltpresse, Meryl Streep zu interviewen.

2.
Schauspieler im täglichen Leben

Marlon Brando schlief noch, als Francis Ford Coppola sein Haus betrat. Der Schauspieler hatte damit experimentiert, sich für die Titelrolle in dem Film *Der Pate* zu schminken. Coppola war gekommen, um festzustellen, wie das geschminkte Gesicht auf Film wirkte.

Er und drei Techniker mit 16-mm-Kameras warteten, bis Brando aufwachte und in seinem Morgenmantel erschien. Er fing sofort an, über die Rolle zu sprechen, in die er sich jetzt einleben mußte. Ein Biograph von Brando schildert diese Arbeitssitzung:[1] »Coppola schlug vor, er sollte einen dünnen Schnurrbart tragen, wie sein Onkel Louie. Brando zeichnete sich den Schnurrbart mit einem Stift auf die Oberlippe und fing an, sein blondes Haar schwarz zu färben. Dann malte er sich dunkle Ränder unter die Augen und stopfte sich Zellstoff in die Wangen, um sein Gesicht dicker erscheinen zu lassen. Allmählich verwandelte er sich in Don Corleone.«

Coppola stellte einen Teller mit Äpfeln und Käse auf den Tisch und goß Brando eine kleine Tasse Espresso ein. »Marlon zog ein abgetragenes Hemd, eine alte Krawatte und ein zerknittertes Jakkett an. Dann beschäftigte er sich zwei oder drei Minuten lang damit, den Hemdkragen so zu legen, daß er über den Aufschlägen der Jacke herabhing. Er steckte sich eine krumme italienische Zigarre an. Während der ganzen Verwandlung wurde kein Wort gesprochen. Brando ließ die Schultern fallen, und sein Bauch wölbte sich nach vorn. Sein Gesicht nahm eine wächserne Tönung an. Der Atemrhythmus verlangsamte sich, und sein Ausatmen klang wie lange, tiefe Seufzer.«

Schließlich läutete das Telefon. »Don Corleone nahm den Hörer ab und legte ihn langsam ans Ohr. Er hörte zu, nickte bedächtig und legte das Telefon auf, ohne ein Wort gesprochen zu haben. Der Anrufer hatte nichts gehört als den schweren Atem eines alten Mannes.« Aus Marlon Brando war Don Corleone geworden.

Das ist ein bemerkenswerter Bericht über die ersten Vorbereitungen Brandos auf seine Rolle. Dieses Verfahren ist Lichtjahre von dem entfernt, was man als »Method Acting« bezeichnet, denn dabei spielt der Schauspieler jede Rolle als er selbst. Die Schilderung der Vorbereitungen von Brando durch die Verwandlung seiner äußeren Erscheinung mit Hilfe von Kostüm und Schminke erinnert einen stark an die Rollenauffassung von Laurence Olivier, der sagt: »Mir kommt es in erster Linie auf das Visuelle an. Ein Mann, den ich irgendwo sehe..., bringt mich vielleicht auf eine Idee; nicht selten ist es meine Maske, die darüber entscheidet, wie eine bestimmte Rolle gespielt werden muß.«[2]

Zweifellos hatte sich Brando emotional und intuitiv schon vor den Schminkversuchen in die Rolle des Don Corleone versetzt. Aber auch Olivier folgt der Intuition. Er ist sich zwar durchaus der Tatsache bewußt, daß sich seine Methode in gewisser Weise von der des »Method Actor« unterscheidet, behauptet jedoch, der Unterschied sei in Wirklichkeit gar nicht so groß. Olivier glaubt zum Beispiel, es sei eine zu große Vereinfachung zu behaupten, daß man so wie Brando vor allem von innen nach außen arbeitet. »Glauben Sie Marlon nicht«, sagt Olivier. »Erzählen Sie mir nicht, daß er alles nur in seinem Inneren findet. Er blickt auch nach außen. Er geht an die Oberfläche, denn jede Rolle wird auch durch die äußere Erscheinung bestimmt. Das muß man wissen.«[3]

Gibt es Überschneidungen zwischen Brando und Olivier? Gibt es eine gemeinsame Basis, von der aus beide ihre Arbeit gestalten? Sicherlich nicht. Wir alle wissen, daß es für die Gestaltung einer Rolle zwei verschiedene Techniken gibt. Die »methodische« und die »englische«, und ihre typischen Vertreter sind Brando und Olivier. Bücher über die Schauspielkunst sagen uns das seit Jahren. Doch die meisten Bücher über die Arbeit des Schauspielers haben mit der Wirklichkeit ebensowenig zu tun, wie das Malen nach Vorlagen mit den Werken bedeutender moderner Künstler.

Daraus darf man den Verfassern dieser Bücher keinen Vorwurf machen, denn einige von ihnen vermitteln uns interessante Erkenntnisse über die Ausbildung von Schauspielern. Aber können Sie sich ein Buch vorstellen, das den Titel trägt »Wie bildet man die Stimme eines Opernsängers aus?« oder »Zwanzig leicht verständliche Lektionen über Ballettanzen«? Bücher über die Schauspielkunst beschäftigen sich in erster Linie mit technischen Fragen und nicht mit den Erfahrungen von Schauspielern, und das hat bedauerliche Folgen. So ist der Eindruck entstanden, daß Schauspieler bei ihrer Arbeit ausschließlich die eine oder die andere Methode anwenden. Natürlich unterscheiden sich die Schauspieler in gewissen Einzelheiten ihrer Arbeitsmethoden voneinander, aber die geringfügig voneinander abweichenden Wege führen alle zum gleichen Ziel, auch wenn davon so gesprochen wird, als existierten sie auf verschiedenen Planeten.

Besonders die Unterschiede zwischen dem »methodischen« und dem »englischen« Spiel sind ungeheuer übertrieben worden. So ist ein Mythos entstanden, den wir genauer untersuchen müssen, weil damit das, was der Schauspieler wirklich tut, verschleiert wird.

»Method Acting«

Diese Methode, die manchmal als ein Arbeiten von innen nach außen karikiert wird, wobei der Schauspieler sich auf seine eigenen emotionalen Erfahrungen stützt und sich mit der Rolle identifiziert, wurde in Amerika von Lee Strasberg eingeführt. Zwar wird diese Technik heute heftig kritisiert, aber bei ihrer Bewertung darf man nicht vergessen, daß eine erstaunlich große Zahl amerikanischer Schauspieler ihre Ausbildung an Lee Strasbergs Method Studio oder an ähnlichen, nach den gleichen Grundsätzen geführten Schauspielschulen erhalten haben. Einige der bekannteren unter ihnen sind: Marlon Brando, James Dean, Geraldine Page, Shelley Winters, Eli Wallach, Anne Jackson, Paul Newman, Joanne Woodward, Karl Malden, Jane Fonda, Anne Bancroft, Caroll

Baker, Dustin Hoffman, Robert de Niro, Faye Dunaway, Al Pacino und Sally Field – und natürlich Marilyn Monroe.

Seit den 1930er Jahren sind nach den Schriften und der Arbeit von Konstantin Stanislawski zahlreiche Theorien über die Schauspielkunst entwickelt worden. Die drei wichtigsten seiner posthum veröffentlichten Werke sind: *An Actor Prepares*, *Building a Character* und *Creating a Role*.[1]

1923 ging das ehemalige Mitglied der Moskauer Schauspielschule, Richard Boleslawski, nach Amerika und gründete das American Lab Theatre. Zu seinen ersten Schülern gehörten Lee Strasberg und Stella Adler. Sie entwickelten später das sogenannte Method Acting, die amerikanisierte Version der Lehre von Stanislawski. Der Theaterregisseur Charles Marowitz weist darauf hin, daß es Boleslawski gewesen ist, der den Begriff des »emotionalen Gedächtnisses« entwickelt hat, den Kern des Method Acting.[5] Im Mittelpunkt dieser Technik steht die Idee, daß der Schauspieler entscheiden muß, welche Gefühle für einen bestimmten Teil seiner Rolle entscheidend sind. Dann versucht der Schauspieler in seinem »affektiven Gedächtnis« etwas zu finden, das dieser spezifischen Emotion ähnlich ist. Mit einer Reihe von Übungen, bei denen er sein Gedächtnis und seine Vorstellungskraft einsetzt, bereitet sich der Schauspieler darauf vor, diese Emotion in sich zu wecken, wenn er sie im Verlauf seines Auftritts braucht.

Einige so ausgebildete Schauspieler glauben, daß diese und ähnliche Techniken in ganz spezifischer Weise hilfreich sind. Bruce Dern meint, »Method Acting« versetzt einen in die Lage festzustellen, was einem hilft, sich zu entspannen, damit die ganz persönlichen Emotionen zur Wirkung kommen. Man muß fähig sein, sich an die Stimmung und an die Gefühle zu erinnern, die durch ein bestimmtes Ereignis ausgelöst worden sind. Man braucht jedoch etwa fünf Jahre konzentriertester Arbeit, um das zu lernen. Dern meint, die Schulung gäbe dem Schauspieler eine Spontaneität, die seinem Spiel förderlich ist: »Die beiden Filme, in denen ich mit Leuten zusammengearbeitet habe, die die gleiche Ausbildung genossen haben wie ich, waren die spontansten Filme, in denen ich mitgewirkt habe – *Der König von Marvin Gardens* und *Coming Home*. Meine Kollegen und Kolleginnen in diesen Filmen waren alle nach dem System des Method Acting ausgebildet. Es waren Jon Foight, Jane Fonda, Jack Nicholson, Ellen Burstyn und ich.«[6]

Die Basis für die Entwicklung einer Rolle beim Method Acting ist die Fähigkeit des Schauspielers, seine Charaktereigenschaften, seine Persönlichkeit und seinen eigenen Stil einzusetzen. Beim Method Acting »ist es *Ihr* schillernder Charakter, der sich in Hamlet manifestiert, und Ihr Ehrgeiz, von dem Macbeth getrieben wird.«[7] Und für Geraldine Page besteht die »Methode« darin, daß sie dem Schauspieler erlaubt, »weniger offensichtliche Verbindungen zwischen dem eigenen Selbst und dem eigenen Charakter zu entdecken.« Sie glaubt, während ein Schauspieler automatisch und unbewußt die Rolle mit persönlichen Empfindungen verbindet, könne der nach dem System des Method Acting ausgebildete Schauspieler, der die Fähigkeit erworben hat zu erkennen, was in seinem Unterbewußtsein vorgeht, die in seinem Inneren verborgenen Gefühle *bewußt* zum Ausdruck bringen. »Man kann dann das Mosaik der Rolle mit den Farben des eigenen Charakters lebendiger gestalten.«[8]

Es gibt viele Bücher, die sich mit den einzelnen Versionen der »Methode« beschäftigen, und auch viele Theaterschriftsteller, die dieses System kritisieren – meist mit der Begründung, es führe dazu, daß die Schauspieler »nur sich selbst« spielen oder daß diesem System die expressiven Techniken fehlen und die Schauspieler auf der Bühne nur noch »Emotionen zeigen« und die Intimität der Filmkamera brauchen, wenn sie etwas projizieren wollen.

Diese Kritik trifft jedoch nicht so hervorragende Exponenten des Method Acting wie zum Beispiel Dustin Hoffman, der seit seinem Filmdebut in *Die Reifeprüfung* die unterschiedlichsten Rollen übernommen hat, darunter die des Ratso in *Wenn es Nacht wird in Manhattan*, die der »Frau« Dorothy in *Tootsie* und erst kürzlich die des Willie Loman in der Broadway-Inszenierung des Stücks *Der Tod eines Handlungsreisenden*. Geht man jedoch näher auf das Spiel von Hoffman ein, dann wird einem klar, daß er nicht dem stereotypen Image des klassischen Method Acting entspricht. Bei ihm sind es keine grüblerischen und introvertierten Darstellungen von Personen, deren Haltung das gestörte persönliche Gefühlsleben des Schauspielers zum Ausdruck bringt. Vielleicht beherrscht Hoffman die »Methode«, läßt es aber nicht zu, daß die »Methode« ihn beherrscht.

Liv Ullmann ist bekannt dafür, daß sie im Film und auf der Bühne wie kaum ein anderer Schauspieler oder Schauspielerin in ihren Rollen »Realität, Ehrlichkeit und Wahrheit« zu verkörpern weiß. Besonders die Rollen, die sie unter der Regie des Schweden Ingmar Bergman verkörpert hat, sind Fenster, die uns den Blick auf die innersten Gefühle der dargestellten Personen öffnen. Das klingt vielleicht so, als sei sie die ideale Vertreterin des Method Acting.

Aber Liv Ullmann lehnt die Methode schroff ab. Sie sagt: »Ich halte das für Mist. Ich glaube nicht daran. Ich habe mit einigen nach diesem System ausgebildeten Schauspielern zusammengearbeitet, und diese Zusammenarbeit ist sehr schwierig, weil man nie weiß, wem man auf der Bühne begegnen wird. Jeden Tag ist es ein anderer.« Sie bemängelt auch die manchmal ablenkende Wirkung der nach diesem System erfolgten Vorbereitung für eine bestimmte Szene: »Sie haben sich hinter den Kulissen so stark konzentriert, daß sie, wenn sie herauskommen, den Zusammenhang mit dem Stück verloren haben. Oder sie haben irgendwie die Vorstellung entwickelt, ›heute ist es furchtbar kalt draußen‹, und nun tun sie nicht das, was zwischen den beiden Personen geschehen sollte, sondern sie spielen nur einen Menschen, der versucht, sich aufzuwärmen, weil er draußen gefroren hat. Das mag sehr interessant sein, hat aber nichts mit dem Stück zu tun.«[9]

Das ist vielleicht nur eine Kritik an dem schlechten Spiel des Schauspielers, aber nicht an der »Methode« selbst. Gute Schauspieler kennen die Gefahren einer Technik, die den Schauspieler zwingt, seine persönlichen Emotionen ins Spiel zu bringen.

Simon Callow wurde im *Londoner Drama Centre* ausgebildet, das von Stanislawski entwickelte Techniken verwendet, die der amerikanischen »Methode« sehr ähnlich sind. Er glaubt, die Erfahrung habe ihn gelehrt, seine persönliche Technik zu verfeinern: »Zunächst verwendet man Stunden darauf, sich in den Zustand zu versetzen, der dieser Rolle entspricht. Aber dann muß man feststellen, daß dies weder notwendig noch zweckmäßig ist. Es führt vielmehr zu einer schlechten Leistung des Schauspielers, weil der ›Zustand‹, in den man sich versetzt hat, schließlich jede Szene des Stücks beherrscht, und das führt zu einer Verallgemeinerung. Das Entscheidende ist nicht, daß man starke Gefühle haben muß, sondern daß es genau die richtigen Gefühle sind.«[10]

Aber bezeichnenderweise meint Liv Ullmann, daß die erfolgreichsten Schauspieler nach einem organisch entwickelten System arbeiten, das auf sie selbst zugeschnitten ist, und daher nicht einer bestimmten Schule zugeordnet werden können. Sie selbst spielte am Broadway als Partnerin von Sam Waterston in *Ein Puppenheim*. Nach ihrem Gefühl paßte die Art, wie er seine Rolle gestaltete, obwohl er dabei angeblich den Prinzipien des Method Acting folgte, sowohl nach Europa als auch nach Amerika: »Die meisten guten Schauspieler tun in Wirklichkeit das gleiche ... Sam Waterston könnte zum Beispiel ebensogut auch in Norwegen auftreten. Und Marlon Brando ist ein Schauspieler, der nach dem System des Method Acting arbeitet, aber er ist gleichzeitig ein großartiger Schauspieler. Ich glaube nicht, daß irgendeine Methode einem guten Schauspieler schaden kann, weil ein guter Schauspieler nur das übernehmen wird, was er gebrauchen kann. Nur dem schlechten Schauspieler kann die »Methode« gefährlich werden, weil er nicht weiß, was er übernehmen soll und was nicht.«[11]

Mit anderen Worten heißt das, daß die »Methode« einem guten Schauspieler helfen und einem weniger talentierten schaden kann. In den Händen eines begabten Schauspielers kann sie eine sehr wirksame Technik sein, aber dem Schauspieler, der sich dazu verführen läßt, sich seinen Emotionen hinzugeben, setzt sie furchtbar enge Grenzen.

»English Acting«

Dem System des Method Acting wird oft der »englische« Ansatz des Arbeitens »von außen nach innen« gegenübergestellt. Mit dem letzteren System wecken die Schauspieler angeblich mit Hilfe ihrer Stimme, ihrer Bewegungen sowie durch ihre Kostüme und ihre Masken bei den Zuschauern die gewünschte Illusion. Die Liste derer, die so ausgebildet worden sind, ist gleichermaßen beeindruckend. Es sind unter anderem Laurence Olivier, Alex Guinness, Paul Scofield, Glenda Jackson, Jeremy Irons, Ian McKellan, Ben Kingsley, Alan Bates, Peter O'Toole, Vanessa Redgrave, Albert Finney, John Gielgud, John Mills, Maggie Smith und Ralph Richardson.

Doch welche Beziehung besteht zwischem dem »englischen« und dem »methodischen« Ansatz? Und worin unterscheiden sie sich? Bruce Dern stellt sich auf die Seite des typischen, nach dem »englischen« System geschulten Schauspielers. Er behauptet, die Elemente, in denen sich der Unterschied zwischen Method Acting und English Acting am deutlichsten zeigt, seien »... Realitätsbezogenheit, Ehrlichkeit und Wahrheit. Man spricht über wirkliche Dinge miteinander. Vielleicht porträtiert man eine andere Person, aber die Worte, die man spricht, haben auch für einen selbst eine Bedeutung. Es gibt viele Schauspieler, die sich ihre Rollen selbst erarbeiten. Englische Schauspieler erhalten zum Beispiel eine völlig andere Ausbildung: Sie arbeiten an einer Rolle von außen nach innen, und das ist eine sehr viel mechanischere Methode.«[12]

Der Stil des nach dem »englischen« System arbeitenden Schauspielers wird oft karikiert als ein von außen nach innen verlaufendes Verfahren. Angeblich arbeitet Laurence Olivier auf diese Weise: »Gewöhnlich sammle ich eine Menge Einzelheiten, eine Menge charakteristischer Merkmale und treffe dabei auf ein Wesen, das mitten in diesen Einzelheiten herumschwimmt.« Olivier sucht sich ein lebendiges Modell, das die Gestaltung seiner Rolle inspiriert und leitet: »Ich frage mich, ›kenne ich jemanden, der so ist?‹. Vielleicht bin ich es selbst, es können aber auch Dutzende anderer Menschen sein.«[13]

Zwar ist es wahrscheinlich richtig, daß die meisten englischen

Schauspielschulen die Schauspieler sehr sorgfältig für das Verhalten auf der Bühne ausbilden und sie lehren, sich geschickt zu bewegen, ihre Stimme richtig zu gebrauchen usw., aber wenn man glaubt, daß das alles ist, dann ist das eine Verzerrung. An der Royal Academy of Dramatic Art wird die intensive technische Ausbildung zum Beispiel durch anspruchsvolle »workshops« ergänzt, in denen der Schauspieler sich seiner eigenen emotionalen Möglichkeiten bewußt werden soll. Charles Marowitz, der amerikanische Theaterregisseur, der das Open Space Theatre in London gegründet und jahrelang erfolgreich geleitet hat, kennt sowohl die »amerikanische« als auch die »englische« Methode sehr gut. Seine Arbeit mit Schauspielern in London hat ihn davon überzeugt, daß es an der Zeit sei, »...etwas Entscheidendes gegen die irrige Auffasssung zu unternehmen, der britische Schauspieler sei eine Art lebende Reklame für Sprechunterricht und Körperhaltung unter Verzicht auf die Mittel, mit denen die nach der Methode von Stanislawski ausgebildeten Schauspieler für gewöhnlich arbeiten.«[14]

Das vielleicht am besten dokumentierte Rollenstudium ist die Vorbereitung von Antony Sher auf die Übernahme der Titelrolle in Richard III. Diese Inszenierung der Royal Shakespeare Company von 1984/85 war gerade wegen der Darstellung Richards durch Sher bemerkenswert, und es ist ein Glücksfall, daß Sher im Gegensatz zu Olivier ein Tagebuch über die Proben, die Ideen, die Rückschläge, die Träume und die praktische Arbeit bei der Vorbereitung seiner Rolle geführt hat.[15] Hier bot er das lebendige Bild eines Schauspielers, der gleichzeitig von innen nach außen und von außen nach innen arbeitete. Er begann seine Vorbereitungen mit dem Aufbau der äußeren Erscheinung Richards. Dabei skizzierte Sher zunächst Teile der Landschaft, Tiere, Mörder und schließlich sich selbst. Bei der Arbeit am Charakterbild Richards folgte er dem gleichen Muster. Er beschäftigte sich intensiv mit den historischen Persönlichkeiten und berühmten Verbrechern der Zeit und erforschte schließlich seine eigene Psyche. Seine triumphale Darstellung Richards III. stützte sich einerseits auf umfassende Forschungsarbeiten, aber auch ganz wesentlich auf seine eigene körperliche und emotionale Ausdruckskraft. Als ich mit Sher über seine Leistung bei dieser Inszenierung sprach, sagte er, Richard sei dabei aus ihm selbst heraus gewachsen, aus seiner psychologischen und physischen Präsenz, es sei aber auch die Darstellung eines ganz bestimmten »Charakters« gewesen.

Wenn wir die Erfahrungen der Schauspieler betrachten, dann erkennen wir vielleicht, daß es keine einheitliche, homogene »englische« Methode für die Entwicklung einer Rolle gibt. Viele Schauspieler neigen dazu, sich verschiedenen Teilen einer Rolle auf verschiedenen Wegen zu nähern. Antony Sher hat mir gesagt, seine Arbeitsmethode richte sich »nach den Erfordernissen der Rolle. Ich glaube, das ist das Erregende am Beruf des Schauspielers. Nehmen wir zum Beispiel das Stück von Peter Barnes – *Red Noses* –, in dem ich im Barbican Theatre aufgetreten bin. Hier wollte ich von meinen eigenen persönlichen Erfahrungen ausgehen. Um also die eigenen Vorstellungen und Gefühle einbringen zu können, kam es darauf an, den Charakter der dargestellten Person nicht allzusehr festzulegen.«

Ist das die »englische« Methode? Oder ist es eine Kombination aus dem English Acting und dem Method Acting, wo das Spiel aus dem eigenen Inneren entwickelt wird? Oder ist es etwas anderes? Vielleicht African Acting? Antony Sher läßt sich in keine bestimmte Schublade stecken, die entweder das Etikett »English« oder »Method« trägt. Sein System ist viel zu komplex, flexibel und interessant, als daß man es in eine engumgrenzte Kategorie einordnen könnte.

Es scheint sehr schwierig zu sein, den »englischen« Ansatz einigermaßen präzise zu definieren, denn im Gegensatz zur »amerikanischen Methode« ist es kein bewußt konstruiertes System. Wir kommen statt dessen zu dem Schluß, daß Schauspieler, die nicht der »amerikanischen Methode« folgen, in kein starres System einzuordnen sind. Roger Rees hat zum Beispiel schon in jungen Jahren beachtliche Erfolge an der Royal Shakespeare Company gehabt. Er sagt, er nähere sich jeder Rolle auf einem anderen Weg und folge dabei keinem bestimmten System: »Ich lasse mich einfach von der Rolle selbst anregen. Manchmal habe ich den Eindruck, daß ich mich sehr intensiv vorbereiten muß. Aber dann scheint es mir auch wieder so, daß ich mir möglichst bis zum

Schluß die verschiedensten Optionen offenhalten muß. Es ist ein Prozeß, der jedesmal anders verläuft... es ist kein System.«[16]

Es gibt natürlich Schauspieler, die durch Geburt Engländer sind oder dort leben. Ob es aber überhaupt so etwas wie ein »englisches« System für die Arbeit eines Schauspielers gibt, ist sehr zweifelhaft. Und da auch Marlon Brando, Dustin Hoffman und Sam Waterston keine klassischen Vertreter des »Method Acting« sind, müssen wir uns fragen, ob eine Unterscheidung überhaupt getroffen werden kann.

Es kommt auf die Schauspieler an und nicht auf das System

Charlton Heston glaubte, als Schauspielschüler an der Northwestern University alles über die Schauspielkunst zu wissen. Doch später erkannte er, wie viele Schwierigkeiten einer guten schauspielerischen Leistung im Wege stehen können. »In gewissem Sinne hat meine ganze berufliche Laufbahn aus immer wiederkehrenden Versuchen bestanden, mehr über etwas zu erfahren, von dem ich immer weniger wußte. Mit 19 Jahren habe ich zum ersten Mal Macbeth gespielt und war damals sehr viel sicherer, es richtig zu machen, als ich es heute bin. Ich habe diese Rolle vier- oder fünfmal gespielt, und jedesmal erschien sie mir komplexer. Bei jeder neuen Inszenierung entdeckte ich Aspekte, die ich bis dahin noch nicht gesehen hatte.«

Es zeigte sich immer deutlicher, daß es nicht genügte, nur einer bestimmten, starr festgelegten Technik zu folgen. »Wenn solche Erfahrungen einen verwunden und verletzen, dann zieht man sich auf eine Position des simplen Dogmatismus zurück: Die richtige Methode ist das, was Erfolg bringt. Es ist gleichgültig, ob man sich an die Gefühle erinnert, die man an dem Tag gehabt hat, an dem der Sohn fast von einem Auto überfahren wurde, um noch einmal die Empfindung des plötzlichen Erschreckens vor einer Gefahr wachzurufen, oder ob man irgendeine andere Technik verwendet. Allzuleicht führen solche Versuche zu einem absoluten Versagen.«

Glenda Jackson ist der gleichen Ansicht. Sie meint, wenn sich der Schauspieler seiner Arbeitsweise zu sehr bewußt wird, sei es nun die amerikanische, die englische oder irgendeine andere Methode, dann könne das zu einer Situation führen, in der »die Technik des Entdeckens an die Stelle des Entdeckens tritt. Zunächst sind Improvisationen bei den Proben vielleicht nützlich gewesen, aber dann wurde das Improvisieren immer besser – und der Zusammenhang mit dem Inhalt des Stücks ging verloren. Im Grunde kann jede Anregung dem Schauspieler nützen, und es kommt nicht darauf an, woher sie kommt und wie man auf eine neue Idee stößt. Wenn sie nützlich ist und das Spiel glaubwürdiger macht, verwendet man sie.«

Obwohl man den Wert und die durch das Method Acting gewonnenen Erkenntnisse anerkennen muß, scheint die Erfahrung uns zu lehren, daß viele erfolgreiche Schauspieler Techniken und Systeme entwickeln, die auf sie selbst zugeschnitten sind und ihnen weiterhelfen. Glenda Jackson sagt: »Es gibt so viele Methoden, eine Rolle zu spielen, wie es Schauspieler gibt.«

Wenn jeder Schauspieler seine eigene Methode entwickelt, dann hat es wenig Sinn, wenn wir den Versuch unternehmen, dem Wesen der Schauspielkunst dadurch näherzukommen, daß wir die Theorien darüber analysieren. Theorien haben ihre Berechtigung und können bei der Ausbildung von Schauspielern nützlich sein, aber bei der Betrachtung der Erfahrungen des Schauspielers sollten wir nicht das *Spiel* von der Person des Schauspielers trennen. Sam Waterston sagt: »Man kann eigentlich gar nicht von der Schauspielkunst als solcher sprechen, denn das Spiel ist eine Person. Vielleicht gibt es gar nicht so etwas wie den abstrakten Begriff der Schauspielkunst, sondern nur Schauspieler, und sie alle entwickeln Techniken, mit denen sie hoffen und wünschen, das ihnen von Gott gegebene Talent zur Wirkung zu bringen.«[17]

3.
Aber ist das Kunst?

Ist die Bühnenkunst eine interpretierende oder eine schöpferische Kunst? Ist sie eine Kunst oder ein Handwerk? Müssen diese Fragen beantwortet werden?

Ich muß gestehen, daß sie für mich keine besondere Bedeutung hatten, bevor ich anfing, dieses Buch zu schreiben. Doch sehr bald konnte ich feststellen, daß sie für viele Menschen sehr wichtig sind. Schauspieler und Nichtschauspieler diskutieren sie so leidenschaftlich, als hinge von ihrer Beantwortung der Fortbestand des Schauspielerberufs ab. In mancher Weise ist es aber auch wichtig, sich über dieses Problem ernste Gedanken zu machen, denn es gibt Menschen, die glauben »an der Arbeit des Schauspielers sei nicht viel dran«. Viele bezweifeln den künstlerischen Wert der Leistungen des Schauspielers. Jemand, der entsetzt darüber war, daß ich ein *ganzes* Buch über Schauspieler schreiben wollte, sagte mir sogar: »Schließlich kann jeder ein paar Zeilen auswendig lernen und sie vor einem Publikum hersagen – das haben wir alle schon in der Schule getan.«

Natürlich kann man auf jeder Ebene über die Schauspielkunst diskutieren. Als John Hurt nach seinen Leistungen in Filmen wie *12 Uhr nachts – Midnight Express, Der Elefantenmensch* und *1984* gefragt wurde, parierte er die Frage mit einem köstlichen Zitat: »... die Arbeit des Schauspielers ist leichter, als manche denken. Als Edith Evans danach gefragt wurde, was sie auf der Bühne tut, sagte sie: ›Ich verstelle mich, mein lieber Junge, ich verstelle mich.‹«[1] Im Grunde ist es das, was alle Schauspieler tun, und es ist erfrischend, einmal an diese großartige Simplizität erinnert zu werden, die hinter allem steht.

Das andere Extrem vertreten Theaterregisseure wie Antonin Artaod und Jerzy Grotowski, die behauptet haben, die Arbeit des Schauspielers sei eine rituale Bewährungsprobe der Seele, wobei der Schauspieler bis an die äußersten Grenzen der menschlichen Kommunikationsfähigkeit ginge.[2] Es ist eine ehrgeizige, esoterische und tief philosophische Auffassung von der Bedeutung des Schauspielers, die schöpferische und risikofreudige Menschen wie Peter Brook zu seinen gewagten Inszenierungen inspiriert hat. Er stellt die auf das Theater bezogene Frage eines Zenmeisters: »Was ist die wahre Quelle der Spontaneität und Wahrhaftigkeit?«[3]

Man kann bei der Beurteilung eines Schauspielers sowohl praktische als auch esoterische Maßstäbe anlegen. Die Arbeit des Schauspielers kann zugleich nichts und alles sein. Es gibt einfache und praktische Dinge ebenso wie philosophische und sogar spirituelle, die man über den Schauspieler sagen kann. Aber wenn man die Eigenart des Schauspielers ergründen will, dann halte ich es für wichtig, daß man von den *Erfahrungen des Schauspielers* ausgeht.

Was sagen nun Schauspieler selbst über ihre Kunst, ihr Handwerk oder was es sonst sein mag?

Bühnenschriftsteller und Regisseure

»...man hat es mit der Schöpfung eines anderen zu tun«, sagt Estelle Parsons. »...Man gestaltet vielleicht eine Rolle in einem Stück, das ein anderer geschrieben hat, aber ich bin mir durchaus der Tatsache bewußt, daß ich, wenn ich versuchen sollte, ein Theaterstück oder einen Roman zu schreiben oder auch Musik zu komponieren, etwas zu sagen haben müßte, und als Schauspieler kann ich nur zustimmen oder ablehnen.«

Der Bühnenschriftsteller spielt natürlich im Theater eine wichtige Rolle. Wenn man sagt, der Schauspieler übe eine »interpretierende Kunst« aus, dann gilt dies nur unter der Voraussetzung, daß der Bühnenschriftsteller der »kreative Künstler« ist. Man hat also die Vorstellung, daß der Schauspieler nur den Ideen des Bühnenschriftstellers Ausdruck verleiht. Estelle Parsons sagt dazu: »Ich trage nur vor, was der Bühnenautor zu sagen hat.«[4]

Aber das ist manchmal sehr viel schwieriger, als es klingt. Denn in Wirklichkeit gibt es nur sehr wenige »schöpferische Künstler« unter den Bühnenschriftstellern. Marlon Brando unterstreicht die Tatsache, daß es nur wenige Autoren gibt, indem er einen hervorragenden Bühnenschriftsteller lobt: »Tennessee Williams ist ein Autor nach dem Herzen des Schauspielers. Seine Verwendung von Sprache und Ideen ist brillant und makellos. Doch darüber hinaus zeigen seine Stücke eine psychologische Entwicklung. Man ist die ganze Zeit damit beschäftigt, etwas aufzubauen. Die meisten Autoren schreiben ohne ein klares Konzept. Der Schauspieler kämpft die ganze Zeit mit nichtssagenden Worten.«[5]

Allerdings ist es nicht der Bühnenautor, sondern der Regisseur, der besonders in den vergangenen 20 Jahren die Verantwortung für die Inszenierungen übernommen hat. Und in den Filmen zeigt sich stets sehr deutlich die Auffassung des Regisseurs, der das Spiel der Schauspieler im Schneideraum entscheidend beeinflußt. Manche Schauspieler empfinden das als sehr störend.

Simon Callow sagt, es sei falsch, wenn der Regisseur eine Inszenierung vollständig beherrscht, denn »ein Theaterstück ist keine Partitur mit bestimmten Noten, die so gespielt werden müssen, wie sie geschrieben wurden, und auf der Bühne braucht man keinen Dirigenten, der die Gruppe der Schauspieler disziplinieren und ihr Spiel koordinieren müßte.« Er betont die Bedeutung des Beitrags, den der Schauspieler leistet, wenn er den Text des Bühnenstücks lebendig werden läßt. »Ein Stück muß *ent*deckt, ja man könnte fast sagen, befreit werden. Jeder einzelne Schauspieler hat dabei eine ganz persönliche Verantwortung. Jede Szene, jeder Teil muß aus dem bloßen Text leben. Das ist ein sehr aktives und kein passives Unternehmen.«[6]

Bruce Dern ist der gleichen Ansicht und gibt dem Begriff der »interpretierenden Kunst« noch eine andere Bedeutung als Estelle Parsons. Dern sagt, wenn ein Schauspieler den Text eines Autors »interpretiert«, beurteile er ihn und distanziere sich zugleich von ihm. »Ich interpretiere nicht; ich schaffe ein neues Leben. Ich habe das Gefühl, wenn man interpretiert, dann tut man es nicht wirklich. Dann tut man nur, was der Text sagt, man interpretiert seine eigenen Gefühle in bezug auf den Text und ist deshalb einen Schritt von der Wirklichkeit entfernt.«

Er bezeichnet das Spiel als eine schöpferische Kunst, denn »der Charakter von Robert Hyde in *Coming Home* ist eine Schöpfung des Schauspielers. Er existiert nicht, bis er von mir zum Leben erweckt worden ist – oder von dem Schauspieler, der diese Rolle spielt. Wird denn nicht etwas Neues erschaffen, wenn etwas nicht Existierendes plötzlich lebendig wird und sich bewegt?«[7] Damit spricht Dern von der Gestaltung einer Rolle, vom Entstehen eines glaubwürdigen Charakters.

Liv Ullmann beschreibt die Zusammenarbeit mit dem Autor und Regisseur Ingmar Bergman, bei der sie den Charakter einer Person mit Namen Jenny zum Leben erweckte. »Die Rolle, die ich jetzt spiele, ist für mich geschrieben worden. Wir haben beide das Gefühl, daß ich mich mit Jenny identifizieren kann; daß ich Jenny in Liv verwandeln kann. Dabei kann ich auf meine eigenen Erfahrungen und auf den Erfahrungen anderer aufbauen und alles verwenden, was ich in 36 Jahren gehört und gesehen habe. An dem Tag, an dem Ingmar mir das Manuskript gibt, gibt er mir auch das Recht, das Gefühl zu haben, von nun an verstünde *ich* die Rolle am besten. Sie wird zu *meiner* Realität ebenso wie sie eine Realität Ingmars ist.«[8]

Das zeigt sehr deutlich die Art einer solchen Zusammenarbeit; wie der Regisseur und der Schauspieler dem neu erschaffenen fiktiven Charakter Leben einhauchen. Und es ist interessant, was der Filmregisseur John Boorman dazu zu sagen hat: »Das Gespräch mit den Schauspielern über ihre Rollen führt zu neuen Entdeckungen. Auch wenn man selbst die handelnden Personen erfunden hat, kennt man sie nicht vollständig. Natürlich enthält der Text unter Umständen mehr als nur Andeutungen. Bis sich der Schauspieler die Rolle zu eigen gemacht hat, existiert sie in Wirklichkeit noch gar nicht.«[9]

Die Diskussion über die Frage, ob die Schauspielkunst eine interpretierende oder eine schöpferische Kunst ist, scheint mir auf die gleichen Schwierigkeiten zu stoßen wie der Streit um die Frage nach dem Wert des amerikanischen im Gegensatz zum englischen Ansatz. Eine solche Diskussion entbehrt jeder realen Grundlage. Die Frage, ob die Schauspielkunst eine *schöpferische* ist, läßt sich nur nach ästhetischen Gesichtspunkten beurteilen und entzieht sich jeder intellektuellen Analyse. Und wenn mit der Kreativität die Qualitäten der Originalität und der disziplinierten Vorstellungskraft im Spiel eines Schauspielers gemeint sind, dann ist es geradezu unmöglich, darüber ein Urteil abzugeben, ohne zu wissen, wie diese Rolle aus dem Text und der Zusammenarbeit zwischen Schauspieler und Regisseur entwickelt wurde.

Die Leistungen des Schauspielers sind ein sehr beliebtes Diskussionsthema, weil wir uns einbilden, alles darüber zu wissen. Doch wenn die Diskussion beginnt, wird uns klar, daß wir uns mit einem Begriff beschäftigen, der eine ganze Reihe von Tätigkeiten umfaßt. Um zu entscheiden, ob die Schauspielkunst eine interpretierende oder schöpferische ist, müßten wir alle verschiedenen Arten des Spiels berücksichtigen, ebenso wie die ungezählten Möglichkeiten, die der Schauspieler hat, sich auf der Bühne darzustellen. Das Ergebnis wäre so komplex und abstrakt, daß es nur von wissenschaftlichem Interesse und von der realen Welt des Schauspielers viel zu weit entfernt wäre, um uns ein praktisches Verständnis für die Arbeit des Schauspielers zu vermitteln.

Ich glaube, wir sollten darauf verzichten, uns mit dem abstrakten Begriff der Schauspielkunst zu beschäftigen, und statt dessen über den Schauspieler selbst sprechen. Dabei werden wir tiefere Einsichten gewinnen und weniger leeres Stroh dreschen.

Der Schauspieler selbst ist der entscheidende Faktor, nicht die Technik seines Spiels.

Man kann sich vorstellen, daß Bühnenschauspieler als schöpferische Künstler eher ernstgenommen werden als Filmschauspieler. Es besteht ein von Werbeagenturen und der Tagespresse genährter allgemeiner Eindruck, daß Filmstars gehirnlose, egozentrische, vom Sex besessene und neurotische »hübsche Gesichter« sind, die sich gut fotografieren lassen und zur rechten Zeit an der für sie im Szenenaufbau vorgesehenen Stelle stehen. Es mag Schauspieler geben, auf die diese Beschreibung zutrifft, aber sie sind eine winzige Minderheit unter den vielen Tausenden von Schauspielern, die jedes Jahr in Filmen auftreten.

Die Herstellung von Filmen ist eine teure Sache. Dabei können gewaltige Gewinne erzielt, aber noch größere finanzielle Verluste erlitten werden. Es gibt keinen Freiraum für Fehler und deshalb auch kaum eine Möglichkeit für Experimente. Das Niveau der meisten Filme liegt an der unteren Grenze des »kleinsten gemeinsamen Nenners«, damit sie von einem möglichst großen Publikum verstanden werden. Und weil viele Menschen die Filme sehen und ihr Inhalt häufig nur oberflächliche Unterhaltung bietet, werden sie als kulturell minderwertig abgestempelt. Deshalb werden Kritiker, die als kultiviert gelten wollen, eher über das Theater schreiben, während Leute, die sich für den Geschmack der großen Masse interessieren, Filmkritiken verfassen.

Aber das ist absurd. Viele Theaterinszenierungen am Westend, am Broadway und anderswo sind schablonenhafte Komödien oder Musicals ohne ernsten Inhalt und dienen nur der Unterhaltung. Sie erheben nicht den Anspruch, »hohe Kunst« zu sein. Und obwohl viele Filme, um es milde auszudrücken, für die Schauspieler kaum eine besondere Herausforderung darstellen, gibt es jedes Jahr einige, in denen die Darsteller ein überragendes Können zeigen. Ich habe in jüngster Zeit Filme mit William Hurt, Jack Nicholson und Geraldine Page gesehen, in denen diese Schauspieler mit ihrer darstellerischen Kraft alles erreichen, was auf der Bühne des Theaters geboten werden kann. Man darf auch nicht vergessen, daß viele Filmschauspieler gleichzeitig im Theater auftreten. Eine Filmrolle kann für einen Schauspieler ebenso inspirierend und aufregend sein wie seine Arbeit im Theater, und wenn Ben Kingsley in Stratford den Othello spielt, dann zeigt er dort die gleiche großartige Leistung wie als Gandhi im Film.

Und doch haben Filmschauspieler sehr oft mit großen Problemen zu kämpfen.

»Die Arbeit im Film kann einen Schauspieler nicht voll befriedigen«, behauptet John Malkovich. »Es läßt sich viel über Filme sagen – daß bestimmte Geschichten nur in diesem Medium erzählt werden können, daß Filme von einem größeren Publikum gesehen werden als Theateraufführungen oder daß ein vollendeter Film mehr aussagen kann als ein Theaterstück –; ich kaufe es keinem Schauspieler ab, der behauptet, der Film brächte ihm mehr als Geld. Ich weiß, weshalb ich in Filmen auftrete, und ich tue es nicht, um mich als Schauspieler zu vervollkommnen.«

John Malkovich ist ein junger amerikanischer Schauspieler, der auf der Bühne schon beeindruckende Leistungen gezeigt hat, besonders bei der Theatre Company *Steppenwolf in Chicago* und kürzlich am Broadway als Sohn des von Dustin Hoffman dargestellten Willie Loman, Biff, in *Der Tod eines Handlungsreisenden*. Auch seine Leistungen als Filmschauspieler wurden anerkannt, besonders in *The Killing Fields* und *Ein Platz im Herzen*. Für die letztere Rolle wurde er sogar mit dem Academy Award ausgezeichnet. Er gibt jedoch dem Theater ganz entschieden den Vorzug und sagt dazu: »Im Film zeigt man, was man gelernt hat, aber auf der Theaterbühne lernt man es.« Was Malkovich als Filmschauspieler erlebt hat, konnte ihn offenbar nicht befriedigen: »Es ist wirklich schwierig, sich an den Film und den ganzen Betrieb dort zu gewöhnen. Es zieht sich alles so sehr in die Länge. Der Film ist ein zu technisches Medium, das dem Schauspieler nicht gerecht wird.«

Er schildert, wie es im Filmstudio oft vier bis fünf Stunden dauert, die Scheinwerfer richtig einzustellen, und doch würde der Regisseur nie daran denken, eine Szene vier oder fünf Stunden lang zu proben oder die Aufnahmen über vier bis fünf Stunden hinzuziehen, sobald die Szene richtig ausgeleuchtet ist und die Bewegungen der Kamera festgelegt sind. »Das Spiel der Schauspieler, das dem Publikum letztendlich vorgeführt wird, findet die geringste Beachtung. Ich halte das für empörend.«

Aber der Schauspieler wird nach Auffassung von Malkovich nicht nur den technischen Erfordernissen im Filmstudio untergeordnet, sondern der Umstand, daß die einzelnen Auftritte des Schauspielers auf dem Film festgehalten werden, führe dazu, daß seine besten Leistungen nicht zum Tragen kommen. »Während die Szene zum fünften Mal aufgenommen wird, erkennt man plötzlich, daß sie so nicht gespielt werden darf. Alles ist völlig falsch. Man hat die Person den ganzen Tag lang falsch dargestellt, und im Film müssen die einzelnen Szenen aufeinander abgestimmt sein. Doch ausgenommen der Regisseur wird wahnsinnig oder der Produzent stirbt, hat man keine Chance mehr, die mißratene Szene noch einmal so aufzunehmen, wie es richtig wäre.«[10]

Die Arbeit im Filmstudio wird häufig kritisiert. So kann man sich leicht vorstellen, wie frustriert ein Schauspieler ist, wenn er stundenlang warten muß, bis die Beleuchtung stimmt, und er erlebt, wieviel Zeit dafür aufgewendet wird, mit den Technikern zu proben, anstatt mit den Schauspielern.

Einige Schauspieler betrachten die Auseinandersetzung mit den »technischen Hindernissen« als Teil der Herausforderungen, denen sich der Filmschauspieler stellen muß. Wir wissen zwar, welche technischen Anforderungen an den Bühnenschauspieler gestellt werden: Er muß seine Bewegungen beherrschen, seine Stimme in der richtigen Weise einsetzen können usw. Aber über die Techniken, deren Beherrschung von einem Filmschauspieler verlangt wird, wissen wir sehr viel weniger. Sind sie deshalb weniger wichtig?

Marlon Brando wendet sich gegen die Abwertung der Arbeit des Filmschauspielers und weist dabei auf bestimmte technische Erfordernisse hin: »Die Ausbildung eines Bühnenschauspielers kann nicht als vollständig angesehen werden, bevor er in einem Film mitgewirkt hat. Dabei werden die härtesten Anforderungen an sein Spiel gestellt, und nur wer diese Aufgabe bewältigt, darf sich als Schauspieler bezeichnen. Wenn man ein überwältigendes Gefühl zum Ausdruck bringen soll und gleichzeitig daran denken muß, daß man den Kopf nicht einen einzigen Zentimeter zur Seite bewegen darf, weil er sonst nicht mehr von der Kamera erfaßt wird, dann ist das eine schauspielerische Leistung.«[11]

Die Anforderungen an die Konzentrationsfähigkeit des Filmschauspielers sind sehr hoch, denn die unruhige Atmosphäre im Filmstudio wirkt ablenkend. Der Aufbau aller technischen Einrichtungen nimmt lange Zeit in Anspruch, und gewöhnlich muß der Schauspieler bereit sein aufzutreten, wenn die Techniker ihre Vorbereitungen getroffen haben, und nicht umgekehrt. So wirkt sich das ganze technische Drum und Dran negativ auf die Konzentration des Schauspielers aus. Al Pacino sagt: »Offen gesagt ist es nicht einfach, sich während dieses ganzen Affentheaters und der langen Wartezeit bis zur nächsten Aufnahme auf seine Rolle zu konzentrieren.«[12]

Simon Callow schildert die Aufnahmen für den Film *Zimmer mit Aussicht* und sagt, daß die Arbeit an einer Szene mehr als acht Stunden in Anspruch nahm, und die Schauspieler nur etwa zehn Minuten vor der Kamera standen und immer wieder für kurze Aufnahmen auftreten und wieder verschwinden mußten. »Die Arbeit selbst verlangt äußerste Konzentration, wird aber ständig unterbrochen. Man kann es mit sehr schlechtem Sex vergleichen: In 30 Sekunden ist alles vorbei, und man kann es erst nach einer Stunde wiederholen.«

Ich kann nicht genau sagen, was es bedeuten würde, wenn eine Theateraufführung auf der Bühne zweieinhalb Stunden dauern würde, aber es besteht ein wesentlicher Unterschied zwischen dem Spiel auf der Bühne und dem Auftritt vor der Kamera. Callow sagt: »Auf der Bühne projiziert man etwas. Im Film ist es anders: Anstatt sich darzustellen, erlaubt man es der Kamera, in die eigene Aura einzudringen. Es ist ungefähr so, als würde man geröntgt ... man kann sich dabei völlig durchsichtig fühlen, als durchleuchte die Kamera alle Blutgefäße und Organe. Das kann sehr aufregend sein.«[13]

Bruce Dern, der seine sehr erfolgreiche Filmkarriere gelegentlich unterbricht, um am Theater aufzutreten, sagt, im Theater werde sich der Schauspieler seines physischen Instrumentariums bewußt, besonders der Art, wie er seine Stimme verwendet. Aber er widerspricht John Malkovich, indem er sagt: »Auf der Bühne ... muß der Schauspieler nur während der Aufführung konsequent das Leben der von ihm dargestellten Person weiterführen. Er kann die Vorstellung nicht unterbrechen und sagen, ›Laßt uns das noch einmal wiederholen, ich habe etwas falsch gemacht.‹« Mit anderen Worten, Dern hat das Gefühl, daß er bei Filmaufnahmen eine größere Freiheit genießt, denn er kann sein Spiel so gestalten, wie er es will.

Zudem betont er die Unterschiede im Stil: »Die Umstellung eines Bühnenschauspielers auf den Film besteht darin, daß er lernen muß, kleine Dinge wirken zu lassen. Anders ausgedrückt heißt das, er muß das Selbstvertrauen haben, mit geringen Mitteln etwas erreichen zu können. Ich glaube, man kann sich im Theater Dinge leisten, die man sich im Film nicht leisten darf. Man kann gewisse Schwächen durch theatralische Gesten verdecken, man darf übertreiben, in verschiedenen Richtungen abtreten, man kann gewisse Fehler überspielen, aber im Film kann man das nicht tun, weil die Kamera *alles* sieht.«[14]

Das Fernsehen ermutigt zu einem leicht zugänglichen Stil. Als John Boorman die Besetzung für seinen Film *Der Smaragdwald* zusammenstellte, sah er sich Videoaufnahmen von allen Schauspielern an, die führende Rollen in amerikanischen Fernsehfilmen gespielt hatten. Dabei kam er zu der Überzeugung, daß sie bei ihrem Spiel alle der gleichen Methode folgten: »Sie sehen erstaunlich gut aus und legen es darauf an, ihr Publikum zu betören und zu verführen, anstatt sich in die Rolle einzuleben und sie mit Leben zu erfüllen ... sie erfinden Tricks, um die einzelnen Szenen zu bewältigen. Doch was können sie anderes tun angesichts der Tatsache, wie amerikanische Fernsehserien gemacht werden? Ich bin sicher, daß viele von ihnen sehr viel mehr leisten könnten, sofern schlechte Gewohnheiten sie nicht gänzlich verdorben haben.«

Boorman mußte an das Spiel von Burt Reynolds denken, als er ihn für den Film *Beim Sterben ist jeder der erste* engagierte. Reynolds hatte kurz davor an drei Fernsehserien mitgewirkt. Boorman sagt: »Er hat mit vielen Tricks gearbeitet ... das Niederträchtige an einem intelligenten, aber oberflächlichen Schauspieler ist , daß er einen von Szene zu Szene beeindruckt. Erst wenn man den Film als Ganzes sieht, erkennt man den Mangel an Substanz.«[15]

Boorman war von dem Spiel des Schauspielers beeindruckt, wies aber darauf hin, daß er seinen Stil den Erfordernissen des Films anpassen müsse.

Ein anderer unter der Regie von Boorman arbeitender Schauspieler war Jon Voigt. Für ihn besteht eine interessante Parallele zwischen der schauspielerischen Leistung im Film und auf der Bühne. Nach den Filmaufnahmen im Studio wollte Boorman die Stimmen der Schauspieler noch einmal auf Band nehmen, um die Tonqualität zu verbessern. Boorman beschreibt das Dilemma, in das er dadurch geriet: »Als der Film *Beim Sterben ist jeder der erste* soweit gediehen war, lehnte Jon Voigt es entschieden ab, den Text noch einmal auf Band zu sprechen, und begründete es damit, daß der Schauspieler bei den Filmaufnahmen eine unmittelbare Spontaneität und Ehrlichkeit vermittelt, eine Wirkung, die sich nicht wiederholen ließe. ›Aber auf der Bühne‹ wandte ich ein, ›sind Sie gezwungen, das gleiche an jedem Abend zu wiederholen.‹ ›Nein‹, widersprach er. ›Auf der Bühne ist jeder Auftritt eine neue Aufführung.‹«[16]

Für Voigt gibt es sowohl auf der Bühne als auch im Film die Suche nach einem frischen und ursprünglichen Spiel, auch wenn sich die Arbeitsbedingungen wesentlich unterscheiden.

Trotz der Schwierigkeiten bei der Herstellung eines Films gibt es hier wenigstens einen Aspekt, der die Arbeit des Schauspielers erleichtert. Charlton Heston erinnert sich an die Aufnahmen für eine Szene, in der er die Rolle des spanischen Heerführers El Cid spielte: »Ich ritt in voller Rüstung auf einem weißen Hengst durch das Tor einer der letzten von einer Mauer umgebenen Städte in Spanien, stieg vom Pferd ab, lief über eine Wendeltreppe mit 100 Stufen bis zur Krone der Mauer, wandte mich um und blickte hinunter auf 3000 Menschen, die riefen, ›Cid! Cid! Cid!‹. Um das zu spielen, muß man kein Schauspieler sein! Die äußeren Umstände, der Ort der Handlung, die Menschen, die Rüstung, die man trägt, das Gefühl, das das Pferd einem vermittelt, alles das verleiht der Szene eine solche Authentizität, daß man, wenn man sich unter Kontrolle hat, alles ganz automatisch richtig macht.«

Und doch muß man zugeben, daß es viele Aspekte der Filmarbeit gibt, die sie vielen Schauspielern weniger angenehm erscheinen läßt als das Spiel auf der Theaterbühne. Die Technik des Films verlangt von dem Schauspieler, daß er jedesmal, wenn die Kulissen, die Beleuchtung und alle anderen technischen Voraussetzungen für die Aufnahme gegeben sind, in der richtigen Stimmung für seinen Auftritt ist. Gewöhnlich muß der Schauspieler in den einzelnen Filmszenen außerhalb der Sequenzen des Handlungsverlaufs auftreten. Das ist notwendig, um Zeit zu sparen und den Szenenaufbau möglichst ökonomisch einzusetzen. Aber damit verliert der Schauspieler die Möglichkeit, den Charakter seiner Rolle zu entwickeln und sich zu überlegen, wie eine solche Verwandlung im Handlungsverlauf vor sich gehen soll. Dem Filmschauspieler fehlen zudem die Anregung durch ein lebendiges Publikum und das Gefühl für die einmalige Begegnung mit diesen Menschen, das ihm eine Inszenierung im Theater vermittelt.

Charlton Heston, der nicht nur ein ungeheuer erfolgreicher Filmschauspieler ist, sondern auch oft und mit großartigen Leistungen auf der Bühne gestanden hat, bezeichnet das Theater als »die Heimat des Schauspielers«, während der Film für ihn das Medium des Regisseurs ist. Auf der Bühne »muß man alles selbst tun. An sechs Abenden in der Woche, am Mittwoch und am Samstag sogar zweimal, und so geht es immer weiter ... am Theater ist es jedesmal das ganze Stück, das aufgeführt wird. Es gibt keine Filmstreifen, die sauber geordnet in den Schneideräumen liegen, wo der Regisseur und der Cutter einem helfen könnten. Auf der Bühne ist der Schauspieler ganz auf sich selbst gestellt.«[17]

Nur sehr wenige Schauspieler würden behaupten, die Filmarbeit sei befriedigender als die Arbeit am Theater. Das heißt aber nicht, daß sie weniger wichtig ist, oder daß es keine Filme gibt, die für den Schauspieler ebenso herausfordernd und inspirierend sind wie Theateraufführungen.

Man darf auch nicht vergessen, daß ein Film oder ein Auftritt im Fernsehen von zehn, zwanzig oder sogar hundert Millionen Menschen auf der ganzen Welt gesehen werden kann. Ich glaube, daß das Medium, das den Auftritt von Schauspielern auf ein globales Theater übertragen kann, ernstgenommen werden sollte. Verschiedene Medien bedeuten für die Schauspieler verschiedene Herausforderungen und Probleme, aber auch ein sehr unterschiedliches Publikum und viele neue Möglichkeiten. Und hinter allem liegen dennoch zahlreiche Aspekte der Arbeit des Schauspielers, die sich in den einzelnen Medien kaum voneinander unterscheiden.

In der Welt des Schauspielers geht es um die Erfahrungen, die er auf der Bühne *und* auf der Leinwand macht. Es ist sinnlos, um den künstlerischen Wert, ein höheres oder niedrigeres kulturelles Niveau und ähnliches zu streiten. Ich glaube vielmehr, daß die lebendigen Erfahrungen, die der Schauspieler macht, für uns sehr viel wichtiger sein werden, wenn wir zu erforschen suchen, auf welchem Wege er seine Erkenntnisse gewinnt.

4.
Sind sie denn nicht alle verrückt?

»Dusty, Dusty!«

Dustin Hoffman fürchtete sich. Der sechsjährige Junge starrte die spiegelblanke metallische Oberfläche des Toasters auf dem Küchentisch an und wiederholte mit monotoner Stimme immer wieder seinen Namen. Er versuchte, eine Verbindung zu dem Gesicht herzustellen, das er darin sah. Aber es wollte ihm nicht gelingen. Er konnte sich nicht mit seinem Gesicht identifizieren, und das ängstigte ihn.[1]

Über seine Kindheit erzählte Hoffman einem seiner Biographen, er habe einen sechseinhalb Jahre älteren Bruder gehabt. Dieser Bruder ist heute Wirtschaftsexperte im amerikanischen Finanzministerium. Er war ein glänzender Schüler, Mannschaftsführer des Baseballteams seiner Schule und gehörte außerdem der amerikanischen Fußballnationalmannschaft an. Dustin selbst war ein zartes Kind und mußte bis zu seinem achten Lebensjahr Zahnspangen tragen. Seine Familie ist bis zu seinem zwölften Lebensjahr zwölfmal im Raum Los Angeles umgezogen. Das Ergebnis dieser unruhigen Kindheit war der Verlust des Kontakts mit der eigenen Identität, der so deutlich zum Ausdruck kam, als der sechsjährige sein Spiegelbild im Toaster betrachtete und dabei von Panik ergriffen wurde.[2]

Er erinnert sich heute, daß er als Kind nur mit Hilfe seines Humors einen Kontakt zu anderen Menschen herstellen konnte. Wenn sein Vater böse auf ihn wurde, versuchte er, die Situation dadurch zu entschärfen, daß er die Wutausbrüche seines Vaters imitierte. Wenn dieser die komische Seite der Sache sah, war Hoffman gerettet.

Er erinnert sich auch noch daran, wie er damit fertig werden mußte, daß ihn andere Kinder wegen seines Aussehens hänselten. Sie sagten ihm, mit seiner großen Nase und den stechenden Augen sähe er aus wie eine Ratte. Deshalb spielte Hoffman in der Schule und im Umgang mit seinen Freunden den Clown. Er sagt, es sei besser gewesen, ausgelacht als ignoriert zu werden.[3]

Ist Dustin Hoffman deshalb Schauspieler geworden? Ist sein heutiger Beruf die Fortsetzung seines Kampfes mit kindlichen Problemen? Die weitverbreitete Meinung, Schauspieler seien Menschen, die nicht wissen, wer sie wirklich sind, würde diese Vermutung stützen.

Natürlich haben viele von uns Erinnerungen an ihre frühe Kindheit, die wir vielleicht längst begraben haben, weil sie schmerzlich sind. Manchmal verdrängen wir sie, so daß sie, während sie unsere Persönlichkeit und unser Leben vom Unterbewußtsein her beeinflussen, uns nicht mehr voll bewußt sind. Selbst wenn wir uns an für uns schmerzliche Ereignisse erinnern, sprechen wir nur selten mit anderen darüber, außer vielleicht im allerintimsten Kreis.

Haben solche Erfahrungen für den Schauspieler eine andere Bedeutung? Waren die innere Unsicherheit und die Ängste Hoffmans größer oder geringer als die traumatischen Erlebnisse des Durchschnittskindes? Es ist unmöglich, hier zu verallgemeinern, und Erfahrungen, die ähnlich scheinen, können auf verschiedene Menschen ganz verschiedene Auswirkungen haben. Dennoch wird es interessant sein, sich eingehender mit den frühkindlichen Erfahrungen von Schauspielern zu beschäftigen.

Meryl Streep wuchs in einer grünen, hübschen Villengegend an der amerikanischen Ostküste in New Jersey auf. Ihr Vater war leitender Angestellter in einem pharmazeutischen Unternehmen, und ihre Mutter war Graphikerin und arbeitete meist zu Hause. Aber Meryl hatte keine leichte Kindheit, weil sie von ihren Altersgenossen wegen ihres Aussehens abgelehnt wurde. Sie erinnert sich: »Ich hatte keine glückliche Kindheit. Einmal glaubte ich, daß niemand mich mochte – ich würde sogar sagen, daß es für mich überzeugende Beweise dafür gab. Die anderen Kinder jagten mich zum Beispiel auf einen Baum und schlugen mit Stöcken nach meinen Beinen, bis sie bluteten. Außerdem war ich häßlich. Mit meiner Brille und den Dauerwellen sah ich aus wie eine kleine Erwachsene. Ich hatte das gleiche Gesicht wie heute, und ich kann Ihnen sagen, daß es weder hübsch noch anziehend wirkte.«[4] Deshalb beteiligte sie sich mit großem Eifer an allen Schüleraufführungen. War es die innere Verzweiflung, die sie dazu trieb; der Versuch, eine Umgebung zu finden, in der sie von anderen Kindern akzeptiert wurde?

William Hurt erinnert sich daran, daß es in seiner Kindheit eine plötzliche und dramatische Veränderung gegeben hat, die ihn unvermutet in eine fremde Welt stürzte. Als er zehn Jahre alt war, heiratete seine Mutter zum zweiten Mal, und der junge Hurt hatte jetzt den Begründer von Time Inc., Henry Luce III, zum Stiefvater. Dieses Ereignis veränderte sein Leben von Grund auf: »Bisher war ich ein Punker gewesen, und plötzlich mußte ich eine Schule besuchen, die die Kinder der Reichen aus dem arrivierten Establishment an der amerikanischen Ostküste besuchten. Dadurch hat sich mein ganzes Leben verändert.«[5] Er sagt, das Gefühl, »am falschen Platz zu sein«, habe ihn sein ganzes Leben belastet. Alle diese Kindheitserinnerungen haben eines gemeinsam: das Gefühl, ein »Außenseiter« zu sein. Man war anders als die anderen und mußte darum kämpfen, akzeptiert zu werden. Man könnte sagen, daß diese Erfahrungen typisch für die Kindheit von Schauspielern sind, aber es ist dennoch auffallend, daß die Probleme, mit denen diese Kinder zu kämpfen hatten, so ähnlich waren.

Auch andere Schauspieler berichten, daß sie in ihrer Kindheit »Außenseiter« gewesen seien, aber diese Rolle haben sie übernommen, weil es ihrer Veranlagung entsprach, und nicht, weil sie schlecht behandelt wurden. Marlon Brando hat sich offenbar ganz bewußt von seinen Altersgenossen abgesondert und sich schon in früher Kindheit gegen jede Autorität aufgelehnt. »In der Schulzeit rebellierte er gegen die Autorität der Lehrer und war deshalb nicht gerade ein beliebter Schüler.« Marlons Vater kam schließlich zu der Überzeugung, daß die militärische Disziplin das Beste für seinen Sohn sein würde, und so wurde Marlon im Alter von 15 Jahren auf die Shattuck Academy nach Minnesota geschickt. Später sagte er: »Ich habe diese Einrichtung vom ersten Tage an gehaßt. Die Vorgesetzten ärgerten mich. Ich mußte Respekt vortäuschen, wenn ich keinen hatte.«[6] Wenige Wochen vor dem Abschlußexamen wurde Brando aus der Schule hinausgeworfen.

Ein Biograph von Jack Nicholson schildert eine ähnliche Rebellion. Nicholsons schulische Leistungen waren zufriedenstellend, aber »er hatte immer wieder Probleme mit seinem Betragen. Er mußte dreimal die Schule wechseln; einmal wegen Rauchens, einmal wegen des Gebrauchs unanständiger Wörter und einmal wegen eines Verhaltens, das man heute als Vandalismus bezeichnen würde. Die Basketballmannschaft einer anderen Schule hatte Taktiken angewendet, die Jack nicht akzeptieren wollte, und aus Rache machte Jack das elektronische Gerät, mit dem die Ergebnisse der Spiele aufgezeichnet wurden, unbrauchbar.«[7]

Dies mögen extreme Beispiele sein, denn es gibt viele Schauspieler, die sagen würden, sie hätten sich in ihrer Kindheit nicht als »Außenseiter« empfunden. Aber sehr oft hört man von Schauspielern, daß sie als Kinder irgendwie »anders« gewesen seien als andere. Roger Rees, der sich am Westend und am Broadway in der Rolle des *Nicholas Nickleby* einen Namen gemacht hat, besuchte eine recht strenge höhere Schule im Londoner Vorort Balham. Er sagt, dort »habe ich das Gefühl gehabt, einer gefährdeten Spezies anzugehören, denn ich war sehr empfindsam und zog mich deshalb immer wieder in den Zeichensaal zurück.«[8] Anschließend besuchte Rees die Camberwell Art School und dann die angesehene Slade School of Art in London, wo er als Maler und Lithograph ausgebildet wurde, bevor er zum Theater ging.

Wir alle haben uns irgendwann einmal als Außenseiter gefühlt, aber für den Schauspieler ist das vielleicht eine besonders wichtige Erfahrung. Denn in den traditionellen Gesellschaften war dies nicht nur eine Erfahrung, die fast jeder künftige Schauspieler machte, sondern der Schauspieler mußte sogar ein Außenseiter sein.

Die Schamanenschauspieler in Sibirien hatten bis zu Beginn unseres Jahrhunderts eine sehr lebendige Tradition.[9] Menschen, die später Schamanenschauspieler wurden, hatten eines gemeinsam. Sie alle hatten Schwierigkeiten in der Kindheit und Jugend. Manchmal waren es psychologische Probleme, verursacht durch den Tod eines Elternteils, oder weil die Eltern sie verlassen hatten.

Häufig zeigte der künftige Mystiker schon als Kind oder Jugendlicher ein seltsam befremdendes Verhalten und hatte besonders lebendige Träume und Visionen.

Vor allem die Kinder, die dazu ausersehen waren, später Schamanenschauspieler zu werden, wurden von den anderen Mitgliedern ihrer Gesellschaft als »andersartig« empfunden. Irgend etwas an ihnen unterschied sie von der Norm, und zwar im Hinblick darauf, was von ihrem »Inneren« ausgehend sichtbar wurde. Sie machten ihre Erfahrungen aus einer anderen Perspektive. Dieses »Anderssein«, der Umstand, daß sie Außenseiter waren, wurde als notwendige Voraussetzung dafür angesehen, daß sich diesem jungen Menschen der Weg öffnete, auf dem er die Verbindung mit der Geisterwelt herstellen konnte.

Der primitive Schauspieler wird als jemand angesehen, der in seiner Kindheit auf irgendeine Weise emotional gelitten hat, und man glaubt, das so verursachte Trauma könne nur geheilt werden, wenn dieser Mensch ein magischer Schauspieler wird.[10] Auf diese Weise können die innigen Beziehungen zum eigenen Inneren, die sich durch das Leben als Außenseiter entwickelt haben, genutzt und zum Ausdruck gebracht werden.

Vielleicht gibt es auch bei westlichen Schauspielern ähnliche innere Zusammenhänge, von denen ihr Leben beherrscht wird. Die Arbeit als Schauspieler kann vielleicht die Heilung bewirken. Traditionell wurde das als ein positiver Vorgang angesehen, als eine kreative Art, das innere Gleichgewicht herzustellen, eine harmonische Integration der einsamen Kindheit durch die Entwicklung innerer Kraft, um die Reintegration mit dem Publikum zu erreichen. Dieser Vorgang wurde zunächst nicht als neurotischer Exhibitionismus verspottet. Man empfand dieses Geschehen vielmehr als Ausdruck einer besonderen Gabe, die nun mit anderen geteilt wurde.

Wir alle verlangen nach Heilung unserer Wunden. Und es gibt Schauspieler, die diese Heilung in ihrem Wirkungskreis suchen, und sie tun es auch stellvertretend für uns. Doch heute ist uns die innere Beziehung zu der ursprünglichen Inspiration, die wir durch die Welt des Schauspielers erfahren, verlorengegangen, und oft betrachten wir einen Menschen, der den Beruf des Schauspielers ergreift, mit Mißtrauen. Wir glauben, Leute, die einen so schweren Weg gehen wollen, müßten verrückt sein – buchstäblich verrückt.

Das Ego

Angesichts der unzureichenden Ausbildungsmöglichkeiten und der hohen Arbeitslosenquote in diesem Beruf muß man sich fragen, weshalb jemand heute noch Schauspieler werden will. Schließlich gibt es ungezählte andere Möglichkeiten, seinen Lebensunterhalt zu verdienen. Viele halten den Beruf des Schauspielers für so abwegig, daß sie nach negativen Gründen dafür suchen, warum ein Mensch Schauspieler werden will, und halten ihn sogar für neurotisch.

Sam Waterston glaubt, die richtige Antwort gefunden zu haben: »... die Grundmotivation, Schauspieler werden zu wollen, ist für mich und vielleicht auch für andere zum Teil die Liebe zu einer Welt, die nur in der Phantasie existiert, und zum Teil das Bedürfnis, das Ego zu stärken, wie es anderwo nicht möglich ist ... ich glaube, es sind diese beiden Motive, die uns mehr oder weniger stark bewegen, und das eine ist, wie ich meine, ehrbarer als das andere.«[11]

Ich kenne nicht viele Menschen, die auf Lob oder Beifall verzichten würden, wenn sie glauben, es verdient zu haben. Aber Schauspieler brauchen angeblich ständig die Unterstützung und Anerkennung ihres Publikums. Manchmal wirft man ihnen sogar vor, sie hätten ein »neurotisches Ego«.

»Ich habe keine Achtung vor dem Beruf des Schauspielers. Ihr Auftreten auf der Bühne ist im großen und ganzen Ausdruck eines neurotischen Impulses ... ich habe in meinem ganzen Leben keinen Schauspieler kennengelernt, der kein Neurotiker war ... ich denke, Schauspieler haben ihren Beruf nur deshalb ergriffen, weil sie damit ihrem Narzißmus Nahrung geben können. Ihr Spiel gibt ihnen die Möglichkeit, ein verfälschtes Gefühl der Liebe und Aufmerksamkeit zu erleben, die gleiche Aufmerksamkeit, die jedem Exhibitionisten zuteil wird ... das Leben eines Schauspielers ist das eines Schnorrers, denn es führt zur hemmungslosen Zügellosigkeit.«

Dieses kategorische Verneinen der geistigen Normalität des Schauspielers ist eine extreme Form einer weitverbreiteten, stereotypen Auffassung – daß Schauspieler Neurotiker sind. Aber dieses Zitat stammt nicht von einem erzürnten Filmproduzenten, Regisseur oder Kunstkritiker. Es sind die Worte des desillusionierten Marlon Brando, den die frustrierenden Erfahrungen als Regisseur des Westernfilms *Der Besessene* schließlich an den Schauspielern verzweifeln ließ.

»Alle Egos wollen irgendwie verhätschelt werden«, sagt ein Biograph von Jane Fonda. »Das Ego eines Schauspielers braucht eine besonders große Portion davon, und erfolgreiche Schauspieler umgeben sich mit einer kleinen Schar von Bewunderern, die zum Teil von ihnen bezahlt werden, zum Teil auch nicht.« Oft wird Schauspielern vorgeworfen, sie hätten ein übermäßig aufgeblasenes »Ego«. Das soll heißen, daß sie den Eindruck erwecken, egozentrisch, übermäßig selbstbewußt und narzißtisch zu sein. Sie sind nur mit sich selbst beschäftigt, reden am liebsten nur von sich selbst und sind mit einem Wort unerträglich.

Das ist natürlich zum Teil übertrieben, vor allem, weil die Öffentlichkeit die menschlichen Eigenschaften des Schauspielers nur durch das Fernsehen und die Presse kennt. Wenn Schauspieler interviewt werden, müssen sie fast nur Fragen über sich selbst beantworten, über ihre Meinungen, Wünsche, Hoffnungen und Befürchtungen, über ihr Liebesleben und ihre sexuellen Neigungen. Dabei erwartet man von ihnen fast immer, daß sie soviel wie möglich über ihr Privatleben sagen. Deshalb ist es nicht verwunderlich, daß man beim Hören oder Lesen solcher Interviews den Eindruck bekommt, daß Schauspieler egozentrisch sind und nur über sich selbst sprechen wollen.

Schauspieler können sich natürlich auch weigern, Interviews zu geben. Viele von ihnen tun es, aber weil das Fernsehen und die Presse keine Listen von Menschen veröffentlichen, die es abgelehnt haben, sich interviewen zu lassen, hört die Öffentlichkeit nichts davon. Außerdem ist es für einen Schauspieler manchmal sehr wichtig, von den Medien beachtet zu werden, wenn er beispielsweise auf die Inszenierung, an der er mitwirkt, aufmerksam machen will.

Aber damit soll nicht der Versuch unternommen werden, den Eindruck zu verwischen, den viele Menschen vom »aufgeblasenen Ego« der Schauspieler haben. Es hat vielmehr den Anschein, daß der Begriff »Ego» häufig die Verhaltensweise der im Licht der Öffentlichkeit stehenden Menschen nicht zutreffend kennzeichnet. Denn aus der Perspektive des Psychologen gesehen, bedeutet der Wunsch, ständig im Mittelpunkt der allgemeinen Aufmerksamkeit zu stehen, genau das Gegenteil – ein nicht voll entwickeltes Ego.

Das »Ego« ist eine theoretische Konstruktion und bezieht sich auf den Aspekt unseres Geistes, der im Mittelpunkt des Bewußtseins steht und unsere Erfahrungen von der Außenwelt und der Welt in unserem Inneren filtert. Aber im allgemeinen soll der Begriff »Ego« aussagen, daß es sich um einen egozentrischen Menschen handelt, dessen Selbst im Mittelpunkt seines Bewußtseins steht. Das »Selbst« umfaßt die Totalität dessen, was wir sind, und dazu gehört alles, was wir geistig bewußt oder unbewußt in uns tragen.

Schauspieler sind selbst das Medium ihrer Arbeit und brauchen den unmittelbaren Kontakt mit ihrem eigenen Inneren, um ihre Rollen aus der Quelle ihrer persönlichen Erfahrungen gestalten zu können. Manchen Menschen erscheint die enge Beziehung des Schauspielers zu seinem eigenen Selbst narzißtisch. Sie halten das für eine Schwäche. Hier wird ein Tabu berührt. Aber ich glaube, in Wirklichkeit sehen die meisten Menschen in den Schauspielern etwas ganz anderes. Und hier kommt ein anderer »tiefenpsychologischer« Begriff ins Spiel, der von vielen mit dem Wesen des Schauspielers in Verbindung gebracht wird: »Extravertiertheit«.

Introvertierte und extravertierte Menschen

Schauspieler gelten im allgemeinen als extravertiert, weil ihr Beruf es mit sich bringt, daß sie sich »produzieren« und damit auf das Publikum wirken. Wenn wir jedoch die psychologische Bedeutung der Begriffe »Introvertiertheit« und »Extravertiertheit« näher untersuchen, ergibt sich ein ganz anderes Bild.

Nach der von C. G. Jung entwickelten Theorie, aus der diese Begriffe stammen, sind Introvertiertheit und Extravertiertheit Eigenschaften der Persönlichkeit, die in jedem von uns stecken. Niemand ist nur introvertiert oder extravertiert. In uns allen gibt es eine Mischung beider Eigenschaften, und obwohl bei dem einzelnen die eine oder andere überwiegt, vermeiden es die meisten, sich einer der beiden Tendenzen ganz zu überlassen. Sie entscheiden sich für den harmonischen Mittelweg.[14]

Eine Schülerin von Jung, die Psychoanalytikerin June Singer, hat die *extrem* introvertierten und extravertierten Tendenzen sehr deutlich beschrieben und miteinander verglichen.[15] Wenn wir ihre Ausführungen lesen, dann werden die meisten von uns feststellen, daß die eine oder die andere Tendenz in uns selbst stärker entwickelt ist. Aber nun wollen wir diese Faktoren aus der Perspektive des Schauspielers betrachten. Ein introvertierter Mensch begreift das Leben in symbolischen Formen, während der extravertierte sich mit der Realität auseinandersetzt und mit beiden Füßen auf dem Boden steht. Der Introvertierte bemüht sich in erster Linie um das Verständnis der Welt, die ihn umgibt, während der Extravertierte mehr damit beschäftigt ist, seine eigenen Auffassungen zum Ausdruck zu bringen und mit anderen in Verbindung zu treten. Beim Introvertierten ist das eigene Selbst Mittelpunkt des Interesses, und was außerhalb dieses Selbst geschieht, wird danach beurteilt, wie es sich auf seine Person auswirkt. Für den Extravertierten steht die Außenwelt im Mittelpunkt und bestimmt weitgehend seine Interessen. Der Introvertierte ist auf seine persönliche Entwicklung bedacht, der Extravertierte ist sozial engagiert. Für den Introvertierten sind subjektive psychologische Vorgänge von großem Wert, während es für den Extravertierten vor allem wichtig ist, von seiner Umgebung anerkannt zu werden.

Diese Charakterisierung des Introvertierten und Extravertierten trifft nur auf die extemsten Fälle zu. Während die meisten Menschen eine gemäßigte, zwischen beiden Extremen liegende Haltung einnehmen, muß der Schauspieler zugleich im höchsten Maß introvertiert und extravertiert sein. Sein Beruf verlangt es, sich intensiv um Selbsterkenntnis zu bemühen; er muß jedoch paradoxerweise gleichzeitig auf die Außenwelt hin ausgerichtet sein, um sich von der Gesellschaft und seinem Publikum anregen zu lassen –, und beide Tendenzen sind bei ihm stärker entwickelt als bei fast jeder anderen Gruppe von Menschen.

Kein Mensch ist natürlich nur extravertiert oder introvertiert, und man muß bezweifeln, ob irgend jemand es auf die Dauer ertragen kann, gleichzeitig an beiden Enden dieses Spektrums zu leben. Das würde ihn einer unerträglichen emotionalen Zerreißprobe aussetzen. Doch während die meisten Menschen sich für die eine oder die andere Seite in der Nähe des Mittelpunkts dieses Kontinuums entscheiden, sieht sich der Schauspieler in einer ganz anderen Lage. Ein Schauspieler, der normalerweise dazu neigen würde, sich nach innen zu wenden, sich selbst zu analysieren und zu entdecken und ein reiches Innenleben zu führen, muß sich, weil sein Beruf es von ihm verlangt, in höchstem Maß extravertiert verhalten. Er muß vor einem großen Publikum auftreten und dessen Aufmerksamkeit und Zustimmung gewinnen. Das ist ein psychologisch aufreibender und Kräfte fordernder Vorgang.

Ähnlich steht ein extravertiert veranlagter Schauspieler vor der beruflichen Notwendigkeit, sein eigenes Inneres zu erforschen, seine Aufmerksamkeit dem eigenen Selbst zuzuwenden und eine Beziehung zu seinen Emotionen herzustellen. Vielleicht kommt die Arbeit des Filmschauspielers den Neigungen des Introvertierten entgegen, wenn die Filmkamera ihm für eine Großaufnahme auf den Leib rückt und ihm damit »die Schau stiehlt«. Der Bühnenschauspieler andererseits ist eher extravertiert, denn es geht ihm mehr darum, den Kontakt zum Publikum herzustellen, das vor ihm im Zuschauerraum sitzt. Aber auch diese beiden Bilder stellen extreme Situationen dar. Das Grunderfordernis für jeden Schauspieler ist es, in beiden Sphären wirken zu können. Und während viele Menschen in einer Umgebung arbeiten, die ihren natürlichen psychologischen Neigungen entspricht und sie darin bestärkt, seien diese Menschen nun extravertiert oder introvertiert veranlagt, muß der Schauspieler, wenn er Erfolg haben will, in beiden Sphären zu Hause sein.

Das ist die unabdingbare Voraussetzung für die Entwicklung des eigenen Selbst. Und es ist ein entscheidender Schritt auf dem Wege des Schauspielers zur Selbsterkenntnis.

Natürlich lauern da auch Gefahren. Wer sich selbst zu einem so extremen emotionalen Zwiespalt zwingt, wird das unter Umständen mit einer inneren Instabilität bezahlen müssen. Der Schauspieler Franchot Ton hat gesagt: »Schauspieler befinden sich in einer außergewöhnlichen Lage. Sie sind sowohl nach innen gerichtet als auch exhibitionistisch veranlagt. Man muß introvertiert sein, bevor man in sich selbst die Symbole der Extraversion finden kann, die für ein überzeugendes Spiel notwendig sind. Es ist ein Paradox ... Schauspieler leiden darunter, daß sie zur Hälfte narzißtisch und zur Hälfte selbstkritisch sind ... es ist leicht einzusehen, weshalb Schauspieler bei der Beurteilung ihrer eigenen Persönlichkeit unsicher sind. Wenn man ständig damit beschäftigt ist, im Rahmen der Arbeit eines anderen eine Persönlichkeit aufzubauen, dann hat man nicht mehr sehr viel Zeit für das eigene Selbst.«[16]

Ein Beruf für Neurotiker

Ich habe Glenda Jackson gefragt, was sie zu der Behauptung zu sagen hat, Schauspieler seien Neurotiker. Sie protestierte heftig und sagte: »Da das Material, mit dem wir arbeiten, zum Teil zu den bedeutendsten Werken der Weltliteratur gehört und bedeutende Schriftsteller sich immer wieder mit dem ewigen und schönen Problem beschäftigen müssen, ›was sind wir, und warum existieren wir?‹, glaube ich, daß der Schauspieler einen für vernünftige Menschen durchaus geeigneten Beruf ausübt. Für mich ist die Welt des Schauspielers keine permanente Heilanstalt für die emotional Labilen.«

Auch Lynn Redgrave meint, das Klischee vom instabilen Charakter des Schauspielers sei ein Märchen. Sie sagt, in Wirklichkeit müsse man als erfolgreicher Schauspieler emotional stark und stabil sein, aber die Schwierigkeit, in diesem Beruf Arbeit zu finden, und die damit verbundenen Ungewißheiten könnten sich negativ auf die Emotionen des Schauspielers auswirken. »Es ist ein sehr unsicherer Beruf, weil die Arbeitsbedingungen so unvernünftig sind. Man kann nie mit einem festen Engagement rechnen. Viele Schauspieler haben es schwer, ihren Lebensunterhalt zu verdienen. So gesehen ist es ein ewiges Auf und Ab. Wenn man nicht als Statist einen Jahresvertrag bekommt, weiß man nicht, wo man nach drei Monaten sein wird.«[17]

Während nur verhältnismäßig wenige Schauspieler zum Superstar aufsteigen und superreich werden, sind bis zu 90 Prozent der Berufsschauspieler zeitweilig ohne Beschäftigung. Und diese materielle Ungewißheit wird auch den arrivierten Schauspieler nicht unberührt lassen. Rip Torn erzählt von seinem Erfolg bei der Aufführung des Stücks *The Father* in Yale. Die Kritiker lobten die Inszenierung als die beste, die sie an diesem Theater gesehen hätten, und am ersten Abend erntete Rip Torn rauschenden Beifall. Irgend jemand sagte ihm: »Das muß einer der glücklichsten Augenblicke in Ihrem Leben gewesen sein; man hat Sie gefeiert wie einen Gott.« Er erwiderte: »Nein, ich kann nur daran denken, daß ich mich in zwei Monaten wieder nach einer neuen Arbeit umsehen werde.«[18]

Für die meisten von uns bedeutet die Arbeit eine Sicherheit, die Garantie, daß wir vor den Wechselfällen des Lebens geschützt sind. Unser Einkommen reicht für Nahrung und Unterbringung. Wir erfreuen uns menschlicher Beziehungen innerhalb einer festgefügten Struktur und haben das Gefühl, anerkannt zu werden. Psychologische Forschungen über die Auswirkungen der Arbeitslosigkeit haben gezeigt, daß sie schwere emotionale Schäden verursachen kann, und bei Schauspielern ist das nicht anders. Überraschenderweise wird das gerade von einem Schauspieler bestätigt, dessen Mitarbeit heute ständig gefragt ist. In den vergangenen Jahren hat Antony Sher in einer Reihe sehr erfolgreicher Inszenierungen mitgewirkt, die ihn in der britischen Theaterwelt zum

»Star« gemacht haben. Ich habe ihn gefragt, wie sich das auf ihn selbst ausgewirkt hat.

Er sagt: »Ich glaube, ich habe festgestellt, daß sich meine persönliche Haltung geändert hat, weil ich jetzt in meinem Beruf eine ganz neue Stellung einnehme.« Doch dann fügt er nachdenklich hinzu: »Aber man kann bei Schauspielern, die lange Zeit keine Arbeit gehabt haben, eine umgekehrte Entwicklung beobachten; ihr Selbstvertrauen schwindet, weil sie das Gefühl haben, ständig abgelehnt zu werden. Man sieht, daß sich ihr Charakter allmählich verändert.«

Viele Schauspieler machen immer wieder die Erfahrung, daß sie plötzlich ohne Arbeit dastehen: Eine chronische Sorge zehrt am Selbstvertrauen und an der Sicherheit von Menschen, die, wenn sie arbeiten, kreativ sein müssen. Fragt man nach den Ursachen der emotionalen Instabilität bei Schauspielern, dann muß man auch die Instabilität ihres Berufs berücksichtigen.

Bevor Marlon Brando alle Schauspieler als Neurotiker bezeichnete, hat er einmal gesagt: »Wenn man Erfolg hat, dann ist der Beruf des Schauspielers der angenehmste, den man sich wünschen kann. Aber wenn der Erfolg ausbleibt, ist er schlimmer als ein Hautausschlag.«[19]

Wenn Schauspieler arbeiten wollen, vorsprechen müssen oder für eine bestimmte Rolle interviewt werden, bedeutet das für sie eine stärkere emotionale Belastung als für die meisten Arbeitsuchenden, die sich um eine Stelle bewerben, weil die Arbeit des Schauspielers so untrennbar mit ihrer Persönlichkeit verbunden ist. Laurence Lockinbill sagt dazu: »Die große Unsicherheit entsteht daraus, daß man sich ständig selbst verkaufen muß. Was verkauft man denn eigentlich? Es gibt Tage, an denen man seinen Musterkoffer öffnet und feststellen muß, daß er leer ist. Und meist öffnet man ihn, und der Kunde will nichts kaufen ...« Selbst wenn der Schauspieler beim Vorsprechen Erfolg hat, bleibt die Unsicherheit bestehen, denn er weiß nicht, weshalb man ihm eine Rolle angeboten hat. »Deshalb legt man die Paraderollen in seinem Musterkoffer ganz nach oben und versteckt darunter die Ladenhüter – die wirklich guten Rollen, mit denen etwas ausgesagt wird. Wenn das billige Zeug gekauft wird, fühlt man sich irgendwie verletzt. Und wenn die Paraderollen nicht gekauft werden, dann kann man auch das andere nicht vorzeigen, und man weiß nicht, was man dagegen tun soll. Man hat das Gefühl, endgültig abgelehnt worden zu sein, und das verunsichert einen.«[20]

»Warum habe ich 23 Jahre dazu gebraucht, während es bei Warren Beatty nur 1½ Jahre gedauert hat?« Der heute arrivierte Schauspieler Bruce Dern sagt, daß es dem Schauspieler oft schwerfällt zu akzeptieren, daß der Erfolg sich nicht mit Sicherheit voraussagen läßt. Arbeit zu bekommen und anerkannt zu werden, hat mehr damit zu tun, daß man zur rechten Zeit am rechten Ort ist und die richtigen Kontakte hat, als mit dem Talent des Schauspielers. »Jeder redet von der Ausbildung des Schauspielers, aber niemand redet von seiner Vermarktung, und doch ist das ein faszinierendes Thema: Warum gelingt es den einen und den anderen nicht, und wie erreichen sie es, und was machen die anderen falsch? Wir alle wissen, daß sehr talentierten Leuten oft nicht die Chancen geboten werden, die sich weniger begabten bieten. Warum?«[21]

Die Unsicherheit auf dem Arbeitsmarkt und die scheinbaren Zufälligkeiten, von denen es abhängt, ob man Arbeit findet oder nicht, geben vielen Schauspielern das Gefühl, daß sie nicht in der Lage sind, über ihr eigenes Leben zu bestimmen. Sie geraten in Verzweiflung, wenn Monate vergehen, ohne daß sie Gelegenheit haben, ihren gewählten Beruf auszuüben. Das außerordentlich hohe Risiko, das man bei diesem freien Beruf eingeht, können nur wenige auf die Dauer durchstehen. Daß Schauspieler überhaupt damit fertig werden und ihren Beruf nicht aufgeben, ist ein Zeichen dafür, wie stark sie sich mit diesem Beruf verbunden fühlen, und beweist ihre emotionale Stabilität angesichts so ungünstiger äußerer Umstände.

Für Schauspieler mit einem hohen künstlerischen Niveau können die Anforderungen und widersprüchlichen Erwartungen selbst der angesehensten Regisseure sehr eigenwillig erscheinen. Liv Ullmann berichtet von einem Gespräch, in dem der berühmte Filmregisseur Ingmar Bergman mit einem amerikanischen Filmregisseur darin übereinstimmte, daß Schauspieler talentierte, aber von Emotionen beherrschte Amateure seien. Der amerikanische

Regisseur interviewte Bergman. Frau Ullmann saß dabei und hörte zu. Bergman fing an, von der romantischen Aura zu sprechem, die gewisse Schauspieler umgibt. »Voller Begeisterung singt er ein Loblied auf jemanden, von dem er gehört hat, daß er ständig zu spät kommt«, sagt Frau Ullmann, »der jedoch so viel Charme habe, der seine Texte nicht auswendig lernen könne, aber über ein phantastisches Charisma verfüge, der sein ganzes Liebesleben ins Filmstudio mitbringe, bei dem man das aber verstehen müsse, denn er sei doch ein so sensibler Mensch... er sagt, ›man darf von diesen Leuten nicht das gleiche erwarten, wie von Menschen in einem anderen Beruf‹.«

Liv Ullmann war empört. Sie sagt, im Studio verlange Bergman von seinen Schauspielern den perfekten Professionalismus und würde das in diesem Interview so nachsichtig behandelte Verhalten keinen Augenblick dulden. »Weiß er wirklich, was es bedeutet, jeden Abend um sieben Uhr ins Bett zu gehen, um am nächsten Morgen vor Sonnenaufgang aufstehen zu können, eine Rolle zu lernen, rechtzeitig zum Schminken dazusein, vor der Kamera zu erscheinen und unter seinem prüfenden Blick ausgeruht auszusehen? Begreift Ingmar, warum ich zu kochen beginne, wenn er verständnisvoll von Amateuren spricht, während er von seinen Mitarbeitern die absolute Unterstützung verlangt?«[22]

Theaterkritiker sind eine weitere potentielle Gefahr für die seelische Stabilität der Schauspieler. Bruce Dern sagt, alles, was er den Kritikern zu verdanken habe, sei, »daß sie mir immer wieder das Herz gebrochen haben, weil ich sie zu persönlich nehme... sie sagen in ihren schlechten Kritiken nicht nur ›nein‹ zu einem, sondern sie sagen dieses ›Nein‹ auch auf dem Arbeitsmarkt, und das ist viel härter, weil es einen daran hindert, das nächste Engagement zu bekommen«.

Als Beispiel schildert Dern eine Szene in dem Film *Coming Home*, in der er einen Revolver in die Hand nimmt und damit auf Jane Fonda zielt. Er hatte vorher in dem Film *Schwarzer Sonntag* eine ähnliche Szene mit einer anderen Motivation gespielt, und einige Kritiker, die beide Filme gesehen hatten, schrieben nun sinngemäß: »Oh, da ist ja wieder Dern mit dem gleichen Trick.« Dern sagt dazu: »Es war durchaus nicht der gleiche Trick, und die Szene verlangte, daß ich das tat... niemand auf der Welt kann behaupten, von der Kritik unberührt zu bleiben, sei sie nun negativ oder positiv. Bis vor ein paar Jahren habe ich die Kritiken gesammelt, und zwar die guten ebenso wie die schlechten..., jetzt tue ich das nicht mehr. Das zeigt vielleicht, daß ich reifer geworden bin.«[23]

Kritiken können zu Beginn einer neuen Theaterinszenierung noch vernichtender wirken. In New York ist das eine Sache des finanziellen Überlebens, denn das New Yorker Publikum läßt sich durch die Kritiken stark in seiner Entscheidung beeinflussen, ob eine Inszenierung es wert ist oder nicht, gesehen zu werden. Aber Theaterkritiken können genauso störend wirken, wenn sie zu positiv sind. Antony Sher erklärt, daß »sowohl gute als auch schlechte Kritken die eigenen Vorstellungen von dem verzerren, was man tut, und man muß sich darum bemühen, sich nicht zu sehr von ihnen beeinflussen zu lassen. Die Kritiken erscheinen gewöhnlich nach den ersten Aufführungen einer Inszenierung, und man muß sich zunächst unbedingt an die Entscheidungen halten, die bei den Proben getroffen wurden. Es ist schon schwer genug, Abend für Abend die gleiche Vorstellung zu geben, und die Schauspieler wollen sich so wenig wie möglich von außen beeinflussen lassen. Gute Kritiken können einen dadurch aus dem Gleichgewicht bringen, daß sie einzelne ›wunderbare Augenblicke‹ in der Aufführung loben, denn jedesmal, wenn es zu diesem Augenblick kommt, wird man sich dessen zu sehr bewußt, besonders, wenn man nicht beabsichtigt hat, so zu spielen wie die Kritiker es gesehen haben.«

Die Auswirkung solcher Kritiken begreift man vielleicht am besten, wenn man sich vorstellt, daß man am ersten Arbeitstag in einer neuen Stellung von einem Inspektionsteam daraufhin geprüft wird, wie man seine Arbeit tut, und das Ergebnis anschließend in der Presse veröffentlicht wird. Auf irgendeine Art stellen wir alle gelegentlich unsere Arbeit anderen Menschen vor, aber der Beifall oder die Ablehnung durch Hunderte von Menschen und die Veröffentlichung von Kritiken anderer erzeugen eine Intensität des Urteils, wie man sie in den meisten anderen Berufen nicht erlebt.

Natürlich gibt es »neurotische« Schauspieler, und diese Leute wären auch in jedem anderen Beruf Neurotiker. Und es gibt zweifellos Menschen, die sich für den Beruf des Schauspielers entschieden haben, weil sie sich bei dieser Arbeit von ihren Problemen befreien können – obwohl es in jeder Berufsgruppe solche Menschen geben muß. Aber gerade der Schauspieler ist gezwungen, in einer äußerst gespannten Atmosphäre zu arbeiten, in der seine Leistungen ständig mit denen seiner Kollegen verglichen werden. Das ist hart. Wenn es manchmal scheint, daß Schauspieler nervös, verkrampft, überaktiv und darauf bedacht sind, möglichst sofort auf ihr Publikum zu wirken, dann sind das nach meiner Ansicht gesunde Reaktionen auf eine ungesunde Arbeitsatmosphäre.

Der Wahnsinn hat Methode

Marlon Brando erinnert sich, daß er James Dean auf einer Party kennengelernt hat, »wo dieser nervös herumsprang und sich wie ein Wahnsinniger gebärdete. Deshalb habe ich ihn angesprochen, zur Seite genommen und ihn gefragt, ob er nicht wisse, daß er krank sei und Hilfe brauche ... er hörte mich an. Er wußte, daß er krank war. Ich nannte ihm den Namen eines Psychoanalytikers, und er hat ihn aufgesucht.«

James Dean vergötterte Marlon Brando. Er bewunderte Brandos starke Persönlichkeit und die innere Kraft, die er auszustrahlen schien, während er sich über die gesellschaftlichen Konventionen und Verhaltensnormen hinwegsetzte. Oft bedeutete das nicht mehr als ein unmögliches Betragen in der Öffentlichkeit und ein unverschämtes Verhalten im Umgang mit einflußreichen und »wichtigen« Leuten. Aber in den 50er Jahren, als die jungen Menschen anfingen, ihre Identität als »Jugend« zu entdecken, warfen die Presse und die Medien Marlon Brando und James Dean in den gleichen Topf als Feinde des Establishments. Die Filmstudios gaben ihnen die Rollen, in denen sie dieses Image pflegen konnten. Brando *(Der Wilde)* und Dean *(... denn sie wissen nicht, was sie tun)* sollten aber auch persönlich das gleiche Verhalten zeigen, wie die Personen, die sie in ihren Filmen darstellten. Doch während Dean und Brando vor der Öffentlichkeit die Ablehnung des Establishments repräsentierten, die augenscheinlich ihrer künstlerischen und persönlichen Identität durchaus entsprach, verstand es Brando, sein Verhalten zu korrigieren. Dean konnte das nicht. Ein Regisseur, der beide kannte, sagt dazu: »Der Hauptunterschied zwischen dem Verhalten von Brando und Dean war, daß Brando sehr oft nur eine Statistenrolle spielte. Auch wenn das Publikum es nicht merkte, ihm selbst war das durchaus bewußt. Aber Dean war selbstzerstörerisch und masochistisch. Bei ihm war das kein Spiel – er war wirklich krank.«[25]

Auf den ersten Blick klingt das so, als sei es eine Bestätigung der Behauptung, Schauspieler seien neurotisch, wobei Marlon Brando wieder die Diskussion eröffnet hat. Man muß jedoch eines beachten: Schauspieler müssen sich manchmal so verhalten, als seien sie verrückt.

Lynn Redgrave meint, es sei ein Märchen, wenn man glaube, Schauspieler seien krank.

»Das liegt daran, daß es bestimmte Leute gibt, die es verstanden haben, auf theatralische Weise zu zerbrechen. Und natürlich hört man eher etwas über Schauspieler, die in Schwierigkeiten geraten sind, als über den Chef eines großen Unternehmens, der einen Nervenzusammenbruch gehabt hat. Von den anderen hört man nichts, weil sich die Presse vor allem für das Privatleben der Schauspieler interessiert.«[26]

Aber William Hurt, einer der erfolgreichen jungen Schauspieler, gibt dem System des Method Acting die Schuld dafür, daß manche Schauspieler ihre Neurosen öffentlich zur Schau stellen: »Wenn sich ein Schauspieler nur aufspielt, dann ist das etwas ganz anderes als die Darstellung einer Rolle. Das eine ist verrückt, das andere nicht. Wir sind nicht schizophren. Man steht nicht auf der Bühne, um seine persönlichen Ängste vor dem Publikum abzureagieren. Der Auftritt auf der Bühne ist keine psychotherapeutische Sitzung.« Hurt glaubt, mit dem Method Acting werde die Schauspielkunst korrumpiert: »...hier haben wir ein System, das es dem unterentwickelten Schauspieler erlaubt, sich gehenzulassen... auf diese Weise wird seine Unbeherrschtheit sanktioniert.«[27]

Geraldine Page, eine ausgezeichnete Schauspielerin und Verfechterin des Method Acting, gibt zu, daß ein Mißbrauch dieser »Methode« gefährlich sein kann: »Ich habe Schauspieler gesehen, die so sehr damit beschäftigt waren, sich ihre persönlichen Beziehungen zu ihrer Rolle bewußt zu machen, daß sich die dargestellte Person nicht mehr erkennen ließ. Die Rolle wurde nicht bereichert, sondern zugedeckt.« Sie meint, das System des Method Acting könnte den Schauspieler verführen, sich so stark auf sein eigenes Selbst zu konzentrieren, daß er das Wesen des dargestellten Charakters nicht mehr erkennt. »Diese Leute sind so fasziniert von der Möglichkeit, bestimmte Aspekte ihres eigenen Selbst zu entdecken, daß sie vergessen, welche Aufgabe sie im Rahmen des Stücks zu erfüllen haben. Als Schauspieler muß man sich um die vollkommenste, beste und interessanteste Interpretation seiner Rolle bemühen und nicht um die vollkommenste und wunderbarste Darstellung dessen, was man in sich selbst entdeckt hat.«[28]

Wenn wir uns genauer ansehen, was Schauspieler wirklich tun, bekommen wir ein klareres Bild. Bruce Dern hält den Aspekt der Selbstdarstellung des Schauspielers für entscheidend wichtig, »... prägnant zu sein und dem Publikum intime Gefühle verständlich machen – das ist der Schlüssel zum Erfolg. Man muß fähig sein, vor eintausend Zuschauern in den Spiegel zu blicken und ihnen genau zu sagen, was man sieht; welche Befürchtungen, welche Hoffnungen, welche Freuden und welche Enttäuschungen man hat.«[29]

Und der Regisseur am National Theatre, Sir Peter Hall, bestätigt diese Auffassung. Er sagt: »Der Schauspieler imitiert nicht, er enthüllt. Der Schauspieler enthüllt auf der Bühne sein inneres Selbst.«[30]

Wie sehr ein Schauspieler selbst darunter leiden kann, wenn er tief in den Bereich seiner eigenen Erfahrungen eintaucht, zeigt sich wiederum am Beispiel von Marlon Brando. Der Filmproduzent Sam Spiegel, unter dessen Leitung Brandos Film *Die Faust im*

Nacken entstanden ist, sagt: »Marlon hat damals Qualen gelitten, und auf der Leinwand war er großartig. Wenn er aufhörte zu leiden, mußte er sich selbst quälen, um seiner Rolle gerecht zu werden.«

Brando hat die Richtigkeit dieser Aussage bestätigt: »Man muß sich in Aufregung versetzen. Wenn man das nicht tut, kann man nicht spielen. Und es kommt eine Zeit, in der man das nicht mehr tun will. Man weiß, daß man eine Szene spielen muß, in der von einem verlangt wird, daß man weint und schreit und all diese Dinge, und man scheut sich davor, und der Gedanke daran läßt einen nicht mehr los... aber man kann nicht einfach darüber hinweggehen... es wäre wirklich verantwortungslos, wenn man nicht versuchen wollte, sein Bestes zu geben.«[31]

Auf der Bühne und im Film werden heute Stücke gespielt, in denen der Verfasser echte Lebenserfahrungen in Kunstwerke verwandelt hat. Der Schauspieler nimmt den Text und haucht ihm Leben ein. Aber manchmal tut der Schauspieler viel mehr. Marlon Brando hat beim Aufbau seiner großartigen schauspielerischen Leistung in Bernardo Bertoluccis Film *Der letzte Tango in Paris* beide Phasen durchlaufen. Ein Biograph Brandos schildert die Vorbereitungen: »Als Marlon zu den ersten Aufnahmen im Studio erschien, war er wie bei allen seinen Auftritten geschminkt. Bertolucci sagte, die Schminkschicht sei drei Zentimeter dick.« Der Kameramann wischte fast alles wieder ab, und der Regisseur erklärte, die Aufnahmen sollten bei möglichst schwacher Beleuchtung gemacht werden. »Nun wischte sich Marlon auch den Rest der Schminke mit den Händen aus dem Gesicht. ›Ist das o. k.?‹ fragte er. Der Regisseur und der Kameramann waren zufrieden.« So hatte er die erste Schutzschicht entfernt und war damit noch verwundbarer geworden. Er kam sich noch nackter vor.

Bertolucci verlangte von Brando etwas, das dieser noch nie versucht hatte. »Ich forderte ihn auf, diesmal nicht von außen in die Rolle einzudringen, sondern die Rolle mit seiner Persönlichkeit zu überlagern. Er sollte nichts weiter sein als er selbst. Das war anders als bei anderen Filmen. Es war eine Art psychoanalytisches Abenteuer.«[33] Brando war mit der Arbeitsmethode des italienischen Regisseurs einverstanden. »Ich behandle alle Schauspieler gleich: Sie sind meine gleichberechtigten Mitarbeiter«, sagte Bertolucci. »Mein Interesse gilt den Menschen, und die freie Erfindung ist meine Art, eine Atmosphäre zu schaffen, innerhalb derer man tief in ein Problem eindringen kann.«[34]

Daß Millionen von Menschen in diesem Film die Entdeckung eines reichen Innenlebens miterlebten, war nur möglich, weil Brando bis an die äußersten Grenzen der Introversion und der Extraversion gehen konnte. Bertolucci sagte von ihm: »Einerseits hat er das Bedürfnis, von allen geliebt zu werden, und andererseits kann er seinen Charme spielen lassen wie eine Maschine« und ist dabei das perfekte Beispiel eines vollkommen extravertierten Menschen. Aber »... andererseits kann er die Weisheit eines indischen Heiligen zeigen.« Diese nach innen gerichtete Tiefe des Wissens über das eigene Selbst konnte Brando, wie Bertolucci glaubte, zum Ausdruck bringen, weil »... er den Gestalten des Malers Francis Bacon gleicht, deren Gesichter alles zeigen, was in ihrem tiefsten Innern vorgeht. Er besitzt die gleiche überwältigende Gestaltungsfähigkeit«.[35]

Damit begann für Brando eine Arbeitsperiode, in der er sein ganzes Inneres enthüllen mußte. In einer Szene zeigte der von Brando dargestellte Paul seiner Freundin Jeanne seine wirkliche Identität. Brando improvisierte die Szene, die sofort in dieser Form aufgenommen wurde. Er begann mit der Schilderung seiner eigenen Vergangenheit. Er war Boxer, Schauspieler, Bongospieler, Revolutionär und Journalist gewesen und hatte auf Tahiti gelebt. Das alles waren seine eigenen Erfahrungen oder Wünsche. Paul sprach von seiner Kindheit: »Mein Vater war ein Trinker, ein verrückter Raufbold, der sich in den Bars mit den anderen Gästen prügelte. Auch meine Mutter war Alkoholikerin. Einmal – ich war noch ein kleiner Junge – wurde sie von der Polizei festgenommen. Ich mußte jeden Morgen und jeden Abend eine Kuh melken. Das tat ich gern. Aber ich erinnere mich, daß ich mich einmal schon umgezogen hatte, um mit einem Mädchen zu einem Basketballspiel zu gehen. Mein Vater sagte: ›Zuerst mußt du die Kuh melken‹, und ich sagte: ›Würdest du sie bitte melken?‹ Er sagte: ›Nein, setz deinen faulen Arsch in Bewegung.‹ Ich hatte es eilig, und es war keine Zeit mehr, die Schuhe zu wechseln. So waren meine Schuhe ganz mit Kuhmist beschmiert. Als wir im Auto saßen, konnte man es riechen. Ich habe nicht sehr viele angenehme Erinnerungen.«[36] Der Biograph Brandos berichtet, daß sich ein großer Teil dieser Szene auf persönliche Erlebnisse Brandos stützte.

Während der zehn Wochen dauernden Aufnahmen für den Film *Der letzte Tango in Paris* mußte Marlon Brando Erinnerungen und Gefühle lebendig werden lassen, die er längst vergessen und zum Teil sogar verdrängt hatte. Und vor jeder Szene wartete Bertolucci, bis Brando die Beziehung zu seinen eigenen Erfahrungen wiederhergestellt hatte. Dann nickte der Schauspieler dem Regisseur zu, um ihm zu sagen, daß er bereit sei anzufangen.

Als der Film fertig war, sagte Brando seinem Regisseur: »Ich werde nie wieder einen solchen Film machen. Zum ersten Mal habe ich erlebt, wie mein innerstes Selbst verletzt wurde.«[37]

Die emotionale Belastung, unter der Brando während dieser Arbeit gelitten hat, wird von dem britischen Schauspieler Simon Callow sehr anschaulich beschrieben: »Ein Schauspieler kann durch seine Arbeit so verwirrt und verunsichert werden, daß er schließlich jeden Halt verliert. Es ist sehr schwer, die Selbstsicherheit zu bewahren, weil man sich tief in seinem eigenen Inneren befindet. Man ist sein eigenes Instrument, und in dem komplexen Netz der eigenen Persönlichkeit kann man sich hoffnungslos verirren.« Über seine spannungsgeladene, emotionale Rolle in dem Stück *Mary Barnes* sagt er: »Man mußte sich gegen die Auswirkungen dessen schützen, was man jeden Abend erlebte, wenn man sich völlig verausgabte. Je mehr Erfahrungen man hat, desto besser lernt man, Kräfte zu sparen und genausoviel einzusetzen, wie man braucht und nicht mehr. Vor allem aber lernt man, diese Kräfte nur auf der Bühne und nirgendwo anders wirken zu lassen.«[38]

Wahrscheinlich gibt es für jeden Schauspieler, der tief in seine eigene Gefühlswelt eindringt, um sich auf eine Rolle vorzubereiten, einen Punkt, über den er nicht hinausgehen kann. Wenn die dargestellte Person von starken Emotionen bewegt wird, ist es schwer, sie glaubwürdig darzustellen, ohne selbst unter den Auswirkungen solcher Gefühle zu leiden.

Estelle Parsons spricht davon, wie sehr sich die auf der Bühne gezeigten starken Gefühlsaufwallungen von dem normalen Gemütszustand des Schauspielers unterscheiden: »Wenn das Spiel vorüber ist, habe ich nichts mehr mit meiner Rolle gemein. Ich glaube auch nicht, daß das möglich wäre. Es ist nicht sehr angenehm, von sehr starken Gefühlen beherrscht zu werden; es widerspricht den normalen menschlichen Reaktionen ... und für eine Schauspielerin ist es schmerzlich und anstrengend. Deshalb will man es nicht länger ertragen als unbedingt notwendig.«[39]

Auf die Frage, was er dazu zu sagen habe, daß oft behauptet wird, Schauspieler seien instabil, äußert sich Rip Torn noch deutlicher zu diesem Problem: »Von erwachsenen Menschen verlangt man Selbstbeherrschung; sie sollen ihre Gefühle unterdrücken. Das ist unser puritanisches Erbe. Aber der Schauspieler muß an einem Abend Gefühle zeigen, die manche Menschen nur zwei- oder dreimal im Leben haben – bei Hochzeiten, Beerdigungen oder am Totenbett –.«[40]

Sind Schauspieler also verrückt?

Über die Schizophrenie sagt Perry folgendes: »Wegen der Aktivierung des Unbewußten und des Zusammenbruchs des Ego wird das Bewußtsein von den tiefsten Ebenen der Psyche überwältigt, und das Individuum findet sich in einem psychischen Zustand wieder, der im völligen Gegensatz zu seiner Umwelt steht.«[41] Aber der Schauspieler versetzt sich absichtlich in die »tiefsten Ebenen seiner Psyche« und wird sich vergangener Erfahrungen und Emotionen bewußt, um sie in seinem Auftritt zur Wirkung zu bringen. Deshalb brauchen Schauspieler ein starkes Ego, um solche Belastungen auszuhalten und das innere Gleichgewicht zu wahren.

Seelenzustände, an die wir uns nur ungern erinnern und mit denen wir keinesfalls konfrontiert werden oder sie gar vor der Öffentlichkeit zum Ausdruck bringen wollen, sind der Stoff, aus dem Schauspieler ihre Rollen gestalten. Ob das nun bewußt geschieht wie beim Method Acting oder weniger bewußt bei anderen Arten der Gestaltung einer Rolle, es ist eine Konfrontation mit Teilen des Selbst, die man als problematisch bezeichnen kann.

Wenn Brando dem Schauspieler vorwirft, neurotisch zu sein,

fügt er interessanterweise einschränkend hinzu: »... nicht daß es schlecht wäre, neurotisch zu sein ... aber in Wirklichkeit löst sich der Schauspieler aus der Enge neurotischer Hemmungen dadurch, daß er sozusagen zu der Person wird, deren Rolle er nur *spielt.*«[42]

Aber es kommt darauf an, was wir als »neurotisch« bezeichnen. Laurence Olivier beurteilt zum Beispiel die »Verrücktheit« in seiner Arbeit positiv: Nach einer seiner persönlichen Theorien muß man »ein wenig verrückt sein«, um gewisse dramatische Höhen zu erreichen. Außerdem gibt Olivier zu, daß er vielleicht wirklich verrückt geworden wäre, wenn er nicht hätte Schauspieler werden können, um bei dieser Arbeit seine emotionalen Energien auszuleben.[43]

Jeder von uns fürchtet sich natürlich davor, verrückt zu werden. Die Vorstellung, von verdrängten emotionalen Erfahrungen überwältigt zu werden und die Kontrolle über die eigenen psychologischen Vorgänge zu verlieren, ist etwas Schreckliches. Und da jeder Zehnte einmal in seinem Leben psychiatrisch behandelt wird, ist diese Gefahr nicht von der Hand zu weisen. Doch wenn man Geistesgestörtheit als einen Zustand definiert, in dem man von inneren Ängsten, Erinnerungen und Vorstellungen aus der Vergangenheit und sich wiederholenden bizarren Erfahrungen überwältigt wird, dann haben die meisten von uns Gemütszustände erlebt, die man als »anormal« bezeichnen kann. Aber das geschieht im intimen, persönlichen Bereich. In Träumen, in der Phantasie oder in einem auf legale oder illegale Weise erzeugten Zustand (etwa durch Alkohol oder Drogen).

Keith Johnstone hat gesagt, die meisten von uns täten nur so, als seien sie normal; wir hätten gelernt, uns normal zu verhalten, weil wir von unseren Mitmenschen nicht abgelehnt werden wollten. »Die meisten Menschen, die ich kenne, sind im geheimen davon überzeugt, daß sie etwas verrückter seien als der Durchschnittsmensch«, sagt er. »Die Menschen wissen, welche Energie sie brauchen, um sich nach außen zu schützen, aber sie ahnen nicht, welche Energie andere dafür aufwenden. Sie wissen, ihre eigene Normalität ist nur vorgetäuscht, aber wenn sie anderen begegnen, verwechseln sie den Menschen mit der Rolle, die er spielt.«[44]

Als Geraldine Page gefragt wurde, ob James Dean und Marilyn Monroe durch ihren Beruf als Schauspieler zu den gequälten Seelen geworden seien, die sie waren, sagte sie: »Nein, das waren sie schon vorher ... dieses Krebsgeschwür in ihrem Inneren hatte nichts mit ihrem Beruf als Schauspieler zu tun. Im Gegenteil, der Beruf hat ihnen vielleicht sogar geholfen, besser mit ihren inneren Problemen fertig zu werden. Denn gerade die Arbeit des Schauspielers kann von solchen inneren Zwängen befreien; man kann dabei aus seinen eigenen Seelenqualen sogar etwas Schönes machen.«[45]

Mit anderen Worten, Schauspieler lassen Erfahrungen, denen wir uns niemals stellen, wieder lebendig werden und gebrauchen sie. Wir sind uns ihrer zwar bewußt, fürchten uns aber, das zuzugeben. Wir fürchten das Urteil unserer Mitmenschen und sorgen uns darum, was das Aufleben solcher Erfahrungen uns antun könnte. Schauspieler setzen die Erfahrungen in Kunst um und gehen dabei das Risiko ein, als »neurotisch« bezeichnet zu werden.

Aber wenn ein Schauspieler so starke emotionale Erfahrungen ertragen kann, entwickeln sich ungewöhnlich starke Beziehungen zwischen seinem Unterbewußtsein und seinem normalen Wachbewußtsein. Es entsteht ein feines Gefühl für alles in der Tiefe der eigenen Seele Verborgene, aber es entwickeln sich auch Kanäle, über die diese verborgenen Gefühle zum Ausdruck gebracht werden können. Bei den meisten von uns zeigen sich Fragmente der im Unterbewußtsein verborgenen Bilder in unseren Träumen und werden schnell wieder vergessen. Bei vielen Schauspielern kommt ein gewaltiger Strom phantastischer Vorstellungen und emotionaler Erfahrungen an die Oberfläche, um dem sonst eintönigen Leben reiche und lebendige Farben zu verleihen.

Schauspieler lassen ihr bewußtes Leben mehr als andere durch das sonst im Unbewußten Schlummernde bereichern, und zwar sowohl durch das Negative als auch durch das Positive. Ich finde das großartig. Wir haben hier nur über »den Schauspieler im allgemeinen« sprechen können, aber ich kenne selbst viele Schauspieler, die alles andere sind als »Neurotiker«. Schauspieler, denen ich begegnet bin – von Schauspielerschülern bis zu international anerkannten »Stars« –, sind im allgemeinen offen, gesellig, lebendig, ausgeglichen und anregend.

Diese Eigenschaften von Schauspielern haben mich angeregt, die Welt des Schauspielers zu erforschen und dieses Buch zu schreiben.

5.
Besessenheit: Die Suche nach dem inneren Selbst

Besessene Schauspieler

»Ich fing an, langsam im Zimmer herumzugehen und mich innerlich ganz leer zu machen. Dabei dachte ich an Schmerzen und Einsamkeit, an Verwirrung und die Beschwerden des Altwerdens, an Ängste und die erschreckende Vorstellung, einsam und verlassen sterben zu müssen. Ich wollte diesem von Aschenbach begegnen, und er sollte das Vakuum, das ich in mir geschaffen hatte, mit seiner Gegenwart ausfüllen.«[1]

Dirk Bogarde ließ sich von der Person, deren Rolle er in Viscontis Film *Der Tod in Venedig* übernehmen sollte, in Besitz nehmen. Sein Bericht über diesen Vorgang klingt geradezu unheimlich – »... Er kam nicht auf einmal, sondern in kleinen Schritten ... und brachte das Gewicht seiner Jahre mit, die aus seiner Einsamkeit resultierende nervöse Gereiztheit, die Müdigkeit seines kranken Körpers ... Arroganz machte sich breit wie ein Nebelschleier.« Bogarde war zu einem Gefäß geworden, zu einer Schale für einen Geist, den aufzunehmen er sein Bewußtsein und seinen Körper vorbereitet hatte: »Ich zweifelte keinen Augenblick daran, daß ich mich in ihn verwandelt hatte und daß die äußere Schale meines normalen Körpers nur das Gefäß war, das seinen Geist enthielt.«

Die anderen Schauspieler und alle an der Herstellung des Films Beteiligten wußten, daß sie Bogarde nicht stören durften. Er mußte sich auf seine Rolle konzentrieren, »um diesen Geist in mir zu bewahren, der mir im Grunde so völlig fremd war«. Über die Monate bis zur Fertigstellung des Films berichtet Bogarde, daß er sich jeden Tag, wenn er das Studio verließ und nach Hause ging,

»wie er bewegte und benahm... wie ein Besessener, der sich seiner wirklichen Umgebung nicht mehr bewußt ist.«

Für die meisten von uns wäre die Vorstellung, von einem anderen Wesen beherrscht zu werden, von einer »Persönlichkeit« außerhalb unserer selbst besessen zu sein, beängstigend. Wir würden fürchten, verrückt zu werden. Aber für manche Schauspieler ist das Besessensein nicht nur etwas, das sie erleben, sondern das, was sie erleben wollen.

Bruce Dern sagt zum Beispiel: »Um während der ganzen Aufführung eines Stückes nur Schauspieler zu sein, muß man sein Verhalten zweieinhalb Stunden lang in jedem Augenblick unter Kontrolle haben... man hat den Charakter der dargestellten Person angenommen und ist in Wahrheit diese Person.«[2]

Klaus Kinski ist oft besessen gewesen, besonders in den Filmen unter der Regie des deutschen Regisseurs Werner Herzog, so in *Fitzcarraldo* und *Aguirre, der Zorn Gottes*. Kinski sagt, es sei ein lang andauernder Zustand, wie ihn auch Bogarde als von Aschenbach erlebt hat. »...Solange die Filmaufnahmen dauern, wird man vollständig zur Person, deren Rolle man übernommen hat. Diese Verwandlung vollzieht sich im Inneren des Schauspielers und hält an, ob man nun vor der Kamera steht oder nicht.«[3]

Kinski empfindet die Besessenheit durch die dargestellte Person als etwas so Überwältigendes, daß er es ablehnt, seine Tätigkeit als »Spiel« zu bezeichnen. Für ihn ist es eher eine Frage des »Seins«: »Man kann versuchen, während man auf die nächste Aufnahme wartet, außerhalb der Rolle zu existieren... man glaubt, man verließe sie, um sich eine Tasse Kaffee zu kochen, etwas zu essen usw. Aber in Wirklichkeit sind das nur noch rein mechanische Dinge. Mehr als alles andere bleibt man diese Person, die in einem inkarniert hat.« Kinski beschreibt den Zustand, in dem das bisherige Lebensgefühl aufgehoben ist: »Man ist nicht mehr fähig, im normalen Leben die gleichen Dinge zu tun wie zuvor. Irgend jemand muß einem sagen, daß es jetzt Zeit ist, etwas zu essen; man interessiert sich nicht mehr dafür... man ist wie gelähmt. Man kann nichts anderes mehr tun und gibt alles auf, um nur noch diese Person zu sein.« Bei Kinski geht die Besessenheit so weit, daß er die Gegenwart des Dargestellten physisch wahrzunehmen glaubt:

»Diese Persönlichkeit erfüllt das eigene Innere auch physisch so stark, daß für einen selbst kein Platz mehr ist und es einem den Atem nimmt.«

So erfahren Bogarde, Dern und Kinski die Beherrschung, ja sogar die Unterwerfung ihres eigenen Selbst durch eine andere Person. Sie sind von ihr besessen. Aber Besessenheit ist heute ein Tabu.

Besessenheit

Besessen zu sein war für die Schauspieler in den traditionellen Gesellschaften eine überwältigende, im Mittelpunkt ihres Erlebens stehende Erfahrung. Der Schauspieler wurde von den Geistern und Gottheiten aus jener »anderen Welt« besessen, von den Manifestationen ewiger und universaler Mächte, die bei ihren Auftritten als »Geistpersönlichkeiten« inkarnierten.

Nach unseren heutigen Vorstellungen hat das Besessensein etwas mit Aberglauben und primitiven Kulturen zu tun, und für die moderne Medizin gehören solche Zustände in den Bereich der Geisteskrankheiten.

Es gibt viele Gründe dafür, daß wir einen Geisteszustand ablehnen, der früher als verehrungswürdig galt. Die frühe Kirche hat zunächst die Möglichkeit, von Geistern besessen zu sein, bestritten und in ihrer Ablehnung »heidnischer« Schauspieler behauptet, diese seien von Dämonen und Teufeln besessen. Wenn ein Mensch unfreiwillig in den Zustand der Besessenheit geriet, fürchtete man, daß der Teufel von einem unschuldigen Opfer Besitz ergriffen habe. Für die Bekämpfung dieser von außen wirkenden teuflischen Macht gab es nur den Exorzismus.[4]

Unsere heutigen Psychiater, die es mit Menschen zu tun haben, die, ohne es zu wollen, besessen sind (man nennt das jetzt Hysterie oder Dissoziation), und die das Besessensein ausschließlich aus der medizinischen Perspektive sehen, haben mit ihren Auffassungen das in den westlichen Gesellschaften geltende Tabu für diesen Zustand verstärkt. Und die psychiatrische Fachsprache, die geistige Zustände angeblich wissenschaftlich und objektiv beschreibt, bezeichnet das Verhalten eines Besessenen als »... wirklichkeitsfremde Ideen, abnormale Wahrnehmungen und tiefgreifende emotionale Erregungszustände, die einen ›schizoiden‹ Zustand darstellen«, der als ernste pathologische Störung angesehen wird.[5] Sieht man von der in dieser Definition enthaltenen unwissenschaftlichen Voreingenommenheit ab, dann besagt sie, daß die Besessenheit ein Geisteszustand ist, in dem der Mensch phantastische Ideen entwickelt, außergewöhnliche Dinge wahrnimmt und starke Emotionen zeigt – und genau das erleben Schauspieler in fast jeder Aufführung.

Wir glauben allerdings, daß ein Besessener jede Selbstbeherrschung verliert und von psychischen Kräften beherrscht wird, die stärker sind als er selbst. Aber die übliche Vorstellung von einem Menschen, der sich wie ein Zombie verhält und dessen Körper von einer Kraft außerhalb seiner selbst bewohnt und gelenkt wird, ist irreführend. Zwar glauben wir, daß die Kräfte, die den Besessenen beherrschen, sein Bewußtsein und seinen Willen völlig ausschalten, aber selbst in den traditionellen Gesellschaften, wo die Schauspieler zu Geistern »werden« und von ihnen »besessen« sind, verlieren sie nicht den Kontakt zu den realen Erfordernissen der Vorstellung, die sie geben.

So sagt zum Beispiel ein traditioneller schamanischer Schauspieler von dem Besessensein, wie er es erlebt hat: »Ich war gezwungen, ununterbrochen zu schreien, zu weinen, zu singen, zu tanzen und mich auf dem Boden zu wälzen, wobei ich mich furchtbar verrenken mußte; ich war gezwungen, meinen Kopf und meine Füße nach allen Seiten zu verdrehen und zu brüllen wie ein Bär ... aber ich bin niemals geistesabwesend; ich weiß immer, was ich tue oder sage.«[6]

Die Besessenheit des traditionellen Schauspielers ist ein überwältigendes Phänomen, welches das Verhalten und Erleben des Schauspielers zu dem des »Geistes« verwandelt, aber was er tut, ist dennoch eine *Aufführung*. Es ist eine kontrollierte Besessenheit. Der traditionelle Schauspieler hat ein doppeltes Bewußtsein; ein Teil davon ist besessen, der andere beobachtet und kontrolliert.

Der Theaterregisseur Charles Marowitz schildert, wie das Erarbeiten einer Rolle moderne Schauspieler in einen Trancezustand versetzen kann, der dem Besessensein sehr ähnlich ist: »Der Schauspieler... lernt seinen Text, indem er ihn wiederholt. Dieses Wiederholen wird zu seiner Hauptbeschäftigung in den folgenden Wochen. So wiederholt er ständig die gleichen Worte und erlebt dabei die gleichen Stimmungen, Gefühle und Situationen.« Diese Arbeit erstreckt sich über eine längere Zeit und nicht, wie bei den traditionellen Schauspielern, über wenige Stunden oder Tage. Trotzdem »versetzt sich der Schauspieler dabei durch eine Art Selbsthypnose in seine Rolle. Die Tatsache, daß er während dieses Vorgangs sein normales Bewußtsein bewahrt und sich dabei auch seines Publikums bewußt ist, ändert nichts daran, daß sein ›Spiel‹ das Ergebnis dieser hypnotischen Wiederholungen ist.«[7]

Viele Schauspieler versetzen Geist und Körper durch ein einfaches Ritual in diesen Zustand. Sogar das Schminken vor dem Auftritt kann eine solche Funktion übernehmen. Antony Sher spielte kürzlich die »Drag Queen« in der Londoner Inszenierung des Stücks *Torch Song Trilogy*. Wir saßen vor der Abendvorstellung in seiner Garderobe im Albany Theatre. Er sagte: »Ich komme etwa eine Stunde vor Beginn der Vorstellung hierher, schminke mich, ziehe das Kostüm an usw. Nach diesem Ritual habe ich mein Leben hinter mir gelassen. Unmittelbar vor dem Auftritt gehe ich durch diese Tür und warte fünf Minuten hinter den Kulissen. Dieses Ritual trennt mich von meinem Selbst, und wenn ich die Bühne betrete, befinde ich mich in einem anderen Bewußtseinszustand.«

Dieser »andere Bewußtseinszustand« war ursprünglich ein Teil des Besessenseins, aber heute sprechen die Schauspieler nur selten davon, »besessen« zu sein. Sie haben viel häufiger die Vorstellung, daß sie sich in die Rolle »versetzen«. Sie dringen in eine imaginäre Person ein, anstatt sich selbst von dieser Person durchdringen zu lassen.

Einige Schauspieler bestreiten sogar, das Gefühl zu haben, sie »seien« oder »verwandelten sich« in die Person, die sie spielen. Rip Torn sagt zum Beispiel: »Ich glaube nie, daß ich die von mir dargestellte Person *bin*... Als ich die Rolle von ›Whitman‹ spielte, wurde ich vom Portier meines Hotels in Baltimore angerufen, der mir sagte: ›Sie wollten jetzt geweckt werden, Mr. Whitman‹, und ich sagte: ›Er ist nicht da.‹«[8] Aber selbst Rip Torn gibt zu, daß er sich manchmal für wenige Augenblicke mit seiner Rolle identifiziert und sein Selbst mit ihr verschmilzt: »Es kann vorkommen, daß ich in einer Szene einen Augenblick lang dieses Gefühl habe, weil ich mich in der Weise konzentriere, wie es die dargestellte Person tun würde…«

Die meisten Schauspieler glauben nicht, daß sie von den Personen, die sie in einem Stück spielen, besessen sind. Die Intensität, von der Dirk Bogarde, Bruce Dern und Klaus Kinski berichten, ist eine Ausnahme. Was sie erleben, gleicht den Erfahrungen von Schauspielern in den traditionellen Kulturen, die von Geisteswesen besessen sind. Die Schauspieler im Westen sprechen viel häufiger davon, daß sie die Rolle »aufbauen«. Dafür ist ihre eigene Persönlichkeit das Fundament. Oder sie »versetzen sich in« die Rolle. Sie schlüpfen in ein abstraktes Modell oder eine mentale Vorstellung dessen, was die imaginäre Person ist.

Dennoch läßt sich nicht bestreiten, daß bestimmte Elemente des »Besessenseins« auch von vielen heutigen Schauspielern erlebt werden. Meryl Streep erklärt zum Beispiel, daß sie, nachdem sie einen Tag im Filmstudio gearbeitet hat, gewöhnlich nicht in ihrer Rolle weiterlebt: »Es gelingt mir sehr gut, am Ende eines solchen Tages aus der Rolle auszusteigen. Ich glaube, wenn ich das bei manchen dieser Rollen nicht könnte, würde ich sterben.«[9] Und doch hindert ihr Wunsch, sich den beunruhigenden Auswirkungen des Besessenseins von schwierigen Rollen zu entziehen, diese imaginären Personen nicht, gelegentlich auch in ihr Privatleben einzudringen und einen Teil ihres Selbst zu beanspruchen.

Als sie kürzlich in dem Film *Silkwood* die Rolle einer Kernkraftgegnerin spielte, die 1974 bei einem mysteriösen Autounfall ums Leben gekommen war, beschäftigte sie sich vorher unter anderem auch intensiv mit der Literatur über die friedliche Nutzung der Kernenergie und bemühte sich dabei um ein besseres Verständnis für die Argumente der Kernkraftgegner. Meryl Streep sympathisierte zwar schon vorher mit den Ansichten dieser Leute, aber nun befaßte sie sich sehr viel eingehender mit dem ganzen Fragenkomplex, als sie es zunächst beabsichtigt hatte. Später sagte sie: »Es war ein sehr aufregender Film, und am Schluß fühlte ich mich persönlich so stark daran beteiligt, daß ich glaubte, verrückt zu werden. Um das zu verhindern, mußte ich mich nach Möglichkeit, sobald ich das Filmstudio verlassen hatte, von der ganzen Problematik distanzieren.« So fing sie an, ein Buch über das Mittelalter zu lesen. Aber sehr bald stellte sie fest, daß sie es hier mit ganz ähnlichen Fragen zu tun hatte: »Auch hier stand die Gesellschaft vor der totalen Vernichtung. Die Pest zog durchs Land wie ein unsichtbarer Feind, ganz ähnlich wie die Radioaktivität, und ergriff eine Stadt nach der anderen ... Der Film ist für mich immer noch ein wenig zu real.«[10]

Manchmal führt die emotional aufgeladene Atmosphäre eines Films dazu, daß sich die dargestellte Person wie ein heimtückischer Eindringling in das Bewußtsein des Schauspielers drängt. John Hurt hatte eine Rolle in dem Film *1984* übernommen, der nach der alptraumhaften Vision George Orwells von der künftigen Entwicklung der menschlichen Gesellschaft gedreht wurde. Er mußte bekennen: »Gewöhnlich sorge ich dafür, daß ich meine Rollen nicht mit nach Hause nehme. Aber in diesem Fall war es kaum möglich, sich von ihr zu distanzieren. Wenn man eine ganze phantastische Welt erschafft wie in diesem Fall, kann man sich darin verlieren.«[11]

Häufig bildet sich eine sehr enge persönliche Beziehung zwischen dem Schauspieler und der von ihm dargestellten Person, und es fällt dem Schauspieler schwer, sich wieder von seiner Rolle zu lösen. Lynn Redgrave spricht davon, wie sie von einer solchen Besessenheit verfolgt wurde: »... Je tiefer man in das Wesen einer anderen Person eintaucht, desto stärker kann das Gefühl werden, daß man an einem gespaltenen Bewußtsein leidet. Je nach dem Wesen der Person, die man darstellt, kann es sehr starke und sehr seltsame Auswirkungen auf einen selbst haben.« Die Verkörperung einer emotional gestörten Persönlichkeit belastet sie sehr stark. »Wenn man eine sehr neurotische Person dargestellt und diese Rolle lange Zeit und sehr erfolgreich gespielt hat, kann man anschließend Entzugserscheinungen bekommen. Ich habe das erlebt, nachdem ich die heilige Johanna gespielt hatte. Das dauerte sechs Monate ... Als es zu Ende war, war ich furchtbar traurig ... aber ich litt auch unter schrecklichen Depressionen.«[12]

Im Gegensatz zu den Schauspielern in den traditionellen Gesellschaften werden die Schauspieler heute nicht mehr von Geistern oder Gottheiten »besessen«, sondern von den Personen, die sie darstellen, von imaginären Persönlichkeiten. Und diese Gestalten lassen ihre Gegenwart so deutlich werden, daß es dem Schauspieler schwerfällt, sie aus seinem normalen Leben zu verdrängen. Natürlich haben sich die meisten von uns irgendwann mit Aufgaben oder Vorhaben beschäftigt, die uns ständig verfolgten. Wir haben an diese Dinge gedacht, auch wenn wir nicht unmittelbar daran gearbeitet haben, und konnten uns nicht von ihnen lösen. Aber für den Schauspieler ist diese Aufgabe eine imaginäre Person, die einen mentalen, emotionalen und physischen Raum in ihm einnimmt, und dabei eröffnen sich faszinierende Einblicke in das Wesen des eigenen Selbst, besonders wenn die dargestellte Person während der Aufführung für kurze Zeit, aber eindeutig die Herrschaft über den Schauspieler gewinnt.

Das Besessensein während der Aufführung

Charlton Heston geriet auf der Bühne in London in Panik. Doch wer wurde von der Panik ergriffen? Heston oder die Figur, die er darstellte?

Er spielte die Rolle des Kapitäns Queeg in der Londoner Inszenierung des Stücks *The Caine Mutiny Court Martial.* In dem Stück wird das Kriegsgerichtsverfahren gegen Queeg dargestellt, der beschuldigt wird, seine Pflichten als Kapitän vernachlässigt und sich an der Schiffsladung bereichert zu haben. Er selbst behauptet, seine Besatzung habe gemeutert; die ihm unterstellten Offiziere hätten das Kommando übernommen, als sie glaubten, das Schiff werde, wenn sie seinen Anordnungen folgten, in einen Sturm geraten und untergehen. Während der Verhandlung erlitt Queeg einen Nervenzusammenbruch. Für seine Leistungen in dieser Aufführung erntete Charlton Heston den besonderen Beifall der Londoner Theaterkritiker.

Während des Kreuzverhörs kommt es zu einem kritischen Augenblick, als der Verteidiger (gespielt von Ben Cross) eines der angeklagten Offiziere Kapitän Queeg bei einer Lüge ertappt. Mit einem verzweifelten Blick zeigt Heston als Queeg, daß er in eine Falle geraten ist. Er gerät in Panik. Heston selbst ist überrascht, daß er auf der Bühne von seinen Emotionen überwältigt wird.

Er hat mir später erklärt, was dort geschah: »Ben Cross und ich hatten uns immer stärker auf diesen Augenblick konzentriert, in dem er mich ansieht und sagt: ›Kapitän, es gibt viele Widersprüche zwischen Ihren Aussagen und denen der anderen Zeugen. Wenn es Ihnen recht ist, dann werde ich beantragen, die Sitzung für fünf Minuten zu unterbrechen, damit Sie Ihre Gedanken ordnen können.‹ Er zeigt immer deutlicher seine persönliche Sympathie für den Kapitän, und seine Abneigung dagegen, mit der Verteidigung seines Mandanten Queegs Karriere zu zerstören.«

In diesem Augenblick empfand Heston die Gefühle des Kapitäns Queeg. Er erklärte, Queeg habe sich nicht selbst bemitleidet, sondern das Gefühl gehabt, er werde verfolgt. Außerdem sei er überzeugt gewesen, recht zu haben; er habe sich als einzelner gegen die ganze meuternde Schiffsbesatzung durchsetzen müssen. Dabei habe er alles getan, was in seinen Kräften stand. Er hatte jahrelang seine Pflicht erfüllt, ohne einen einzigen Fehler zu begehen, und konnte das beweisen. Bis zu diesem Augenblick hatte man ihn als ehrenhaften Mann respektiert, und jetzt wollte er es nicht zulassen, daß seine Ehre durch Lügen und Verzerrungen beschmutzt wurde. Aber Heston sagte auch, an welchem Punkt die innere Abwehr des Kapitäns Queeg zerbrechen mußte: »Hinter alledem stand eine geheime Angst, denn irgendwo tief in seinem Inneren wußte er, daß er unrecht hatte.«

Als Charlton Heston es zuließ, daß Queeg von ihm Besitz ergriff, verlor er die Selbstbeherrschung. »In dem Augenblick, als Ben Queeg einen Fluchtweg eröffnet, beginnen sich die Emotionen aufzuladen, und gestern abend wurde ich als Queeg von einer panischen Angst ergriffen. Das ging so weit, daß, wie ich glaube, die Emotionen so stark wurden, daß ich sie nicht mehr kontrollieren konnte.« Im entscheidenden Augenblick während dieser Szene ergriff die dargestellte Person Besitz von dem Schauspieler, und Heston mußte erkennen, daß es *seine eigenen Emotionen* waren, die hier zum Ausdruck kamen.

Heston fährt fort: »Es ist eine Szene, in der sehr leicht echte Emotionen erzeugt werden können, weil es sich um so starke Gefühle handelt. Aber jetzt glaube ich, daß echte Emotionen in einer Szene – in einer Aufführung – zwar sehr inspirierend sein können, aber auch sehr gefährlich und verführerisch. Man kann sie nicht kontrollieren.« Mit anderen Worten heißt das, daß er glaubt, der Schauspieler leiste sein Bestes, wenn er sich nicht ganz von der dargestellten Person beherrschen läßt. »Ich glaube, echte Emotionen in einer Szene sind ein notwendiger Bestandteil wie das Salz in der Suppe – aber sie müssen wohlüberlegt angewendet werden. Wenn ich den Macbeth spiele und in dem Monolog mit dem Dolch in der Hand die Beherrschung verliere, könnte ich vielleicht irgendeinen unschuldigen Statisten erstechen.«

Charlton Heston kam immer wieder auf dieses Problem zurück und sprach davon, wie der Schauspieler »die Selbstbeherrschung verlieren« könnte, wenn aus den gespielten Emotionen »echte« Emotionen würden. Wenn der Schauspieler sich in die dargestellte Person »hineinversetzt«, sich von ihr »in Besitz nehmen« läßt und es zuläßt, daß sie »in sein Inneres eindringt«, dann empfindet er die Emotionen *dieser Person*. Wie kann das geschehen?

Der Schauspieler konstruiert mit seiner Einbildungskraft ein lebendiges Bild von der jeweiligen Situation und reagiert dann auf die Situation als diese Person. Er registriert die Emotionen und überlegt bei den Proben, wie er sie dem Publikum verständlich machen kann, und dann probt er die Szene so lange, bis die Gefühle automatisch und nicht bewußt entstehen. Sie entfernen sich ein wenig von dem, was der Schauspieler sich selbst vorgestellt hat und werden zu den Gefühlen der dargestellten Person.

Natürlich muß der Schauspieler auf der Bühne die Emotionen dieser Person mit Spontaneität und Vitalität erfüllen. Er muß vermeiden, daß die Gefühle, die während der Proben immer wieder »fixiert« wurden, zu mechanisch wirken. Die Emotionen der dargestellten Person müssen von der Gefühlsstärke des Schauspielers selbst genährt werden. Auch wenn der Schauspieler diesen Vorgang in seinem Inneren selbst beobachtet und kontrolliert, überrascht es kaum, daß er dabei das Risiko eingeht, in Verwirrung zu geraten. »Fixierte« Emotionen können plötzlich mit denen des Schauspielers verschmelzen, und der Schauspieler erfährt sie als seine eigenen. Mit anderen Worten, nicht Kapitän Queeg war in Panik geraten, sondern Charlton Heston. Und während eines überraschenden und verwirrenden Augenblicks war Charlton Heston plötzlich und total von Kapitän Queeg besessen.

Doch während wir uns vorstellen können, daß die Emotionen des Schauspielers mit denen der dargestellten Person verschmelzen, haben wir noch kein klares Bild davon, woher die Emotionen der dargestellten Person kommen. Denn obwohl Schauspieler Emotionen *spielen* können, haben wir alle schon Aufführungen erlebt, in denen diese Emotionen unbestreitbar echt waren.

In dem Film *Face to Face* spielt Liv Ullmann eine psychiatrische Therapeutin, die selbst einen Nervenzusammenbruch erleidet. In einer sechs Minuten dauernden Szene verliert sie die Kontrolle über ihre Emotionen und gewinnt sie schließlich zurück. Wie sie in dieser langen, anspruchsvollen und außerordentlich intensiven Szene als Schauspielerin die Kontrolle über ihre emotionale Energie behält, erklärt Liv Ullmann wie folgt: »Ich würde gern glauben, daß ich mein Verhalten die ganze Zeit unter Kontrolle habe und es nicht die dargestellte Person ist, die etwas tut. Aber in Wirklichkeit ist es eine Mischung.« Sie erklärt, daß »es zwei Möglichkeiten gibt zu weinen: Einmal erlaubt man der dargestellten Person zu weinen; man kann aber auch selbst so ergriffen sein, daß man weint. Und dann gerät man in große Schwierigkeiten, weil man innerlich zu sehr beteiligt ist.« Sie kämpft gegen diese Versuchung an. »Das ist für viele Schauspieler eine Gefahr – ihre Arbeit wird zu sehr von Gefühlen beherrscht –, sie weinen ihre eigenen Tränen, und das hat nichts mehr mit Kunst zu tun. Ich glaube, ich bin mir dessen bewußt. Ich versuche, auf der Bühne nicht meine eigenen Tränen zu weinen, und wenn ich erschauere, dann tue ich das nicht selbst.«[13] Diese Auffassung erinnert an die Haltung von Charlton Heston: Der Schauspieler beherrscht die Emotionen der dargestellten Person, auch wenn sich die Emotionen des Schauspielers gelegentlich mit denen seiner Rolle vermischen und die dargestellte Person von ihm Besitz ergreift.

Eine weitere Dimension zeigt sich, wenn Liv Ullmann über eine bestimmte Bühnenrolle spricht. In dem Stück *Der Kreidekreis* spielt sie die Rolle der Gruscha. Die Revolution hat ein Dorf erreicht, in dem Gruscha in ärmlichen Verhältnissen lebt. Alles ist vor dem Morden und Brandschatzen geflohen, das nach Ende des Krieges eingesetzt hat. Auf ihrer Flucht hat sie ein von seiner Mutter verlassenes kleines Kind gefunden. Nun beschreibt Liv Ullmann, wie sie in dieser Szene eine überraschende Erfahrung macht: »Gruscha sitzt neben dem Baby, das von seiner Mutter verlassen worden ist, und als sie sich zu ihm hinunterbeugt, um es in den Arm zu nehmen, rollt eine Träne aus ihrem Auge die Wange hinunter. Plötzlich ist die Träne da, und es ist ein wunderbares Gefühl. Und ich selbst bin überrascht, denn vorher hatte ich nicht gewußt, daß Gruscha in diesem Augenblick weinen würde. Aber ich bin es nicht mehr selbst, in der dieses Gefühl aufsteigt, nicht *ich* weine.«

Liv Ullmann erklärt, sie habe sich in dieser Szene nur öffnen müssen, um alles, was Gruscha geschah, *durch* Liv Ullmann geschehen zu lassen: »Ich öffnete mich ihren Ängsten und ihren Gefühlen.« Und dann sagt sie: »Die Freude am Spiel besteht darin, die eigene Offenheit so einsetzen zu können, daß die dargestellte Person durch den Schauspieler sichtbar wird. Und wenn sie weinen muß, dann ist sie es und nicht der Schauspieler oder die Schauspielerin, die dieses Gefühl hervorgebracht hat. Es ist eine Art des Offenseins, die einem erlaubt, daneben zu stehen und zuzusehen, als verfüge man über ein Instrument, das so gestimmt ist, daß alles, was man darauf spielt, harmonisch klingt. Sobald man zuviel persönlichen Ärger oder persönliche Ängste spürt, ist dieses Instrument verstimmt.«[14]

Wie also läßt sich dieser Vorgang begreifen, bei dem der Schauspieler die Emotionen der dargestellten Person in sich weckt? Es klingt, als benutze ein »fremdes Wesen« in Gestalt der dargestellten Person Körper und Geist des Schauspielers, um lebendig zu werden. Liv Ullmann fand Worte, die diesen Vorgang sehr eindringlich beschreiben: »Ich sehe mich als Sieb. Die Gefühle, die ich darstelle, fließen durch mich hindurch. Aber ich kann sie nicht festhalten. Am Abend werde ich beiseite gestellt wie ein leeres Gefäß – um am folgenden Tag mit neuen Gefühlen überschwemmt zu werden.«[15]

Das Öffnen und Fließenlassen dieser emotionalen »Ströme« ist gewissermaßen der bewußte Umgang mit den eigenen psychischen Kräften. Doch obwohl sich Liv Ullmann als leeres Gefäß sieht, durch das die Emotionen fließen, erkennt sie doch, wie dieses »Besessensein« wirkt, und das ist für unser Verständnis von entscheidender Bedeutung; es ist die Tatsache, daß die Person, die sie darstellt, und sie selbst ein und derselbe Mensch sind. Die Emotionen dieser Person, die sie in sich geweckt hat, öffnen für Liv Ullmann den Zugang zu ihren eigenen Emotionen. »Die Rolle wird mit Leben erfüllt, und in diesem Augenblick, da ich hier sitze und mit meinen Kollegen spreche, lebt Jenny in mir. So bin ich in gewisser Weise Jenny, und was ihre Tränen, ihre Ängste und ihren Zorn in mir offenhalten, das benutze ich, um sie darzustellen.«

Die von Liv Ullmann dargestellte Person erlebt ihre eigenen Emotionen, sie kommen jedoch aus dem emotionalen »Reservoir« der Schauspielerin. Von den Rollen, die Ingmar Bergman für sie geschrieben hat, sagt sie: »Seine Frauen, die ich als ganz real erlebe, werden zum natürlichen Teil meiner selbst. Dabei glaube ich nicht, daß sie mir ähnlich sein sollen. Auch wenn er mir eine Rolle gibt, die mir fremd erscheint, weiß ich, daß er, während er den Text schrieb, wußte, ich würde diese Person verstehen. Er wußte, daß ich über einen Erfahrungsschatz verfüge, der verwendet werden kann, wenn die Erfahrungen der dargestellten Person sich entfalten müssen.«[16]

Der Charakter, die Persönlichkeit, das Wesen, das von dem Schauspieler Besitz ergreift, bekommt einen Zugang zum Erfahrungsschatz des Schauspielers, der durch alle Schichten, vom tiefen Unbewußten bis an die Oberfläche der Persönlichkeit, reicht. Manchmal weiß Liv nicht, woher diese Emotionen kommen; manchmal wird sie von der Rolle, die von ihr Besitz ergriffen hat, überrascht.

Aber die Beobachtungen von Liv Ullmann und anderen Schauspielern zeigen deutlich, daß die Personen, von denen sie besessen werden, zu stark werden können, um dann in andere Bereiche der Psyche des Schauspielers einzudringen und ihn ganz zu beherrschen.

Weitere Überlegungen zur Besessenheit

Wer sind diese dramatischen Gestalten, die Wesen, welche den modernen Schauspieler in Besitz nehmen wie böse Geister, ihre Emotionen zu den eigenen machen und doch unabhängig vom Schauspieler existieren als die »Masken«, die das Publikum auf der Bühne sieht? Um diese Frage beantworten zu können, müssen wir das Wesen der Besessenheit noch einmal untersuchen.

Der Psychotherapeut Rollo May empfiehlt, den Begriff der »dämonischen Besessenheit« neu zu definieren.[17] Er meint, jede natürliche Funktion in einem Individuum, die stark genug ist, den ganzen Menschen zu beherrschen, sollte als »dämonisch« bezeichnet werden. Der Schauspieler ist »von einem Dämon besessen«, wenn ein Teil seines Bewußtseins oder die ganze Persönlichkeit von einer dieser mächtigen, in einem selbst schlummernden Anlagen in Besitz genommen wird. Er behauptet, in jedem von uns schlummern »Dämonen«, Teile unseres Selbst, denen wir es verwehrt haben, sich frei zu entfalten, und die deshalb die Verbindung zu uns selbst verloren haben. Und diese Theorie von Rollo May kann auch uns etwas lehren, denn in Wirklichkeit sind wir an jedem Tag unseres Lebens »besessen«.

Alltägliche Besessenheit

Die meisten von uns sind sich der Tatsache bewußt, daß wir jeden Tag eine bestimmte Zeit mit »Tagträumen« und Phantasien zubringen und Selbstgespräche führen. Im Grunde unterscheiden sich diese Gespräche kaum von denen, die wir auch mit einem anderen Menschen führen könnten, nur die Worte werden nicht laut ausgesprochen. Die Selbstgespräche haben sogar die Struktur eines normalen Gesprächs, denn auch hier verwenden wir Worte und Namen und reden unsere gedachten Gesprächspartner so an, wie es unserer Stimmung gerade entspricht. Oft sagt eine innere Stimme »ich« (»jetzt muß ich mich beeilen«), aber manchmal sagt die Stimme auch »du« (»du wirst dich schon wieder verspäten«). Manchmal stellt das innere Selbst eine Behauptung auf, gibt eine Anweisung oder stellt eine Frage, und dann gibt ein zweiter Aspekt unseres Selbst die »Antwort«.[18]

Man kann allerdings nicht behaupten, daß dieser innere Dialog schlicht die Methode sei, mit der wir uns unsere Gedanken bewußt machen, und daß sie sich grundsätzlich von dem »gespaltenen Selbst« unterscheidet, das der Besessene erlebt, der vielleicht alles wahrnimmt, was um ihn herum geschieht, sich aber doch im Trancezustand befindet. Aber das Charakteristische des Trancezustandes ist, daß das Bewußtsein – die »äußere Realität«, wie wir sie normalerweise wahrnehmen, vollständig oder fast vollständig verdrängt. Mit anderen Worten, in der Trance hat der Mensch das Bewußtsein verloren, aber nur in dem Sinne, daß er nicht mehr mit der ständigen Wahrnehmung unserer sozialen Umwelt beschäftigt ist, wie in dem von uns so bezeichneten »normalen Wachbewußtsein«.

Der Schauspieler und Lehrer Keith Johnstone weist darauf hin, daß Menschen in Trance oft lange Zeit völlig bewegungslos dasitzen. Das tut auch das Publikum im Kino und im Theater, das sich von den Vorgängen auf der Bühne oder der Leinwand »verzaubern« läßt. Und das dauert so lange, bis das Stück zu Ende und der »Bann« gebrochen ist.[19]

Menschen, die sich allein in einem Zimmer befinden, am Lenkrad eines Autos sitzen oder irgend etwas tun, was sie daran hindert, den direkten Kontakt mit ihrer sozialen Umwelt aufzunehmen, geraten in einen der Trance sehr ähnlichen Zustand, in dem sie nur auf sich selbst angewiesen sind und häufig Selbstgespräche führen. Wenn irgend jemand an die Tür klopft, kommt der Betreffende wieder »zu sich«, um sich mit der sozialen Realität auseinanderzusetzen. Daraus sehen wir, daß wir einen beachtlichen Teil unseres wachen Lebens in einem milden Trancezustand zubringen, in dem wir einen inneren Dialog mit einer geistigen Gegenwart führen, die in uns verborgen ist. Aber das »Wesen«, das uns bei solchen Gelegenheiten in Besitz genommen hat, tut das schweigend und unter Ausschluß der Öffentlichkeit, während die »Person«, die von dem Schauspieler dargestellt wird, ihn vor den Augen der Öffentlichkeit in Besitz nimmt und sich für alle sichtbar zum Ausdruck bringt.

Das innere Selbst

Shirley MacLaine hat sich schon in früher Jugend mit der Frage ihrer persönlichen Identität beschäftigt: »Ich wurde von der Vorstellung verfolgt, daß ich in Wirklichkeit mehr sein könnte als die Person, die ich bewußt wahrnehmen konnte. Vielleicht gab es noch andere Identitäten, die sich tief in meinem Unterbewußtsein verbargen und nach denen ich nur zu suchen brauchte, um sie zu finden.«[20]

Schauspieler scheinen so etwas häufig zu erleben. Sybil Thorndike hat gesagt: »Als Schauspieler ... ist man eine Person, in der alle anderen Personen enthalten sind.« Und die große Schauspielerin Edith Evans sagt: »Anscheinend leben in mir schrecklich viele andere Menschen.«[21]

Manchmal wird behauptet, Schauspieler wüßten nicht »wer sie sind«, und dadurch gerieten sie so sehr in Verwirrung, daß sie sich in die Identität der Rollen flüchten müßten, die sie spielen. Aber vieles läßt vermuten, daß das Umgekehrte der Fall ist. Schauspieler, die viele verschiedene Rollen spielen, entwickeln ein starkes Gefühl für ihre eigene Identität. Und natürlich ist es außerordentlich wichtig für uns, ein ganz bestimmtes Selbst zu haben, das uns bleibt, gleichgültig welche Rollen wir spielen. Aber die Arbeit des Schauspielers führt ihn zu einer anderen und ebenso wichtigen Erkenntnis. Die Vorstellung, daß wir nur eine einzige, geschlossene, integrierte und stabile »Persönlichkeit« haben, ist eine der beengendsten Täuschungen des täglichen Lebens. Während jeder von uns einen Wesenskern hat, ein essentielles Selbst, verbergen sich in uns auch zahlreiche Variationen des Selbst, Aspekte unserer Persönlichkeit, die normalerweise im verborgenen bleiben, weil wir sie in uns verschließen oder verdrängen.

In gewissem Sinne ist es eine Art Besessenheit, wenn wir von verborgenen, unbekannten Aspekten unseres Selbst beeinflußt werden. Die Geister unserer Lebenserfahrungen führen uns auf diesen Weg, und zwar ohne daß wir uns dessen bewußt werden. Bei den meisten von uns, die sich nicht tiefenpsychologisch behandeln lassen, strömen die tiefen Wasser unseres Unbewußten ungestört dahin und lassen sich auch nicht dadurch beeinflussen, daß wir ihre Oberfläche mit dem Wachbewußtsein kurz berühren. Die einzigen Hinweise, die wir auf die verborgenen Bereiche unseres Selbst bekommen, sind die flüchtigen Bilder, die uns im Traum begegnen, und die oft unerklärliche Heftigkeit unserer emotionalen Reaktionen auf ganz alltägliche Ereignisse.

Bei dem Schauspieler ist das anders. Er sucht »die für seine Rolle relevanten inneren Impulse zu wecken, um sich von ihnen beherrschen zu lassen, und wenn er es zulassen will, daß seine ganze Persönlichkeit von diesen Impulsen beherrscht wird, dann öffnet er sich damit dem Besessensein«. Das ist es, was uns bei Amateuraufführungen häufig in Erstaunen versetzt, daß sich die Persönlichkeit eines Schauspielers vollkommen zu verwandeln scheint: Ein im normalen Leben »harter Bursche« überrascht uns mit seiner Empfindsamkeit, und ein sonst so schüchternes Mädchen spielt überzeugend die Rolle einer Hure. Die Rolle erlaubt es unterdrückten Aspekten der Persönlichkeit, sich von ihren Fesseln zu befreien. In uns allen schlummern Impulse, die wir verdrängen oder unbeachtet lassen und die im täglichen Leben nicht zum Ausdruck kommen. In der Welt des Schauspielers werden diese Elemente freigesetzt.

Schauspieler erzeugen in sich imaginäre Personen und gehen mit ihnen um, wie wir mit dem imaginären Selbst umgehen, das in uns lebt. Doch wir vergessen oft, daß unser Selbst, mit dem wir sprechen und uns streiten, eine Konstruktion unserer Phantasie ist, ein Kunstgriff unseres Bewußtseins, der uns erlaubt, uns mit unseren Lebenserfahrungen auseinanderzusetzen, welche die Form einer in uns verborgenen zweiten Persönlichkeit annehmen.

Auch der Schauspieler konstruiert eine neue innere Persönlichkeit, die imaginäre Person, die er spielt. Und wenn er das tut, dann taucht er auf eine neue Art in die Tiefe seines Bewußtseins ein, um dort schlummernde und verdrängte Erfahrungen lebendig zu machen. Ob nun der Schauspieler versucht, aus diesen Erfahrungen heraus seine Rolle aufzubauen, oder ob er sich zuerst eine Vorstellung von dem Charakter dieser Person macht und dann sein emotionales Potential darauf reagieren läßt, aktiviert der Schauspieler in jedem Fall seine inneren Erfahrungen und richtet sie auf einen neuen Brennpunkt. Dieses Arbeiten an neuen Rollen erhält die Lebenserfahrungen lebendig, fließend und flexibel.

»Als ich an der Rolle des Torvald, des chauvinistischen Ehemanns in *Ein Puppenheim*, arbeitete, habe ich mir den Charakter dieses Burschen bis in die letzten Feinheiten vergegenwärtigt. Aber erst mein Publikum hat mir bewußt gemacht, daß ich ihn nicht ausstehen konnte, daß ich mich innerlich von ihm distanzierte und sagte ... ›aber ich selbst bin nicht so‹.«[22]

Sam Waterston, der für seine hervorragenden Leistungen in dem Film *The Killing Fields* mit einem Oscar ausgezeichnet wurde, spricht hier davon, wie die intellektuelle Analyse einer Rolle eine Aufführung scheitern lassen kann, wenn sich der Schauspieler durch die Analyse von der Rolle distanziert, und wie das Theaterpublikum dem Schauspieler helfen kann, sich seiner Rolle zu öffnen, damit eine ihm an sich fremde Person von ihm Besitz ergreifen kann. »Als ich in Philadelphia auf die Bühne kam, spürte das Publikum, daß ich Torvald für eine Witzfigur hielt, und die Leute lachten über ihn. Aber nach fünf oder zehn Minuten fingen sie an, sich zu fragen, weshalb sie eigentlich ins Theater gekommen waren. Wenn dieser Mann so lächerlich war, warum hatte Nora ihn geheiratet?«

Die Reaktion der Zuschauer zwang Waterston, sich seiner Rolle noch mehr zu öffnen und zu begreifen, daß die Persönlichkeit, die er darstellte, ihm nicht so fremd war, daß er sich nicht in sie hineinversetzen konnte. Waterston beschreibt die Auswirkungen dieser Erkenntnis: »Ich begann, mich ihm zu nähern; ich machte aus ihm einen Menschen, der in meine Familie gepaßt hätte. Und schließlich mußte ich sagen, ich bin er und er ist ich ... es befriedigt das Publikum, wenn es sieht, daß ein Stück klar gegliedert ist, aber was die Leute wirklich kennenlernen wollen, das ist der Mensch, der auf der Bühne steht. Ihn wollen sie sehen, weil er ebenso wie sie ein Mensch ist, und sie verlangen danach zu erleben, wie sich dieser Mensch verhält.«[23]

Damit will Waterston sagen, daß er, wenn er der dargestellten Person Leben einhaucht, sich selbst enthüllt, sich öffnet und sein Innenleben so zeigt, als gehöre es zu der dargestellten Person, die von ihm Besitz ergriffen hat. Von einer imaginären Person besessen zu sein bedeutet, sein Selbst zu enthüllen.

In seinem Buch *Year of the King*[24] berichtet Antony Sher über seine Vorbereitungen für die Rolle Richards III., und ein Kritiker faßt das Bild, das er zeichnet, sehr lebendig wie folgt zusammen: »Sher muß selbst zu den Narren oder Unholden werden, die er sich vorstellt, und in seinem Inneren Raum für sie schaffen... zwar baut er die Rolle zunächst von außen her auf, aus den Gebärden, die er an anderen beobachtet, und mit dem Ausprobieren der verschiedensten Kostüme und Requisiten, doch dann verzichtet er auf alles, was seine Person verändert, auf die falschen Nasen und Perücken, und bekennt, daß Richard er selbst ist: Er spricht mit seiner eigenen Stimme, zeigt sein eigenes Haar, seinen eigenen Körper, seine eigene Persönlichkeit. Zur Krönung erscheint er nackt: Was ist denn das Spiel eines Schauspielers anderes als eine Selbstentblößung?«[25]

Es ist interessant, daß sich das Besessensein als Selbstentblößung zum Ausdruck bringt. Wenn man zuläßt, daß andere Wesen in einem lebendig werden, ist dies wie die Enthüllung seiner selbst. Der Bühnenregisseur Peter Brook sagt: »Schauspieler sind medial veranlagt. Die Ideen ergreifen plötzlich Besitz von dem ganzen Vorgang... die Schauspieler sind ›durchdrungen‹, durchdrungen von sich selbst.«[26] So sind also Schauspieler von sich selbst besessen.

Wenn ein Schauspieler partiell »besessen« ist, entweder von der dargestellten Person, deren Rolle er gerade spielt, oder wenn ihm erst später die Gegenwart dieser Person bewußt wird, dann erfährt er eigentlich Aspekte seines eigenen Selbst, wird mit ihnen konfrontiert und muß sie innerlich verarbeiten. Es sind Aspekte, die vielleicht niemals realisiert werden könnten, wäre das einzige innere Selbst, durch das eine Erfahrung ausgedrückt werden könnte, das gewöhnliche innere Selbst, mit dem wir ein stummes Zwiegespräch führen.

Daß der Schauspieler eine Rolle spielen muß, in der so viel von seinen verborgenen, verdrängten inneren Erfahrungen zum Ausdruck kommt, daß er schließlich von der dargestellten Person besessen wird, kommt selten vor, ist aber nichts Ungewöhnliches. Dirk Bogarde und Klaus Kinski haben sich diese innere Quelle zunutze gemacht, und das hat in ihnen das Gefühl erzeugt, besessen zu sein. Diese Art Besessenheit erregte in den traditionellen Gesellschaften ehrfürchtige Scheu. Sie ist eine Ebene des menschlichen Bewußtseins, die tief im Inneren eines jeden von uns schlummert.

Oft wird behauptet, Schauspieler seien Menschen, die sich selbst »entfliehen« und zu »anderen Menschen« werden wollen. Wenn wir aber die Arbeit des Schauspielers näher betrachten, dann sehen wir, daß die notwendige Intensität zu einer sehr starken Orientierung auf »andere Menschen« bzw. die Rollen führt, die sie spielen müssen. Lawrence Luckinbell spricht von dem Paradox, das darin liegt, daß der Schauspieler ein anderer sein will – aber durch den anderen sich selbst ausdrücken will: »In mir lebt das ständige und unstillbare Verlangen, ein anderer zu sein – das heißt, als Schauspieler geboren zu sein oder überhaupt als Künstler geboren zu sein. Es ist jedoch paradoxerweise mit dem ständigen Verlangen verbunden, *mich selbst* auszudrücken. Während ich daher ein anderer sein will, möchte ich auch dem, der ich bin, eine Stimme verleihen ...« Luckinbell erklärt, er sei zugleich er selbst und ein anderer, und »irgendwo zwischen diesen Gegensätzen liegt mein Verständnis für andere und die Fähigkeit, sie zu verstehen«.[27] Hier wird angedeutet, daß wir mit anderen Menschen verborgene Identitäten teilen, so daß wir unter anderen Umständen ihre Identität und sie die unsere hätten annehmen können.

Marlon Brando sagt, in jedem von uns schlummern die Anlagen aller Persönlichkeiten, die wir je spielen werden. Schauspieler spielen nicht ihre »Autobiographie«, sondern sie schöpfen vielmehr aus Beobachtungen und Phantasie wie auch aus persönlichen

Erfahrungen. Der Schauspieler kann individuelle Verhaltensmuster, wenn auch nur zeitweilig, transzendieren und an ihre Stelle aus der Tiefe des eigenen Selbst neue Persönlichkeiten erschaffen. Es ist diese Fähigkeit, ein »Jedermann« zu sein, die in den traditionellen Gesellschaften den Menschen mit dem Menschen und den Menschen mit dem Leben verbunden hat.

Das ist das Geheimnis der Selbstbesessenheit.

6. Die Verwandlung des Selbst

»Sie müssen aus mir einen echten Chinesen machen.«

Der Maskenbildner betrachtete das Gesicht von Charlton Heston mit prüfendendem Blick. Moses ja, Michelangelo, El Cid, Abraham Lincoln sicher. Aber ein Chinese?

»O. k.«, sagte er schließlich. Er wollte es versuchen.

»Und ich muß mich auch selbst schminken können«, verlangte Heston. Der Maskenbildner bezweifelte, daß das möglich sein werde. Zwar hatte Heston schon einige Übung darin, sich vor seinen Auftritten zu schminken, aber es würde ihm wahrscheinlich nicht gelingen, sein Gesicht in das eines Chinesen zu verwandeln.

»Und es darf nicht länger als zwölf Minuten dauern.«

Es war eine jener zunächst unlösbar anmutenden Aufgaben. Aber vielleicht würde es nach sorgfältiger Vorbereitung möglich sein, eine Maske zu entwerfen, die Heston in dieser kurzen Zeit selbst auftragen konnte.

»Ach ja, außerdem muß ich mich innerhalb von dreißig Sekunden abschminken können.«

»Unmöglich! Vergessen Sie es!«

Charlton Heston bereitete sich darauf vor, in dem Stück *Crucifer of Blood* die Rolle des Sherlock Holmes zu spielen. In einer Szene tritt Holmes in der Verkleidung eines klapprigen alten Chinesen auf, der eine Opiumhöhle betreibt. Und die Verkleidung muß so überzeugend sein, weil auch das Publikum getäuscht werden soll. Die Zuschauer sollen nicht merken, daß der Chinese in Wirklichkeit Sherlock Holmes ist. Sie sollen ihn erst erkennen, wenn er sich (innerhalb von 30 Sekunden) abgeschminkt und das Kostüm abgelegt hat.

Charlton Heston kann sehr überzeugend sein, und so gelang es ihm auch, den Maskenbildner für sein Vorhaben zu gewinnen. Mit großem Vergnügen schilderte er mir die Einzelheiten seiner für diesen Auftritt entworfenen Aufmachung: »Eine Perücke mit einer Glatze und schütterem weißen Haar an den Schläfen. Die Augenlider wurden mit Pflaster zur Seite gezogen, so daß ich Schlitzaugen bekam. Alte Hände mit langen Fingernägeln, und dazu das lose Gewand eines Mandarins, unter dem ich mit gebeugten Knien eine geringere Körpergröße vortäuschen konnte.« Um den Eindruck zu vervollkommnen, lernte Heston, bei diesem Auftritt mit hoher Stimme ein Englisch mit chinesischem Akzent zu sprechen.

Das Stück wurde aufgeführt, und am Schluß der Szene ging Heston als Chinese verkleidet über die Bühne, verschwand hinter einem großen Möbelstück, schminkte sich ab und tauchte dann als Sherlock Holmes wieder auf. Das Publikum reagierte verwundert. Offenbar freuten sich die Leute, Holmes zu sehen, aber sie applaudierten nicht.

»Nach der Aufführung kamen einige meiner Freunde in die Garderobe«, erzählte Heston, »und einer von ihnen fragte: ›Wie sind Sie in dieser Szene mit dem Chinesen hinter das Möbelstück gekommen? Waren Sie die ganze Zeit über dort?‹

›Wieso?‹

›Als Sie auftauchten, war der Chinese plötzlich fort. Wo ist er geblieben?‹

›Das war doch ich.‹

›Nein, nein! Wie haben Sie mit dem Chinesen die Plätze gewechselt?‹

›Um Himmels willen, ich war doch beides!‹«

Das Publikum hatte sich durch die perfekte Verwandlung täuschen lassen und nicht gemerkt, daß Heston sowohl den Chinesen als auch Holmes gespielt hatte. Die Leute glaubten, ein chinesischer Schauspieler habe den verkleideten Holmes dargestellt und dann mit Heston als Holmes die Plätze getauscht. Aber wenigstens hatten sie es bewundert, daß dieser Tausch so rasch vonstatten gegangen war.

Die Szene mußte so geändert werden, daß das Publikum sah, wie Charlton Heston sich abschminkte. Erst jetzt erkannten die Leute, daß sie getäuscht worden waren, und amüsierten sich darüber, denn es war die klassische Verwandlungsszene schlechthin: Ein Schauspieler hatte sich in eine Person verwandelt, die ihrerseits so tat, als sei sie eine andere Person. Und während dieses ganzen Auftritts war das Publikum getäuscht worden.

Und doch kann eine solche Verwandlung störend wirken. Wenn ein Schauspieler eine Rolle spielt, den Charakter der dargestellten Person annimmt und zu einem anderen Menschen wird, erleben wir normalerweise, was dieser Schauspieler während einer dreistündigen Theateraufführung oder im Film tut, wo er als »ein anderer« aufgenommen worden ist. Aber die Handlung darf diese Grenzen nicht überschreiten, weil die Vorstellung, daß sich jemand in einen anderen verwandeln kann, sehr verwirrend ist.

Der Schauspieler, der eine Rolle übernimmt, ist eine Person, die sich in eine andere Person verwandelt. Er sieht aus, bewegt und verhält sich wie ein anderer, und dabei verschwindet die Person des Schauspielers vollkommen. An seine Stelle tritt jemand, den wir nicht kennen. Er wird gewissermaßen entpersönlicht, und an die Stelle der Person, die er war, tritt jetzt eine fiktive Person, deren Existenz durch das Können und die Konzentration des Schauspielers gekoppelt mit dem gespannten Unglauben des Publikums gewahrt wird.

An der äußeren Gestalt, an dem Auftreten und dem Grund für das plötzliche Erscheinen des Schauspielers ist etwas, das uns Zuschauern bedrohlich erscheint. Wie der Theaterhistoriker Richard Southern gesagt hat, hat der Schauspieler mit seiner Rolle, wenn man ihm zu nahe kommt, ein schreckenerregendes Instrument in der Hand, weil er uns fremd erscheint: »Sein Bewußtsein befindet sich auf einer uns fremden Ebene ... er konzentriert sich auf eine Situation, die nicht der Realität entspricht, auf eine Fiktion. Darin ist er einem Wahnsinnigen nicht unähnlich; er ist nicht normal; er ist eine Maske; der Mensch, der dahintersteht, ist unsichtbar geworden.«[1]

Wir akzeptieren also die Verwandlung des Schauspielers nur unter streng kontrollierten Umständen. Denn innerhalb des Raumes und der Zeit einer Theater- oder Kinovorstellung erlauben wir dem Schauspieler, uns zu »täuschen«. Wir helfen ihm sogar dabei, indem wir unsere Zweifel ausschalten. Sich täuschen zu lassen und zu glauben, der Schauspieler sei ein anderer, ist der springende Punkt bei diesem ganzen Vorgang. Aber die Menschen werden verunsichert, wenn sie glauben müssen, wir spielten ihnen auch im täglichen Leben etwas vor, denn das bedeutet Unaufrichtigkeit. Wir glauben, wenn wir es mit anderen zu tun haben, gern, wir seien ganz wir selbst. Unseren Mitmenschen etwas vorzuspielen bedeutet, daß wir oberflächlich und unaufrichtig sind und sie manipulieren wollen.

Charlton Heston sagt: »Weil ein Schauspieler sich augenscheinlich in eine andere Person verwandeln kann, glaubt man, er verfüge über magische Kräfte, und diese magischen Fähigkeiten machen ihn suspekt. Er kann den Eindruck erwecken, er sei etwas, was er in Wirklichkeit nicht ist. Und wenn er das auf der Bühne oder auf der Leinwand tun kann, dann kann er es sicherlich auch im täglichen Leben. Und niemand will von einer solchen Person abhängig sein.«

Wenn Heston hier im Zusammenhang mit der Verwandlung des Schauspielers von magischen Kräften spricht, dann erinnert das an die Schauspieler in den traditionellen Gesellschaften, wo das Anderswerden des Schauspielers etwas mit dem heiligen Bereich des Unbekannten zu tun hatte. In diesem Zusammenhang umgab den Schauspieler, auch wenn er nicht auf der Bühne stand, eine magische Aura, die sein Ansehen erhöhte. Aber diese Schauspieler wurden auch gefürchtet, weil man glaubte, sie könnten ihre magischen Kräfte mißbrauchen. Auch heute gilt ein Schauspieler, auch wenn er nicht auf der Bühne steht, im Privatleben als potentieller Lügner. Er kann uns täuschen, weil wir nicht sicher sein können, wer er wirklich ist und wie er uns manipuliert.

Natürlich kommt es auch im täglichen Leben vor, daß wir mit schauspielerischen Tricks getäuscht werden, aber nicht von Schauspielern. So werden zum Beispiel Handlungsreisende in besonderen Lehrgängen darin ausgebildet, sich selbst und ihre Waren zu verkaufen und potentielle Käufer mit entsprechenden Argumenten vom Wert ihres Angebots zu überzeugen. Wir erwarten das auch von Leuten, die uns in dieser oder jener Weise beeinflussen wollen. Wenn uns aber jemand mit seinen »schauspielerischen Tricks« veranlassen will, etwas zu kaufen, was wir eigentlich gar nicht brauchen, dann werden wir mißtrauisch. Die Verkaufstechniken des oft verspotteten Gebrauchtwagenhändlers sind typisch für die Art, mit der wir durch solche »Schauspielertricks« manipuliert werden sollen.

»Würden Sie von diesem Mann einen Gebrauchtwagen kaufen?« Diese Inschrift auf einem großen Plakat mit einem Foto von Richard Nixon sollte auf die angebliche Unzuverlässigkeit, Unaufrichtigkeit und die Art hinweisen, mit der dieser Politiker seine Wähler bei öffentlichen »Auftritten« zu manipulieren suchte.

Heston sagt: »Politiker sind eigentlich Schauspieler. Man kann kein erfolgreicher politischer Führer sein, und man kann seine Anhängerschaft nicht überzeugen und hinter sich bringen, wenn man kein schauspielerisches Talent hat. Churchill hat es im Zweiten Weltkrieg verstanden, die freie Welt für seine Ideen zu begeistern, weil er ein guter Schauspieler und Politiker war. Seine Urteilsfähigkeit als Politiker ist zwar häufig angezweifelt worden, aber niemand kann leugnen, daß er eine Führerpersönlichkeit war und es verstanden hat, die Opferbereitschaft seiner Anhänger zu aktivieren; seine schauspielerischen Fähigkeiten waren ihm dabei von großem Nutzen.«

Dann spricht Heston von den Befürchtungen derjenigen, die außerberuflich etwas mit Schauspielern zu tun haben: »Heute ist es für einen Politiker eine beängstigende Vorstellung, als Schauspieler angesehen zu werden, weil er sich damit dem Verdacht ausgesetzt sieht, er sei unaufrichtig, spiele den Menschen etwas vor und sage nicht die Wahrheit. Wenn man von einem Politiker wie etwa von Präsident Reagan sagt, er sei ein Schauspieler, dann ist es meist ein Zeichen der Geringschätzung.«

Das scheint mir der springende Punkt zu sein. Denn was man auch von der Politik des Präsidenten Reagan halten mag, es gibt mit Sicherheit keinen logischen Grund dafür, daß ein Schauspieler kein hohes Amt bekleiden sollte. Schauspieler sind nicht weniger intelligent als Juristen –, und niemand wird etwas daran auszusetzen haben, daß ein Jurist Politiker wird. Schauspieler wissen unter Umständen ebensoviel oder sogar mehr über menschliche Probleme als Buchhalter. Und viele Schauspieler sind wahrscheinlich ebenso ehrlich und vertrauenswürdig wie Geschäftsleute. Also weshalb sollten sie kein hohes politisches Amt verwalten können? Die Antwort liegt wahrscheinlich in unserem tiefsitzenden Mißtrauen und unserer Furcht vor der Verwandlungsfähigkeit des Schauspielers, mit der er Macht über uns gewinnt. Wir glauben, er habe die Gabe, uns über seine wahre Identität zu täuschen; damit tut er etwas zutiefst Beunruhigendes und Frivoles. Er zeigt sich uns als jemand, der er in Wirklichkeit nicht ist. Und wir fürchten, daß Schauspieler, die Politiker werden, oder Politiker, die versuchen, ihr schauspielerisches Talent einzusetzen, sich so darzustellen vermögen, daß wir sie nicht durchschauen können. »Nur der Schauspieler selbst ist wirklich zufrieden, wenn man ihm sagt, er habe eine Rolle überzeugend gespielt«, meint Heston.

In meinem Gespräch mit Heston erwähnte ich auch das Gerücht, Margaret Thatcher habe ihre Stimme schulen lassen, um bei ihren öffentlichen Auftritten eine bessere Wirkung zu erzielen, obwohl sie selbst oder ihre Berater das niemals bestätigt haben. Wenn das bekannt würde, könnte es vielleicht den Eindruck erwecken, sie habe etwas zu verbergen und sei gegenüber ihren Zuhörern nicht ganz ehrlich. Ich sagte Heston: »Niemand erfährt etwas davon, daß sie ihre Stimme hat schulen lassen, weil nicht der Eindruck erweckt werden soll, man höre, wenn sie spricht, nicht ihre ›echte Stimme‹.«

»Oder die echte Margaret Thatcher?« sagte Heston lachend.

Die Verwandlung der äußeren Erscheinung

»Eigentlich wollte ich ein weiblicher Alec Guinness werden, aber daraus wird wohl nichts!« Helen Mirren sprach mit mir über einen der wichtigsten Aspekte der Verwandlungsfähigkeit des Schauspielers, der darin besteht, daß er in der Lage ist, seine äußere Erscheinung jeder neuen Rolle anzupassen. »Ich wollte lernen, die subtilsten Persönlichkeiten darzustellen und meine äußere Erscheinung mühelos, aber vollkommen zu verändern – ein ganz neuer Mensch zu werden. Aber ich habe festgestellt, daß es außerordentlich schwierig ist, das zu verbergen, was man hat, die Arme und Beine, die Nase und die Brüste.«[2]

Helen Mirren ist eine begabte, überzeugende und mutige Schauspielerin, die sowohl auf der Bühne in modernen und klassischen Rollen als auch in Filmen wie *White Nights* und *Cal* beachtliche Erfolge gehabt hat. Zu den großen Abenteuern, die sie als Schauspielerin erlebte, gehörte eine sehr herausfordernde Tournee mit Peter Brook durch Afrika, die hohe Ansprüche an sie stellte, denn es sollte festgestellt werden, wieweit das improvisierte Spiel zu einer Kommunikationsbasis werden und die Sprachenbarriere überwinden konnte. Ihre Begabung und ihr Können als Schauspielerin haben überall Anerkennung gefunden. Aber Hellen Mirren hat ein besonderes Problem – sie ist sehr schön und sehr sexy.

Durch seichte Fernsehfilme haben wir uns daran gewöhnt, ein attraktives Äußeres als die Grundvoraussetzung für den Erfolg einer Schauspielerin zu halten. Und natürlich hat das gute Aussehen von Helen Mirren ihr berufliche Vorteile verschafft. Aber für eine Schauspielerin, die ihre Wandlungsfähigkeit als künstlerisches Mittel einsetzen will, kann es auch ein Hindernis sein. In den Theaterkritiken, die im Lauf der Jahre über Helen Mirren geschrieben worden sind, sind sowohl ihr Spiel als auch ihr Äußeres gelobt worden. Ihr Publikum bewunderte ihr Spiel in den verschiedensten Rollen, sah sie aber doch am liebsten als die schöne Frau, die sie war. Sie selbst sagt ein wenig wehmütig: »Die Leute verlangen von einem Schauspieler, daß er sich auf der Bühne entblößt und nicht verbirgt...«[3]

Es gibt viele Schauspieler mit einer so beeindruckenden äußeren Erscheinung, daß es ihnen schwerfällt, ihr Aussehen zu verändern – das heißt, sie es nicht verändern *dürfen*. Das Publikum konzentriert sich auf die physische Gegenwart des Schauspielers und verlangt, daß seine Rolle seinem Aussehen angepaßt wird und nicht etwa, daß der Schauspieler sein Äußeres der Rolle entsprechend verändert. Und das gilt auch für die meisten von uns in unserem Alltagsleben, ob wir nun »schön und anziehend« wirken oder nicht.

Das liegt daran, daß wir in Wirklichkeit alle Schauspieler sind. Wir wissen, daß wir uns in unserem Verhalten nach den verschiedenen äußeren Umständen, den Menschen, mit denen wir zusammen sind und den jeweiligen Zeitumständen richten. Es gibt Persönlichkeitsmerkmale, die relativ konstant bleiben. Wer uns in einer bestimmten Umgebung kennengelernt hat, wird uns in einer anderen wiedererkennen. Aber die Voraussetzungen für die Art unseres »Auftretens« im täglichen Leben ändern sich ständig mit den äußeren Umständen.

Im großen und ganzen erwartet man von uns, daß wir unser Verhalten unter den verschiedensten Voraussetzungen nur geringfügig verändern. Ein Mensch, der sich wie ein Chamäleon verhält und sich in einer neuen Umgebung als ein neuer Mensch darstellt, gilt als oberflächlich, schwach und wankelmütig. Zwar dürfen wir uns im Büro anders anziehen als auf einer Party und zu Hause anders als am Strand, aber es gibt bestimmte Regeln, die unserer Flexibilität auf diesem Gebiet Grenzen setzen. Ein Mensch, der in seiner äußeren Erscheinung einen bestimmten Stil wahrt, gilt als zuverlässig, berechenbar und stabil.

Wenn sich jemand über eine längere Zeit allmählich verändert, dann wird das akzeptiert. Eine starke Gewichtszunahme wird allerdings belächelt, wer abnimmt, wird dafür gelobt, solange er es nicht übertreibt, und auch eine neue Frisur kann gutgeheißen werden – wenn sie nicht zu sehr aus dem Rahmen fällt. Wie wichtig diese äußeren Merkmale sind, zeigt sich darin, daß Menschen oftmals ihre Meinung über plötzliche oder allmähliche Veränderungen in der äußeren Erscheinung ihrer Mitmenschen kundtun. Wenn eine Frau mit einer neuen Frisur erscheint, werden

Freunde und Kollegen sie darauf ansprechen, und wenn ein Mann sich einen Bart wachsen läßt oder den Bart, den er hat, eines Tages abrasiert, dann wird auch das nicht ohne Reaktionen bleiben. Diese Reaktionen zeigen zumindest, daß unsere Umgebung auf unser Aussehen achtet und Veränderungen bemerkt. Und manchmal freuen wir uns über die positiven Reaktionen unserer Freunde und verlangen sie sogar. In den meisten Fällen sind es Werturteile. Die Veränderungen in der äußeren Erscheinung werden als vorteilhaft oder unvorteilhaft beurteilt: Die neue Frisur »steht dir«; mit dem Bart »siehst du ungepflegt aus«. Aber gelegentlich sind die Reaktionen heftiger und zeigen an, daß die Veränderungen in unserem Äußeren irgendwie *bedrohlich* wirken. Unsere Umgebung hat den Eindruck gewonnen, daß sich unsere Persönlichkeit verändert hat, denn das äußere Aussehen ist Ausdruck unserer Psyche. Wir haben uns unkenntlich gemacht und in eine neue Persönlichkeit verwandelt.

Robert De Niro hat, wenn es seine Rolle verlangte, ganz erheblich zu- oder abgenommen. Auf den Fotos, die ihn als schwergewichtigen Boxer Jake LaMotta in dem Film *Wie ein wilder Stier* zeigen, sieht er völlig anders aus als in dem Film *Lovers*, wo er den Partner von Meryl Streep spielt. Schauspieler verändern ihr Aussehen sehr oft für bestimmte Bühnen- oder Filmrollen und sehen deshalb auch im Privatleben ganz anders aus als gewöhnlich. Die meisten von uns würden eine solche Veränderung der äußeren Erscheinung an sich selbst als sehr störend empfinden. Durch unser Aussehen können wir uns selbst identifizieren. Wenn wir in den Spiegel sehen, ist unser Spiegelbild eine Bestätigung unserer Identität. Wer schon einmal erlebt hat, daß sich sein Äußeres drastisch veränderte, wird wissen, wie schockierend es wirken kann, wenn man sich plötzlich im Spiegel oder in einem Schaufenster in dieser ungewohnten Gestalt wiedersieht. Eine physische Veränderung führt dazu, daß sich unser Selbstgefühl drastisch verändert und unsere Umgebung plötzlich ganz anders auf uns reagiert.

»Die Verwandlung war total und schockierend«, sagt John Howard Griffin, ein weißer Journalist, der zur Tarnung in die Gestalt eines Schwarzen geschlüpft war. »Ich hatte geglaubt, für mich würde diese Maske nur eine Verkleidung sein, aber es war etwas ganz anderes. Ich befand mich plötzlich im Körper eines mir völlig fremden Menschen ... der ganze John Griffin war verschwunden.« Wenn Griffin sich im Spiegel sah, schockierte und erschreckte ihn das Ungewohnte und die völlige Fremdheit des schwarzen Gesichts. »Daß die Verwandlung so vollständig gelungen war, entsetzte mich. So etwas hatte ich mir nicht vorstellen können. Aus mir waren zwei Männer geworden, der eine, der dieses Spiegelbild betrachtete, und der andere, der in Panik geriet, der das Gefühl hatte, bis in seine Eingeweide zum Neger geworden zu sein.«[4]

Daß eine Veränderung unserer äußeren Erscheinung unser Selbstgefühl so stark beeinflussen kann, zeigt, wie nahe an der Oberfläche die Verwandlung liegt und in welche Tiefen des Bewußtseins sie dennoch vordringen kann. Aber in diese Tiefen vorzudringen, kann erzieherisch, ja sogar befreiend sein. Doch um die Welt in einem verwandelten Zustand zu erleben, müssen wir nicht unbedingt unsere äußere Erscheinung verändern. Auch wenn wir uns in die Gedankenwelt eines anderen Menschen versetzen, kann sich dadurch unser ganzes Leben verändern.

Der Schauspieler verwandelt sich in die handelnde Person

Auch Charlton Heston erzählt von einer Verwandlung, aber diesmal war es etwas ganz anderes als die Verkleidung des Sherlock Holmes. Er befand sich in der Wüste und spielte die Rolle eines Kavallerieoffiziers in dem Film *Sierra Charriba*. Es drehte sich dabei um eine Verfolgungsschlacht in Mexiko zur Zeit des amerikanischen Bürgerkriegs. Die Aufnahmen wurden in einer ganz verlassenen Gegend in der Wüste gemacht, und am Schluß sagte der Regisseur Sam Pekinpah zu Heston: »Wissen Sie was, Chuck, etwa zwei Meilen von hier liegt ein Dorf. Wenn Sie nicht auf die Wagen warten wollen, dann können Sie schon vorausreiten, während wir hier zusammenpacken.«

Heston berichtete: »So saßen wir alle auf, es waren vielleicht 30 oder 40 Mann in Uniform – schmutzig, unrasiert und schwitzend. Wir ritten den Pfad entlang und kamen durch ein sehr altes Dorf. Es mußte schon zur Zeit der spanischen Eroberung dort gewesen sein und hatte wahrscheinlich schon manchen Kampf gesehen. Als wir die Hauptstraße in diesem kleinen Dorf entlangritten, konnten wir sehen, wie die Menschen nervös aus den Fenstern schauten und sich schnell in den Schatten zurückzogen. Und plötzlich wurde mir klar, daß sie dachten: ›Um Himmels willen, jetzt kommen sie schon wieder!‹«

Heston empfand sich in dieser eindrucksvollen Szene ganz und gar als Kavallerieoffizier, und diese Empfindung wurde dadurch gesteigert, daß die Menschen, die ihn sahen, ihn überhaupt nicht für einen Schauspieler hielten. Heston hatte sich vollständig in den Kavallerieoffizier *verwandelt*.

Wenn man solche Szenen irgendwo draußen in der freien Natur und nicht in der sicheren Abgeschirmtheit eines Filmstudios spielt, dann wird der Schauspieler so wahrgenommen und behandelt, als sei er ein anderer als er selbst. Die Rolle wird zur Person. Das ist ein schockierendes, aber auch erhebendes Erlebnis. Und man lernt dabei auf sehr eindrucksvolle Weise etwas über die Identifizierung mit seinem eigenen Selbst.

Es gibt Schauspieler, die festgestellt haben, daß es sehr nützlich für die Vorbereitung auf ihre Arbeit ist, wenn sie sich in die dargestellte Persönlichkeit verwandeln können. Bruce Dern versucht zum Beispiel ganz bewußt, diesen Aspekt der Arbeit des Schauspielers in sein tägliches Leben einzubauen: »Ich übernehme zum Beispiel eine bestimmte Rolle und spiele sie auch in meinem Privatleben zwei oder drei Stunden lang pro Tag. Ich gehe beispielsweise zum Einkaufen oder fahre meinen Wagen als jener andere.«[5]

Schauspieler an der Royal Academy of Dramatic Art erleben das als Teil ihrer Ausbildung. Wenn sie zum Beispiel als die Persönlichkeiten, die sie auf der Bühne darstellen, durch London gehen, dann ist das eine ausgezeichnete Konzentrationsübung, die ihnen zeigt, wie intensiv sie sich in die Rolle eingelebt haben. Sie gehen durch die Straßen, besuchen Läden und Restaurants, sprechen mit irgendwelchen Leuten und sind dabei jemand anderes, auf den die

Umwelt, in der sie sich befinden, einwirkt. Im Rahmen bestimmter Seminare, bei denen jeder Schauspieler lernt, eine Rolle zu entwickeln, und dazu gehören das Innenleben der darzustellenden Person, ihre persönliche Lebensgeschichte und ihre äußere Erscheinung, gehen die Schauspieler zu zweit in die Stadt London, um einander bei diesen Ausflügen zu unterstützen und ihre Aufmerksamkeit zu schärfen. Ich selbst bin bei einer solchen Gelegenheit mit Fiona Shaw im Omnibus durch London gefahren. Diese hervorragende Schauspielerin hatte die Rolle einer sehr labilen Frau übernommen, die an Platzangst litt und bei ihren Anfällen das dringende Verlangen hatte, ins Freie zu kommen. Fiona wollte in dieser Rolle im oberen Stock des Doppeldeckerbusses fahren, weil sie sich dort »freier« fühlte. Wir gingen die Stufen hinauf und setzten uns. Sie sprach unaufhörlich und nervös über die Alltäglichkeiten im Leben der von ihr dargestellten Person und erzählte, womit sie ihre Katze fütterte, welche Beziehungen sie zu ihrer alten Tante hatte usw. Fiona hatte in dieser Rolle eine sehr durchdringende Stimme und zog damit die Aufmerksamkeit der anderen Menschen im Bus auf sich, die sich offensichtlich gestört fühlten. Ich selbst mußte mich darauf konzentrieren, daß sie nicht »aus der Rolle fiel«, um mit der Peinlichkeit der Situation fertig zu werden. In England toleriert man zwar exzentrische Menschen, aber sie fallen natürlich auf.

Plötzlich hörte meine Partnerin auf zu sprechen. Ich sah sie an. Sie schnappte wie ein Fisch nach Luft, sprang auf und stürzte ans Fenster, um es zu öffnen. Aber das Fenster klemmte. Nun geriet sie in Panik. »Ich muß aussteigen«, kreischte sie und versuchte, über mich hinweg in den Gang zu kommen. Ich lächelte die Leute, die uns beobachteten, verlegen an und folgte ihr, so schnell ich konnte. Sie lief die Stufen hinunter und sprang aus dem Bus, als er das Tempo an der nächsten Haltestelle verlangsamte. Draußen ging es ihr sofort besser. Sie beruhigte sich und fing wieder an, mit durchdringender Stimme über Nichtigkeiten zu sprechen, nachdem wir uns zum Tee in ein Restaurant gesetzt hatten.

Dieser Auftritt war keineswegs übertrieben. Wenn man ihn nur kurz beschreibt, könnte man das glauben, aber Fiona hatte sich im Bus ihrer Rolle entsprechend überzeugend glaubwürdig verhalten. Die Aufmerksamkeit, die sie auf sich lenkte, galt einer *Person* und nicht einer gespielten Szene.

Für den Schauspieler selbst ist eine solche Übung außerordentlich inspirierend, und als ich es einmal versuchte, wirkte sie auf mich in geradezu erschreckender Weise befreiend. Schon wenn man als ein anderer über die Straße geht, bekommt man ein ganz anderes Gefühl, und auch die Welt scheint sich zu verwandeln. Wenn man jedoch als verwandelte Person, als derjenige, der im Film oder auf der Bühne eine bestimmte Rolle spielt, mit anderen Menschen in Berührung kommt, dann erscheint einem die Welt in einem völlig neuen Licht. Die Art, wie die Umwelt auf uns wirkt, verändert sich in einer subtilen, aber dramatischen Weise, und die Signale, die wir aussenden, erzeugen ganz neue Reaktionen. Und die Reaktionen auf unsere Signale beeinflussen die Art, in der wir uns selbst empfinden. Die Verwandlung der eigenen Person kann somit das ganze Leben verändern.

Die Charakterrolle

Ben Kingsley, an dessen hervorragende schauspielerische Leistung in der Titelrolle des Films *Gandhi* wir uns noch erinnern, hat kürzlich auch in dem Stück *Melons*, dessen Inhalt die Zerstörung der amerikanischen Indianerkultur ist, eine der Hauptrollen übernommen. Er spielte einen alten Apachenhäuptling. In einer typischen Kritik hieß es: »Ben Kingsleys großartige Leistung in dieser Aufführung liegt in seiner Verwandlungsfähigkeit. Er ist kaum geschminkt und trägt nur eine schneeweiße Perücke, und mit diesen geringen Mitteln gelingt es ihm, einen Menschen darzustellen, der einerseits zart und zerbrechlich ist wie ein Blatt im Winde und andererseits stark und unerschütterlich wie ein Felsblock. Er zwingt dem Dialog sein eigenes bedächtiges Tempo auf, und was er zu sagen hat, trägt er mit ruhiger Stimme überzeugend vor. Dabei strahlt er, auch wenn er nur eine Zigarette annimmt, eine unvergleichliche zeremonielle Würde aus.«[6]

Es läßt sich nicht bestreiten, daß Schminke und Kostüm wichtige Hilfsmittel sind, aber auch die Haltung, mit der ein Schauspieler den Charakter seiner Rolle zum Ausdruck bringt, prägt seine äußere Erscheinung ganz wesentlich.

Es gibt viele Möglichkeiten für den Schauspieler, sich in den von ihm dargestellten Charakter zu verwandeln und die körperlichen, emotionalen und sogar spirituellen Merkmale der dargestellten Person zum Ausdruck zu bringen. Sehr oft geschieht das wie bei dem von Heston gespielten Holmes durch das Zusammenwirken der äußeren Erscheinung und des Spiels. Konzentriert man sich jedoch nur auf die äußere Erscheinung, dann übersieht man einen fundamentalen Aspekt der Verwandlungskunst des Schauspielers. Ein Schauspieler kann auch deshalb anders *aussehen* als im gewöhnlichen Leben, weil er sich *innerlich* verändert hat. Das Eindringen in die psychische, mentale und emotionale Welt einer anderen Persönlichkeit kann zu überraschenden körperlichen Veränderungen führen. Manchmal kann eine körperliche Verwandlung buchstäblich durch die geistige Konzentration des Schauspielers »gefärbt« werden.

Meryl Streep sagt zum Beispiel, daß sie, wenn sie eine bestimmte Rolle übernehmen muß, einfach das Leben der Person, die sie darstellen soll, führt. Dazu müsse man »Teil der Landschaft werden, in die Welt der dargestellten Person hineinblicken und sich selbst hineinbegeben«. In dem Film *Die Geliebte des französischen Leutnants* spielt Meryl Streep eine viktorianische Gouvernante, die von ihrem französischen Geliebten verlassen worden ist und nun ein Leben lang ihrem verlorenen Glück nachtrauert. In einer langen Szene mit ihrem Partner Jeremy Irons stellt sie sich vor, daß die Gouvernante grüne und nicht wie sie selbst blaugraue Augen hat. Nun versucht sie, diese Wirkung mit Kontaktlinsen zu erzielen, entschließt sich jedoch dann, auf die Kontaktlinsen zu verzichten. Sie erzählt: »Als ich die ersten Probeaufnahmen sah, stellte ich fest, daß meine Augen auch ohne Kontaktlinsen grün wirkten. Ich brauchte sie also nicht.«[7]

Manche Schauspieler haben augenscheinlich die Fähigkeit, ihre äußere Erscheinung auch ohne Schminke und andere Hilfsmittel zu verändern. Juliet Stevenson ist eine junge Schauspielerin, die schon mit großem Erfolg tragende Rollen in Inszenierungen der

Royal Shakespeare Company gespielt hat. Ein Kritiker hob besonders ihre technische Virtuosität hervor und sprach von der Frische, der emotionalen Kraft und der intellektuellen Strenge ihres Spiels. Dann schreibt er: »Sie ist nicht im konventionellen Sinne hübsch, hat aber eine viel größere Begabung, nämlich die Fähigkeit, sich vor den Augen ihres Publikums physisch zu verwandeln. Ihre Gesichtszüge sind außerordentlich plastisch, und sie kann fast ohne Hilfe des Maskenbildners sowohl die überzeugende barfüßige Erotik der Titania und die schwerblütige Schönheit der Yelenia in *The White Guard* als auch die einfältige und verwirrende Wärme des russischen Bauernmädchens Polja in Stephen Poliakoffs *Breaking the Silence* darstellen.«[8]

Die Schauspielerin Janet Suzman sagt von der Darstellungskunst Glenda Jacksons: »Einige Schauspieler gehen auf ihre Rollen zu und verwandeln sich in die dargestellte Person; sie werden zu dem Menschen, den sie spielen. Glenda zieht ihre Rolle an sich, und die Rolle nimmt ihre Gestalt und ihre Persönlichkeit an. Aber dennoch ist es die Persönlichkeit, die sie darstellen will.«[9]

Man spricht immer wieder von der »Persönlichkeit« des Schauspielers und meint damit gewöhnlich die äußere Erscheinung, die Präsenz des Schauspielers. Janet Suzman will hier sagen, daß einige Schauspieler es vorziehen, ihre äußere Erscheinung zu verändern und der Rolle anzupassen, daß Glenda jedoch ihr Äußeres keineswegs in auffallender Weise verwandelt. Sie verwandelt vielmehr die dargestellte Person in ihre eigene äußere Erscheinung und spielt die Rolle überzeugend, indem sie ihr mit der eigenen »physischen Person« Ausdruck verleiht.

Mit der »Person«, die der Schauspieler darstellt, waren ursprünglich die Masken gemeint, die die Darsteller im klassischen Altertum in Griechenland trugen. Jede Maske war Ausdruck einer besonderen Persönlichkeit, oft einer Gottheit, die den Schauspieler, der die Maske trug, in Besitz nahm. Aber heute ist die »Persönlichkeit« ein psychologischer Begriff und bedeutet die persönliche Fassade, die man an der Öffentlichkeit zeigt. Diese äußere Erscheinung schließt wesentliche Aspekte des physischen Erscheinungsbildes ein, umfaßt jedoch besonders auch den persönlichen Stil und den äußeren Eindruck, den der einzelne auf seine Umwelt macht. Und dazu gehört ein hohes Maß an Konformität, weil das Bild eines Menschen, das er seiner Umwelt bietet, in diese Umwelt passen und die Menschen befriedigen soll, mit denen der einzelne umgeht. In diesem Sinn ist die Persönlichkeit die äußere Gestalt unserer Psyche, unser Gesicht, wie es die Welt sieht. Und wie wir alle wissen, entspricht das, was wir der Welt zeigen, nicht immer unserem inneren Selbst.

Der Psychiater C. G. Jung hat das Persönlichkeitsbild als modernes psychologisches Konzept entwickelt. Er sagt: »Im Grunde ist das Persönlichkeitsbild nichts Reales. Es ist ein Kompromiß zwischen dem Individuum und der Gesellschaft im Hinblick auf das äußere Erscheinungsbild des Menschen. Er trägt einen Namen, erwirbt einen Titel, übernimmt ein Amt und ist dies oder jenes.«[10]

Jeder von uns hat eine oder mehrere Möglichkeiten, sich als Person darzustellen, und wir tun das, indem wir uns unserer Umwelt anpassen: am Arbeitsplatz, zu Hause, bei gesellschaftlichen Veranstaltungen usw. Wir pflegen ein »Image«, und dieses Image verändert sich nach den jeweils herrschenden äußeren Umständen.

Jedes Persönlichkeitsbild stellt einen Charakter dar. Jedes Image, das wir den Menschen zeigen, mit denen wir umgehen, entsteht im Rahmen eines »Auftritts«. Die Menschen machen sich ein Bild von der Persönlichkeit, die sie dabei wahrnehmen. Manchmal ist es uns peinlich, wenn wir einem Menschen begegnen, der nur eine Seite unseres Wesens kennt und uns nun unter veränderten äußeren Umständen erlebt, in denen neue Aspekte unserer Persönlichkeit zum Ausdruck kommen. Dabei verhalten wir uns ähnlich wie Schauspieler, die verschiedene Rollen spielen.

Aber die Gefahr bei der Verwandlung des Persönlichkeitsbildes liegt darin, daß wir uns mit der Maske identifizieren, die wir mit jeder Rolle tragen. Unser vollständiges wahres Selbst ist nicht das gleiche wie das Selbst, das zu einer bestimmten Rolle paßt. Wenn wir uns zu sehr mit unserer Maske identifizieren, dann verlieren wir den Kontakt mit dem Ursprung unseres eigenen Seins. Das Leben selbst wird zu einer Reihe von Rollenspielen, hinter denen das wahre Selbst der Persönlichkeit verleugnet wird. Wir brauchen zwar eine oder mehrere Masken, die uns den Umgang mit verschiedenen Gruppen von Menschen erleichtern, aber wir müssen flexibel genug sein, um diese Masken entsprechend den äußeren Umständen wechseln zu können.

Das Persönlichkeitsbild ist noch nicht das ganze Individuum. Es ist nur der Aspekt der Persönlichkeit, der als Erkennungszeichen im Umgang mit anderen Menschen zum Ausdruck kommt. In gewisser Weise ist es eher ein Aspekt der Gesellschaft als das Individuum selbst. Und das Publikum interessiert sich für eine bestimmte Rolle in einem Theaterstück oder in einem Film nicht deshalb, weil es den Schauspieler als Individuum kennenlernen will, sondern weil der Charakter der dargestellten Persönlichkeit uns allen einen Spiegel vorhält und uns deshalb alle angeht. In den Abenteuern erfundener Personen, die in vereinfachter Form das gleiche erleben, was auch »wirkliche« Menschen erfahren, begegnen wir allgemeingültigen Aspekten unseres Lebens und werden dadurch unterhalten und belehrt.

Bestimmte Aspekte des Persönlichkeitsbildes bleiben verborgen. Es sind entweder nicht bewußt wahrgenommene und nicht verwirklichte Potentiale, oder es sind Aspekte unseres Wesens, die wir nicht akzeptieren können und deshalb auch nicht anerkennen. Jung bezeichnet diese Aspekte des Selbst als »Schatten«, und sie gewinnen dadurch, daß sie nicht zum Ausdruck kommen, eine besondere psychische Kraft. Sie beeinflussen unser Leben, ohne sichtbar zu werden. Das heißt, sie werden erst dann sichtbar, wenn wir uns bewußt darum bemühen, ein neues Persönlichkeitsbild zu erschaffen. Dann treten diese Aspekte aus ihrem Schattendasein »ins Licht«.

Wenn Glenda Jackson, laut Janet Suzman, bei ihrem Spiel ihre eigene Persönlichkeit einsetzt, dann ist der von ihr dargestellte Charakter in Wirklichkeit die Projektion eines neuen *Schattens*. Glenda Jackson verwandelt ihr eigenes Persönlichkeitsbild nur unwesentlich, aber sie hat die besondere Begabung, nach intensiver Vorbereitung und intuitiv durch geringe Abwandlungen in ihrem Verhalten den in ihr bisher nur als Schatten vorhandenen Aspekt der dargestellten Persönlichkeit zum Ausdruck zu bringen. Und es ist dieser Schatten, der uns interessiert, und nicht die ganze Persönlichkeit der Schauspielerin. Die Millionen, die im Fernsehen *Dallas* und *Denver-Clan* sehen, interessieren sich für die Schatten, die verborgenen Aspekte der Charaktere, die das Leben dieser Personen beherrschen, und zwar oft im totalen Gegensatz zu dem äußerlich so glatt und erfolgreich wirkenden Persönlichkeitsbild.

Wenn man versucht, sich in andere Persönlichkeiten hineinzuversetzen und sie zu ergründen, dann bekommt man ein feines Gefühl dafür, wie sich diese Menschen darstellen, wie sie ihre Stimme gebrauchen, sich kleiden, für ihre Haltung, ihren Gang, ihre Eigenheiten usw. Ein guter Schauspieler versteht es, die dargestellte Person mit den Elementen des Schattens zu durchsetzen. Schauspieler sind nicht nur Imitatoren, das heißt Menschen mit der besonderen Begabung, die Stimme, die Erscheinung und das Auftreten anderer zu imitieren. Der Schauspieler will mehr erreichen. Das Persönlichkeitsbild das er darstellt, sei es mit seinem eigenen verwandt oder nicht, soll die im Schatten liegenden Aspekte ans Licht bringen. Die Maske wird vorgeführt, um zu enthüllen, was dahintersteckt.

Wir müssen nur einen Augenblick daran denken, welche Auswirkungen der Austausch unseres Persönlichkeitsbildes gegen das einer anderen Person unter kontrollierten Bedingungen und in einer uns vertrauten Umwelt hat. Schon die Existenz außerhalb des eigenen Persönlichkeitsbildes ist aufschlußreich. Wenn man sich bewußt in eine andere Person hineinversetzt, gewinnt man interessante Einsichten in die menschliche Natur. Und aus einer anderen erdachten Person heraus zu handeln, sich zu bewegen und zu sprechen, ist eine befreiende, erregende und manchmal ungeheuer aufschlußreiche Erfahrung für einen selbst und für andere.

Die emotionale Heimat

Antony Sher spricht über die Erfahrungen, die er in der Rolle des Transvestiten – der Drag Queen – in Harvey Feinsteins Stück *Torch Song Trilogy* gemacht hat: »Um das amerikanische Persönlichkeitsbild der Rolle zu realisieren, mußte ich mich weit von meinem eigenen Selbst entfernen. Die ganze Verhaltensweise dieser Person als Transvestit unterscheidet sich wesentlich von meiner eigenen. Um dorthin zu kommen, muß ich eine weite Reise unternehmen. Doch andererseits muß ich aufgrund der emotionalen Anforderungen, die das Stück an mich stellt, die Rolle soweit wie möglich zu mir selbst in Beziehung setzen, damit ich die emotionalen Passagen so glaubwürdig wie möglich spielen kann.«

Das Gefühlsleben des Menschen erinnert stark an das Territorialverhalten der Tiere. Die meisten Tierarten bewohnen ein bestimmtes Artgebiet, innerhalb dessen sie auf der Suche nach Nahrung auf festgelegten Wanderwegen herumziehen. Nur selten verlassen sie diese Wege oder überschreiten die Grenzen des Gebiets. Dazu gibt es für die meisten Tiere ein begrenztes Territorium, das sie verteidigen und innerhalb dessen sie sich heimisch und sicher fühlen.[11]

Auch Menschen haben natürlich ein räumliches Heimatgebiet, aber es ist interessant zu beobachten, daß wir auch für unser Gefühlsleben eine Art »Heimatgebiet« in Anspruch nehmen – Erfahrungen, innerhalb derer wir uns heimisch und sicher fühlen. Wir wissen sofort, wenn wir diese Grenzen überschritten haben, das heißt, wenn wir uns in einer Gesellschaft befinden, die nicht zu uns paßt. Dann spüren wir, »dies ist nicht der richtige Ort, und dies sind nicht die richtigen Leute«. Während unseres ganzen Lebens bewegen wir uns gewöhnlich in einer vertrauten Umgebung und machen dort die gleichen emotionalen Erfahrungen. Eine Veränderung unseres Lebensstils empfinden wir in gewisser Weise als gefährlich.

Manchmal kommt es vor, daß unsere emotionale Welt verödet; menschliche Beziehungen verlieren an Bedeutung oder reißen ab; persönliche oder berufliche Krisen führen dazu, daß wir neue emotionale Wege suchen. Wir beschreiten sie, aber erst nach langem Zögern und nachdem wir vergeblich die bisher gewohnten, aber jetzt verödeten Pfade gegangen sind. Ähnlich wie die Tiere markieren wir die Grenzen unseres emotionalen Territoriums mit unseren persönlichen »Duftmarken« und verlassen es nur sehr ungern. Wir tun es erst, wenn wir uns gezwungen sehen, in einem weiteren Umkreis nach neuen Möglichkeiten zu suchen.

Die Arbeit eines Schauspielers verlangt von ihm, sich im weiten Umkreis umzusehen, gewissermaßen die Witterung aufzunehmen, zu beobachten, die Wege anderer Menschen zu gehen und ihr Territorium zu erkunden. Damit widerlegt der Schauspieler zumindest die Illusion, unter der die meisten von uns leiden – daß die psychologische Spannweite unseres normalen Lebens die einzige sei, die uns zur Verfügung steht. Viele Menschen fühlen sich bedroht, wenn sie anderen begegnen, deren psychologisches Territorium sich wesentlich von dem unseren unterscheidet – Menschen, die anders aussehen als wir, anders sprechen und anders handeln, die andere Wertbegriffe haben. Wir verteidigen aggressiv und eifersüchtig die Grenzen unseres Territoriums. Wir erkennen diese mit uns rivalisierenden Menschen und betrachten sie als *Außenseiter*. Der Schauspieler macht oft ganz andere Erfahrungen. Er muß alternative Wege erkunden und darf dabei die Verbindung zu seinem eigenen Territorium nicht aufgeben.

Es ist interessant, daß der Raum des emotionalen Bereichs, den introvertierte Menschen verteidigen, innerhalb der Grenzen ihrer emotionalen Spannweite liegt. Mit anderen Worten, introvertierte Menschen legen alle Wege, die sie gehen wollen, fest und verteidigen sie. Andererseits werden sich extravertierte über diese Grenzen hinauswagen, die sie bereit sind zu verteidigen. Ihre nach außen gerichtete emotionale Haltung führt sie in Bereiche außerhalb ihres eigenen Territoriums. Schauspieler müssen beides tun können. Sie müssen die Grenzen ihrer eigenen Persönlichkeit weit hinter sich lassen, aber auch einen sehr ausgeprägten Sinn für ihr eigenes emotionales Territorium haben. Sie müssen zugleich introvertiert und extravertiert sein. Der Schauspieler Franchot Tone spricht davon, wenn er sagt: »Schauspieler befinden sich in einer einzigartigen Lage. Sie richten ihren Blick nach innen und sind zugleich Exhibitionisten. Man muß ein introvertierter Mensch sein, bevor man in sich selbst die Symbole der Extravertiertheit finden kann, die man braucht, um seine Rolle überzeugend zu spielen. Das klingt paradox...«[12]

Das Leben des Schauspielers ist ein schöpferisches, ständig wachsendes, gesundes Paradoxon, ein Leben, das häufig die Richtung wechselt und nicht nach einem starren Muster verläuft. Und Rollen zu spielen, die einen aus dem eigenen emotionalen Territorium hinausführen, kann den Blick für neue Erkenntnisse öffnen.

Lynn Redgrave schildert, welche Auswirkungen es auf ihr persönliches Leben gehabt hat, die Rolle der heiligen Johanna spielen zu müssen: »Für mich als Atheistin war es schwierig, einen tiefgläubigen Menschen darzustellen. Ich habe dabei allerdings gelernt, die Religion besser zu verstehen als je zuvor. Ich *mußte* glauben und ... und jetzt fällt es mir leichter zu verstehen, was die Religion für einen Menschen bedeuten kann. Bisher habe ich die Religion immer als etwas sehr Bedrückendes empfunden..., doch dann habe ich begonnen, sie in einem anderen Licht zu sehen.«[13]

Liv Ullmann spricht von der Verwandlung des Schauspielers als von einer Erweiterung seiner Ausdrucksmöglichkeiten. Sie sagt: »Es gibt Tage, an denen während einer Probe oder einer Aufführung verborgene Geheimnisse in meinem Inneren zutage treten, angeregt durch die Gestaltung einer Rolle, durch einen Dialog mit einer erdachten Person. Dabei entsteht das erhebende Gefühl, ein winziges Stück vorangekommen zu sein und sein eigenes Instrumentarium erweitert zu haben.«[14]

Die Verwandlung in eine andere Person kann zu bedeutsamen Veränderungen des Äußeren *und* des Inneren eines Menschen führen, und zwar auf der Bühne und im Film ebenso wie im täglichen Leben. Die Verwandlung ist ein Weg zur Selbsterkenntnis.

7.
Vergangenes wird wieder lebendig

»Wir müssen uns abends betrinken ... wir müssen Zeugen der Geburt eines Kindes sein oder dem Tod ins Auge sehen. Wir müssen das Leben so umfassend und vollständig erfahren wie nur möglich. Dann können wir jede Rolle, die wir spielen, besser interpretieren.«[1]

Sich abends betrinken? Geburt und Tod? Die Ratschläge von Roger Rees für das Leben des Schauspielers klingen sehr abenteuerlich, doch wo bleibt die Disziplin? Und doch ist Rees, der schon seit langem zu den führenden Mitgliedern der Royal Shakespeare Company gehört, ein reifer und disziplinierter Schauspieler. Sollte er nicht an der Vervollkommnung seiner Kunst arbeiten, wenn er nicht gerade auf der Bühne steht oder eine Rolle probt?

Seine Antwort lautet: »Wir tanzen nicht im Ballett, und wir müssen nicht jeden Tag zwei Stunden am Schwebebalken zubringen, bevor wir mit unserer Arbeit beginnen.« Empfiehlt Rees statt dessen die Nachtarbeit an einer anderen Art von Schwebebalken? Und wenn er das tut, was haben junge und für ihren Beruf begeisterte Schauspieler, die am Beginn ihrer Laufbahn stehen, dazu zu sagen?

Juliet Stevenson, die erst vor wenigen Jahren die Royal Academy of Dramatic Art verlassen hat und schon führende Rollen bei der Royal Shakespeare Company spielt, gesteht, daß sie ein sehr unruhiges Leben führt. Oft wohnt sie in einem Hotel oder mietet sich ein Zimmer in einem kleinen Haus in Stratford. »Ich rede zuviel, bleibe abends zu lange auf und esse erst nach der Vorstellung. Das ist durchaus kein sehr geordnetes und diszipliniertes Leben.«[2] Das hört sich nach einem sehr ausschweifenden

Lebenswandel an. Und ein solches Leben unterscheidet sich grundsätzlich von dem eines Tänzers oder einer Tänzerin, die streng darauf achten müssen, daß sie früh ins Bett kommen, Diät leben und jeden Tag ein anstrengendes Training absolvieren.

Die augenscheinliche Laxheit vieler Schauspieler erregte den Zorn des russischen Theaterregisseurs Konstantin Stanislawski. Er verlangte, sie sollten wie andere Künstler ständig an sich arbeiten, um ihre Leistungsfähigkeit zu erhöhen. »Mir soll doch jemand erklären, warum der Orchestermusiker, der nur die zehnte Violine spielt, täglich stundenlang üben muß, wenn er die Fertigkeit, sein Instrument zu spielen, nicht verlieren will. Warum trainiert der Tänzer täglich jeden Muskel seines Körpers? Warum üben sich der Maler, der Bildhauer und der Schriftsteller täglich in ihrer Kunst, und warum sehen sie einen Tag als verloren an, an dem sie nicht arbeiten?« Stanislawsky war wirklich empört. »Und warum darf der Schauspieler nichts tun, seine Zeit im Kaffeehaus zubringen und hoffen, daß ihm am Abend die Inspiration geschenkt wird? Genug. Ist es denn eine Kunst, wenn ihre Priester wie Dilettanten reden?«[3]

Aber Stanislawski, der mehr als jeder andere die Lebenserfahrung als Basis der schöpferischen Bühnenkunst bezeichnet hat, scheint hier die Ausbildung mit schulmäßigen Übungen verwechselt zu haben. Sänger und Tänzer haben einen physischen Mechanismus, der für die Ausübung ihrer Kunst spezifisch ist und praktisch entwickelt und erprobt werden kann. Auch Schauspieler können das »Instrument ihres Körpers« leistungsfähig erhalten, und viele tun das auch. Doch wie soll man sich darin üben, sich in eine andere Persönlichkeit zu verwandeln? Und wie kann »die Erfahrung eines erfüllten Lebens« dem Schauspieler helfen, seine Rollen besser zu interpretieren, wie Roger Rees meint?

Im Film und auf der Bühne werden oft spannungsreiche Ereignisse dargestellt. Liebe, Haß, Eifersucht, Tod, Sexualität und Gewalt sind die Themen, die in Filmen und Theaterstücken für das breite Publikum behandelt werden. Selbst in anspruchsvolleren Inszenierungen kommt es selten vor, daß uns keine extremen Konflikte gezeigt werden, durch die die dargestellten Personen in eine Zwangslage geraten. Das weckt so starke Emotionen, wie wir sie im täglichen Leben kaum erfahren. Aber solche Gefühle sind uns doch nicht so fremd, daß wir nicht von solchen Darstellungen fasziniert und angezogen werden wie die Motte vom Licht und uns nicht durch Filme und Theaterstücke, in denen andere stellvertretend für uns diese Gefühle erfahren, angelockt fühlten.

Ein Schauspieler, der diese heftigen Emotionen darstellt, muß sie auch selbst auf irgendeiner Bewußtseinsebene erleben. Rip Torn sagt, ein Schauspieler muß an einem Abend mit Gefühlen kämpfen, die andere Menschen vielleicht nur zwei- oder dreimal in ihrem Leben erfahren. Das erinnert an die Notwendigkeit, bis an die äußersten Grenzen des menschlichen Erfahrungsbereichs vorzudringen, von der Roger Rees spricht. Aber Rees sagt auch, daß der Schauspieler am gesellschaftlichen Leben teilnehmen und sich mit seinen Mitmenschen beschäftigen sollte, um die »normalen« Dimensionen der menschlichen Existenz zu erleben.

Schauspieler tun genau das und sammeln dabei Erfahrungen, die sie bei der Gestaltung ihrer Rollen verwenden. Gewöhnlich bedeutet das ein Wiederfinden eigener Erfahrungen in der darzustellenden Person.

In der Rolle leben

»Für eine Frau, die einen erregt und bezaubert oder die man liebt, geht man Risiken ein, auf die man sich für niemanden sonst einlassen würde. Ich würde viel riskieren und Opfer bringen, auch finanzielle Opfer, um den *Macbeth* oder die Hauptrolle in *Long Day's Journey into Night* übernehmen zu dürfen. Man verliebt sich in eine solche Rolle.«

Hier sprach Charlton Heston von der persönlichen Beziehung, die er zu seiner Rolle herstellen muß, um als Schauspieler das Beste geben zu können. »Gewöhnlich halte ich mich an Rollen, von denen ich mich persönlich angezogen fühle. Das ist eine der Voraussetzungen dafür, daß ein Schauspieler eine gute Leistung zeigt.« Ich fragte ihn, ob er damit sagen wolle, er könne sich schon vorher in der Rolle sehen. »Es ist das Gefühl, das mir sagt, ›mir ist diese Rolle vertraut. Ich kenne diesen Mann, und ich kann ihn zum Leben erwecken‹. Diese Reaktion kommt nur aus dem Gefühl. Man sagt nicht, ›ich gleiche diesem Menschen‹, sondern man sagt: ›Oh, ja, ich *kenne* ihn.‹ Es ist das Einfühlungsvermögen.«

Paul Scofield schildert den ersten Kontakt mit einer Rolle in ähnlicher Weise: »Meine Reaktion ist immer intuitiv. Welcher Ton wird in meinem Inneren angeschlagen? Welche Erinnerungen werden in mir geweckt?«[5]

Was also ist das Wesen dieser Beziehung zwischen dem Schauspieler und seiner Rolle? Einige Schauspieler sagen, sie hätten in der Rolle Elemente persönlicher Erfahrungen wiedergefunden.

Sheila Gish, die kürzlich für ihre triumphale Darstellung der Blanche in der Londoner Inszenierung des Stücks *Endstation Sehnsucht* gefeiert wurde, übernahm 1985 die Rolle der Cecilia in Schnitzlers *Intermezzo*. Sie sagte, sie habe eine sehr starke innere Beziehung zu dieser Rolle gehabt: »Ich würde nie eine Rolle spielen, wenn ich nicht das Gefühl hätte, sie verstehen zu können. Ich muß in jeder Rolle etwas von mir selbst finden.« Im Hinblick auf die Rolle der Blanche in *Endstation Sehnsucht* beschrieb sie genau, was das bedeutet: »Man muß nicht die gleichen Sorgen und Ängste haben. Man hat seine eigenen und setzt sie ein. Ich würde nie zu einem Psychoanalytiker gehen, um mich von diesen Ängsten befreien zu lassen. Und man tauscht dabei etwas aus. Man gibt einen Teil dessen, was einen selbst bedrückt, und übernimmt etwas davon, was die dargestellte Persönlichkeit belastet.«[6]

Roger Rees äußert sich noch detaillierter darüber, welche Beziehungen zwischen seinen persönlichen Erfahrungen und denen der von ihm dargestellten Person bestehen. In einem Interview über seine Rolle als *Hamlet* in einer neuen Inszenierung der Royal Shakespeare Company sagte er: »Die Beziehungen von Hamlet zu seinem Vater haben mich tief bewegt. Da gibt es zum Beispiel manches, was ich gern meinem Vater gesagt hätte, der starb, als ich einundzwanzig Jahre alt war. Es gibt aber auch noch anderes – auch ich habe erlebt, auf etwas verzichten zu müssen, auf das ich glaubte, ein Anrecht zu haben.«[7]

Andere Schauspieler lassen sich durch bestimmte Ereignisse aus dem eigenen Leben anregen. Lynn Redgrave sagt: »Als ich die heilige Johanna spielte, hatte ich manchmal das Bedürfnis, wieder ein kleines Kind zu sein ... ich hatte das Gefühl, ich sollte sie so spielen, wie ich damals war.« Sie wollte wieder das naive, vertrauensvolle, offenherzige und empfindsame kleine Mädchen sein, um ihrer Rolle gerecht zu werden, »... jenes innerste Selbst, das in uns allen verborgen liegt, das Selbst, das wir mit einer Schutzschicht verhüllen, wenn wir älter werden«. Jeden Abend unmittelbar vor Beginn der großen Szene versetzte sie sich in diese Stimmung. »... bevor ich zur Gerichtsszene die Bühne betrat, versetzte ich mich in eine Art mentaler Trance, in eine Meditationshaltung, in der ich versuchte, mich so deutlich wie möglich an kleine Vorfälle aus meiner Kindheit zu erinnern.« Während der zehn Minuten dauernden Pause kehrte sie »... in jene längst versunkene Welt zurück ... je intensiver ich das tat, desto besser wurde ich, und je mehr ich fürchtete, daß ich es vergessen hätte, desto deutlicher wurde es mir bewußt«.[8]

Für viele Schauspieler bedeutet die Verwendung persönlicher Erfahrungen das Eindringen in eine »wirkliche« andere Person, und oft ist es jemand, den der Schauspieler gut kennt. Dustin Hoffman nimmt sich als Modelle für seine Rollen häufig Menschen, die er kennt. In dem Film *Die Reifeprüfung* war es sein Bruder. Das Modell für Ratso in *Wenn es Nacht wird in Manhattan* war der Hausmeister in einem Gebäude, in dem Hoffman wohnte, während die Frauenrolle, die er in *Tootsie* spielte, seiner Mutter nachempfunden war.[9]

Vor nicht allzu langer Zeit spielte er den Willy Loman in einer Broadway-Inszenierung des klassischen Stücks von Arthur Miller, *Der Tod eines Handlungsreisenden.* Von Anfang an konzentrierte sich Hoffman auf die äußere Erscheinung und den persönlichen Stil der von ihm dargestellten Person. Für Hoffman war Loman ein kleiner Mann, und damit drückte sich auch sein Charakter aus. Seine geringe Körpergröße war das Bindeglied zwischen der äußeren Erscheinung Lomans und seinem Innenleben. Als Hoffman mit Arthur Miller über die Möglichkeit sprach, diese Rolle zu übernehmen, bot ihm der Verfasser sogar an, die Textstellen wieder einzufügen, die er in der veröffentlichten Version des

Stückes gestrichen hatte, in denen von der Kleinheit Willys gesprochen wurde. Aber Hoffman verlangte noch mehr. Bevor er sich bereit erklärte, die Rolle zu übernehmen, mußte auch genau festgelegt werden, wie er dafür geschminkt wurde. Die erste Voraussetzung war, daß er sich in der Rolle eines 63jährigen Mannes wohl fühlte. Nachdem er einige Perücken anprobiert hatte, die ihm nicht gefielen, erklärte er sich einverstanden, sich den Kopf rasieren zu lassen, um eine Perücke mit ganz schütterem Haar tragen zu können.[10]

Natürlich ist die äußere Erscheinung nur ein Teil der visuellen Darstellung einer Person. Es gehören auch die Stimme, die Bewegungen und die persönliche Verhaltensweise sowie viele andere Faktoren dazu. Hoffman lud Miller zu sich nach Hause ein und las ihm den Text seiner Rolle vor. Instinktiv imitierte Hoffman dabei die Stimme seines Vaters, Harry Hoffman, der, bevor er in Pension ging, Möbelkaufmann gewesen war.

»Mein Modell für den Willy war in erster Linie mein Vater«, sagte der Schauspieler.[11] Dustin verlieh dem Handlungsreisenden die Eigenschaften seines Vaters, dessen Wertbegriffe und Vorurteile. Dustins älterer Bruder Ronnie ergriff zum Beispiel einen akademischen Beruf, doch für den Vater war das offenbar eine Enttäuschung, weil dieser Sohn keine großen Erfolge als Geschäftsmann vorzuweisen hatte in einer Welt, die für den älteren Hoffman, der zur Zeit der Wirtschaftsdepression große finanzielle Schwierigkeiten hatte überwinden müssen, eine besondere Bedeutung besaß. Dustin sagt: »Ronnie ... brachte als Student die besten Noten nach Hause und erwarb alle akademischen Grade, aber anstatt Geschäftsmann zu werden und viel Geld zu verdienen, wie mein Vater es sich gewünscht hatte, wurde er Universitätsprofessor. Mein Vater mußte zwar anerkennen, daß Ronnie etwas geleistet hatte, aber sein Wunsch war es gewesen, daß er diese Leistungen als Geschäftsmann erbrachte. Und die gleiche Einstellung hatte die Familie in dem Stück von Arthur Miller.«[12]

Als Dustin Hoffman in der Rolle des Loman im Kennedy-Center zum ersten Mal die Bühne betrat, saß sein älterer Bruder im Zuschauerraum. Die beiden Brüder hatten im Lauf der Jahre oft über ihren Vater gesprochen. Ronald Hoffman sagt: »Als ich mir nun die Aufführung ansah, wurden mir meine eigenen Erfahrungen wieder bewußt. Es war ein erschütterndes Erlebnis und brachte mir neue Einsichten. Es war verwirrend, und nach der Aufführung war ich zutiefst bewegt und bin es noch. Ich hatte neue Erkenntnisse über einige der problematischsten Aspekte meines Lebens gewonnen.«[13]

Für manche Schauspieler sind tragische Ereignisse aus dem eigenen Leben die emotionale Basis für eine Rolle, die sie spielen müssen. In dem Film *Tootsie* spielt Dustin Hoffman die Rolle eines Transvestiten, bemühte sich dabei jedoch darum, in sich das Gefühl zu entwickeln, eine Frau zu sein. Das Modell für die Rolle der Dorothy war seine Mutter, die er in den letzten Jahren nur selten gesehen hatte, die jedoch kurz vor Beginn der Filmaufnahmen für *Tootsie* einen schweren Schlaganfall erlitten hatte und nun im Krankenhaus lag. Hoffman besuchte sie häufig auf der Intensivstation. Er sprach mit mir über ihren Zustand und seinen Wunsch, sie als Modell für Dorothy zu verwenden: »Ich weiß, das klingt schrecklich, aber daß meine Mutter diesen Schlaganfall erlitten hat, ist für mich eine große Hilfe. Ja, es hat mir den Zugang zur Rolle der Dorothy ermöglicht, aber außerdem hat sich zwischen meiner Mutter und mir eine Freundschaft entwickelt, eine echte Freundschaft, und wir haben während der ganzen Zeit ihrer Krankheit Gespräche geführt, wie wir sie bis dahin nie geführt hatten.«[14]

Man erwartet von Schauspielern, daß sie für die Entwicklung ihrer schwierigsten Rollen die intimsten privaten Erfahrungen »verwenden«. Man glaubt, das ganze Leben stehe in gewisser Weise der Kunst zur Verfügung. Der Regisseur am New Yorker *Public Theatre*, Joseph Papp, spricht zum Beispiel über die Beziehungen von Meryl Streep zu John Cazale, dem Mann, mit dem sie zusammenlebte. Meryl Streep und Cazale waren zum letzten Mal gemeinsam in dem Film *Die durch die Hölle gehen* aufgetreten, und der 39jährige Cazale war an Knochenkrebs erkrankt. Nach Beendigung der Aufnahmen kehrten er und Meryl Streep nach New York zurück. Papp sagt: »Ich hatte damals eine sehr enge Beziehung zu ihr. Sie ist ein hochanständiger Mensch und absolut loyal. Sie war während dieser Zeit großen seelischen Belastungen ausgesetzt. Sie hat viele Wochen an seinem Krankenbett zugebracht und dort den allmählichen körperlichen Verfall von John miterleben müssen. Sie wird das niemals vergessen können, aber heute ist es ein Teil ihres Lebens und ein Teil ihrer Kunst.«[15]

Ein Teil ihrer Kunst? Es klingt gefühllos, wenn man sagt, daß ein so tiefgreifendes und verheerendes persönliches Erlebnis zu den Dingen im Leben gehört, die die künstlerische Potenz eines Menschen fördern. Aber ebenso wie wir erkennen müssen, daß jede neue Erfahrung unser Leben verändert, tut es auch der Schauspieler, der sein ganzes Selbst in seine Arbeit einbringt. Und deshalb verändert sich seine Arbeit mit jeder neuen Erfahrung.

Das Leben ist nicht leicht, und niemand fliegt von einem Triumph zum nächsten. Wir alle erleben Enttäuschungen, Frustration, Angst und Zorn. Und unsere negativen Erfahrungen haben Narben hinterlassen. Wir hoffen, mit ihnen fertig zu werden, mit ihnen zu leben und sie akzeptieren zu können – und gewöhnlich heilt die Zeit alle Wunden. Wir können solche Erfahrungen aber auch in uns verschließen. Ein weinender, vom Kummer überwältigter Mensch bricht oft buchstäblich zusammen. Dann umarmen wir uns und fühlen den physischen Schmerz unseres Kummers im Magen und im Herzen. Die ersten starken Gefühle lassen zwar allmählich nach, aber das auslösende Ereignis vergessen wir nie mehr; es bleibt uns für immer im Gedächtnis.

In der Psychotherapie läßt sich gelegentlich feststellen, wie stark persönliche Sorgen das Leben eines Menschen beeinflussen können und auf sein Verhalten im täglichen Leben einwirken. Auch wenn es scheint, daß der Betreffende ein ihn beunruhigendes Ereignis »überwunden« hat, zeigt sich in der Therapie, wenn sich der Patient an ein weit zurückliegendes Trauma erinnert, wie stark verschlossene schlechte Erfahrungen noch auf ihn wirken können.

Wenn diese Menschen aufgefordert werden, sich an Ereignisse zu erinnern, die für sie eine emotionale Bedeutung gehabt haben, dann erinnern sie sich oft an eher negative als positive Ereignisse. Ich habe mit Liv Ullmann darüber gesprochen. Sie meint, die Menschen *lernen* mehr aus schlechten Erfahrungen, weil die Auseinandersetzung mit ihnen eine größere Anstrengung bedeutet. »Ich habe festgestellt, und ich glaube nicht, daß es sich um einen rein intellektuellen Erklärungsversuch handelt, daß ich aus den traurigen Phasen meines Lebens, in denen ich aus der Bahn geworfen wurde, mehr gelernt habe als aus den glücklichen Augenblikken, wenngleich sie wunderbar waren und ich nicht auf sie verzichten möchte. Aber man muß sich mit den glücklichen Ereignissen nicht auseinandersetzen. Sie erfüllen einen mit Freude. Aber bei den negativen Erfahrungen müssen wir darum kämpfen, mit ihnen fertig zu werden. Und das ist ihr positiver Aspekt. Um innerlich zu wachsen, brauchen wir unsere täglichen Sorgen und Enttäuschungen.« Sie versucht nicht, das Tragische in einem romantischen Licht zu sehen. Sie sagt, daß das Leben uns manchmal in Tragödien verwickelt, die vielleicht sehr schwer zu ertragen sind. Aber die eher täglichen Sorgen sind die Schwierigkeiten, die wir überwinden wollen und müssen, und deshalb erleben wir sie immer wieder.

In der Welt des Schauspielers wird die dunkle Seite des Lebens erkannt und zum Ausdruck gebracht. Schlechte Erfahrungen werden nicht in einer morbiden und negativen Weise bejammert, sondern sie erhalten bei der Gestaltung einer Rolle den notwendigen Raum, um angemessen zum Ausdruck gebracht zu werden. Jeder Darsteller, sei es ein Laienschauspieler oder ein erfahrener Berufsschauspieler, gewährt seinem Publikum Einblicke in das Wesen des Menschlichen in einer Art, mit der wir uns identifizieren können und die dem Schauspieler die Möglichkeit gibt, sowohl das Negative als auch das Positive zum Ausdruck zu bringen.

Damit werden keine melancholischen Gefühle ausgelöst, sondern das Gegenteil. Liv Ullmann ist zum Beispiel bekannt für ihre besondere Begabung, tragische Rollen zu spielen. Sie tritt aber auch mit großem Erfolg in Komödien auf, und die Zeit, die man privat mit ihr zubringt, ist erfüllt von Lachen und heller Freude.

Im Grunde ist es die Aufgabe des Schauspielers, Licht in das persönliche Dunkel zu bringen.

Gefühle im täglichen Leben

Wenn Schauspieler erleben, daß ihre eigenen Erfahrungen denen der von ihnen dargestellten Personen entsprechen, dann wird dabei ein wichtiger Punkt im Hinblick auf die Intensität dieser Emotionen berührt. Oft glauben wir, daß extrem dramatische Ereignisse auch besonders starke Emotionen auslösen – Geburt, Tod und Schwierigkeiten in zwischenmenschlichen Beziehungen. Natürlich kommt es nur selten zu solchen das persönliche Leben berührenden Ereignissen, ohne daß sie von starken Emotionen begleitet werden, aber obwohl im Film, im Fernsehen und auf der Bühne oft Ereignisse von gewaltiger Tragweite dargestellt werden, wissen die Schauspieler, daß es keinen eindeutigen Zusammenhang zwischen der Bedeutung eines Ereignisses und der Intensität der dadurch ausgelösten Emotionen gibt, denn auch scheinbar kleine und unbedeutende Vorfälle können verheerende emotionale Auswirkungen haben.

Im täglichen Leben kommt es oft vor, daß Menschen sich heftige Vorwürfe machen, weil sie »sich so sehr über Kleinigkeiten aufregen« oder »zu emotional reagieren«. Damit soll gesagt werden, daß ihre Reaktionen auf bestimmte Ereignisse nicht ihrem »emotionalen Wert« entsprechen. Es gibt aber keinen absoluten Wertmaßstab, der bestimmt, wie stark die Gefühle eines Menschen angesichts eines Ereignisses sein dürfen.

Geraldine Page hat in dem Film *Eve* eine äußerst emotionale Szene gespielt. Sie stellte dabei eine Frau dar, die an einer Persönlichkeitsspaltung litt. Auf die Frage, ob sie sich dabei an eine persönliche emotionale Erfahrung erinnere, antwortete sie: »O ja, ich bin davon überzeugt, aber ich habe es nicht bewußt getan. Wir alle sind schon einmal irgendwo gewesen, wo wir uns gesittet benehmen mußten, obwohl die Menschen uns zum Wahnsinn trieben. Wir durften nicht dagegen protestieren und konnten auch nicht einfach aufstehen und fortgehen. Wir mußten sitzen bleiben und es ertragen. Ich bin sicher, daß sich viele solche Erfahrungen in meinem Unterbewußtsein gesammelt haben und meine Reaktion darauf in dieser Szene erfolgte.« Hier haben »Alltagserfahrungen« zu einem überzeugenden Auftritt in einer extremen Situation beigetragen, und Geraldine Page erklärt, daß der Schauspieler bei seinen Auftritten ständig »an diese Art übertriebener Emotionen« erinnert wird, die »kleine Anlässe in uns auslösen können. Der Schauspieler muß sich nur daran erinnern. Man muß also nicht eine Frau sein wie Eve, um die gleichen intensiven Gefühle zu kennen.«[16]

Glenda Jackson betont, daß es die kleinen Dinge des täglichen Lebens sind, die das Verständnis des Schauspielers für seine Rolle wecken und es ihm ermöglichen, in seinem Spiel der Wahrheit näherzukommen. »Die meisten Menschen führen ein eintöniges Leben. Sie kennen keine extremen Situationen, und ich glaube, es sind die kleinen Nadelstiche, die man am schwersten erträgt, weil sie niemals aufhören. Die großen Krisen auf beiden Seiten des emotionalen Spektrums, sei es oben oder unten, lassen sich irgendwie leichter ertragen und durchstehen als die Grauzonen des Lebens, weil man sich dafür stark macht. Das Adrenalin beginnt zu fließen, und man weiß, daß es nicht ewig dauern wird. Wenn ein Mensch diese Fähigkeit verliert, dann kann er sich auch nicht mehr vorstellen, wie die Menschen wirklich leben.«

Der Schauspieler ist also nicht nur begierig darauf, überwältigende Erfahrungen zu machen, die Grenzen des Erfahrbaren auszuloten und alle dramatischen und tragischen Möglichkeiten auszuschöpfen, die ihm in seiner Welt geboten werden, sondern er versucht auch, sein Gefühl für das *Gewöhnliche*, das *Alltägliche* zu schärfen. Liv Ullmann sagt: »Man kann nicht blind durchs Leben gehen, ohne nach rechts oder nach links zu schauen, denn was soll man dann darstellen? Mein Stoff ist das Leben, das ich lebe, und das Leben, das ich sehe. Das Leben, das ich lese oder dem ich zuhöre.«[17]

Die Welt des Schauspielers lehrt ihn die Achtung vor der Macht der Gefühle im täglichen Leben. Ein emotional reiches Leben ist nicht unbedingt ein Leben nie enden wollender Abenteuer. Es ist vielmehr die bewußte Teilnahme an den »kleinen« und an den »großen« Ereignissen, die uns beschert werden.

Die Kulisse ist ein Caférestaurant in einer amerikanischen Kleinstadt, in der es auch eine Oberschule gibt. Eine Gruppe von etwa acht Teenagern hat sich hier versammelt, und die jungen Leute führen ein lebhaftes Gespräch, lachen und flirten. Vicky sitzt an einem Ende des Tisches und fühlt sich völlig unbeachtet, nicht anerkannt und zurückgewiesen. Sie versucht, mit der Gruppe Kontakt zu bekommen, wendet sich an die Wortführer und schlägt ein Gesprächsthema vor, das aber keinen zu interessieren scheint. Sie schiebt ihre Hand unter den Arm eines neben ihr sitzenden jungen Mannes. Er wendet sich ihr zu, lächelt verlegen, dreht sich aber sofort wieder um und spricht mit den Leuten am anderen Ende des Tisches. Vicky macht ein bekümmertes Gesicht. Sie weicht zurück.

Und dann kommt es zu einem unglaublichen Auftritt. Von der Verzweiflung getrieben, beschließt sie, sich nicht länger ignorieren zu lassen. Sie muß sich irgendwie bemerkbar machen. Ihre Augen beginnen zu glänzen, und sie faßt einen Plan. Etwas Dramatisches soll geschehen. Etwas Schockierendes. So geschieht etwas, das nur dann geschehen kann, wenn ein Mensch verzweifelt ist und sich an die Wand gedrückt fühlt. Sie beschließt, auf den Tisch zu springen und nach der Musik, die aus dem Plattenspieler ertönt, zu tanzen.

Ruhig und ohne Hast steht sie auf, stellt sich auf den Stuhl und steigt auf den Tisch. Die anderen schauen sie verwundert an, aber sie setzen das Gespräch fort. Vicky fängt an zu tanzen. Ihr Rock flattert über den Köpfen der am Tisch sitzenden jungen Leute.

Aber sie wollen sich nicht stören lassen. Vicky tanzt immer wilder. Irritiert versuchen die anderen, ihre Beine fortzuschieben, wenn sie ihnen die Sicht behindern. Vickys Verzweiflung wächst, und mit verzerrtem Gesicht fängt sie an, sich auszuziehen. Langsam knöpft sie die Bluse auf und läßt sie auf den Tisch fallen. Nun reagieren die anderen. Sie hören auf zu reden und sehen Vicky an. Aber sie sind nicht beeindruckt; sie sind böse. Sie fühlen sich durch diesen exhibitionistischen Auftritt gestört. Sie fauchen das Mädchen an: »Scher dich fort!« Sie hört auf zu tanzen. »Was ist los mit dir?« fragen sie, ohne mit einer Antwort zu rechnen.

Völlig verstört bückt sich Vicky und hebt die Bluse auf. Vorsichtig steigt sie vom Tisch hinunter. Sie zieht die Bluse wieder an. Das lebhafte Gespräch am Tisch geht weiter, aber sie kann sich immer noch nicht daran beteiligen. Nachdem sie sich angezogen hat, sitzt sie still, geduckt und regungslos da. Sie fühlt sich geschlagen. Eine Träne rinnt ihr die Wange hinunter.

Dieser Vorfall hat sich wirklich so zugetragen. Eine Schauspielerin an der Royal Academy for Dramatic Art hat uns diese für sie so enttäuschende Geschichte erzählt. Wir haben sie dann als eine Art Bühnenprobe aufgeführt, weil es hier um Erfahrungen ging, die jeder von uns schon gemacht hatte, wenn er als Außenseiter aus einem Kreis von Menschen ausgeschlossen wurde. Und wenn ein solcher Vorfall in Szene gesetzt wird, dann wird aus der persönlichen Erfahrung etwas Allgemeingültiges. Und solche Erfahrungen mit anderen zu teilen, kann zur Heilung des dadurch entstandenen Traumas beitragen.

Die Schauspielerin, die uns diese Geschichte, die sie selbst erlebt hatte, erzählte, übernahm nun nicht die Rolle der Tänzerin, denn wenn ich die Schauspielschüler eine Szene spielen lasse, in der eigene emotionale Erfahrungen verarbeitet werden, dann richte ich es so ein, daß sich die Energie der Darsteller auf ihr Spiel konzentriert. Anderenfalls wird das Ganze zu einem Psychodrama, bei dem der Schauspieler selbst im Mittelpunkt der Handlung steht. Wird die Energie dabei nach innen gelenkt, kann das in dem Schauspieler zu Spannungen führen, und das unmittelbare Ringen mit den eigenen Emotionen führt nicht immer zu den erhofften Einsichten.

Die Schauspieler erinnern sich an irgendein emotionsgeladenes Erlebnis und schildern es einem Partner in allen Einzelheiten. Der Partner verarbeitet es als *sein eigenes.* Dann machen wir daraus einen Auftritt auf der Bühne. Der Schauspieler, der dieses Erlebnis als sein eigenes behandelt, übernimmt die Regie auf der Probebühne. So werden die Erlebnisse einzelner Personen mit verteilten Rollen dramatisch dargestellt, aber die Person, die diesen Vorfall selbst erlebt hat, beteiligt sich nur als Zuschauer an der Aufführung.

So werden in jedem Schauspieler Erinnerungen wachgerufen,

sein Gedächtnis wird angeregt, sich an Ereignisse zu erinnern, die ähnliche Emotionen ausgelöst haben, und er wird in die Lage versetzt, das Ganze noch einmal zu erleben, darüber zu reflektieren und den Auftritt so zu sehen, daß er sich selbst von dem Ereignis distanzieren kann. Denn das Spiel auf der Bühne ist eine *expressive* Methode der Selbsterfahrung. Es ist keine Therapie, deren Ziel gewöhnlich darin besteht, die Aufmerksamkeit nach innen zu lenken, um die Selbsterfahrung zu erleichtern.

Eine Psychotherapie kann ungeheuer aufschlußreich sein. Sie ist ein Vorgang, der voraussetzt, daß das bewußte Wahrnehmen von bis dahin im Unterbewußtsein schlummernden Gegebenheiten uns von den Einflüssen unsichtbarer und unbekannter Kräfte befreien kann. Und dieses Bewußtmachen durch Gespräche über Träume, Erlebnisse aus der frühen Kindheit usw. ist ein Vorgang, der dazu führen kann, daß man die Wurzeln der Erfahrungen begreift, die unser Leben bestimmen.

Aber zur Therapie gehört oft eine doppelte Übertragung. Das Unterbewußtsein manifestiert sich in Bildern und nicht in rationalen, logischen Modellen linearen Denkens. Das zeigt sich besonders im Traum, wo die Ereignisse weit außerhalb der Parameter täglicher Erfahrungen liegen: Die Menschen wechseln plötzlich ihre Identität, Zeit und Raum folgen keiner vernünftigen Gesetzmäßigkeit.

Die Übertragung persönlicher Erfahrungen, die nur noch im Unterbewußtsein schlummern, verlangt eine Umdeutung bildlicher Vorstellungen zu bewußt erfaßbaren gedanklichen Begriffen. Dabei hofft man, mit der bewußten Auswertung von bis dahin im Unterbewußtsein ruhenden Vorstellungen bestimmte Elemente im Leben eines Menschen unter die Kontrolle des Bewußtseins und des Willens zu bekommen oder zu erreichen, daß die in der Tiefe der Psyche verborgenen Strukturen reagieren werden, um den neuen Rahmen, in den die Erfahrungen durch das Bewußtwerden gestellt worden sind, für Gespräche und Therapie zu nutzen.

Was nach meiner Ansicht das Spiel des Schauspielers zu einer so hervorragenden Methode auf dem Weg zur Selbsterkenntnis macht, ist die Tatsache, daß der Schauspieler mit den tiefen Strukturen seines Selbst in einer angemessenen Sprache arbeitet. Er verwendet persönliche Erfahrungen, ruft sie sich ins Gedächtnis und gebraucht sie intuitiv als Stoff für die Gestaltung des Charakters einer Rolle, die er auch als bildliche Vorstellung erlebt. Nur selten analysiert der Schauspieler eine persönliche Erfahrung intellektuell, bevor er sie bei der Gestaltung einer Rolle einsetzt. Oft wird die Erfahrung nur gefühlsmäßig wahrgenommen und in die »Psyche« der dargestellten Person eingearbeitet, ohne durch den rationalen, logischen und wertorientierten Filter der bewußten Überlegung zu gehen.

Als ich Glenda Jackson fragte, ob sie bei der Gestaltung ihrer Rollen auch ihre Träume benutzt, antwortete sie: »Ja, aber nicht bewußt.«

Der Schauspieler aktiviert persönliche Erfahrungen und durchlebt sie noch einmal in kreativer Weise. Es ist eine organische, expressive Arbeitsmethode unter Verwendung einer Bildersprache. Der Schauspieler arbeitet mit Erinnerungen aus der Vergangenheit und erlebt sie zum zweiten Mal als Aspekte des Lebens in der Gegenwart.

Unser Gedächtnis ist der Aufbewahrungsort für Konstellationen aus persönlichen Erfahrungen und damit verwandten Phantasien aus verschiedenen Lebensperioden des einzelnen.[18] All diese Erinnerungen haben ein gemeinsames Grundthema und sind mit starken Emotionen verbunden. Die Intensität des Freiwerdens von Emotionen, die mit frühen Kindheitserfahrungen gekoppelt sind, scheint oft im Hinblick auf den Ernst und die Bedeutung der Ereignisse unverhältnismäßig stark zu sein, weil das Gefühl sich verstärkt, wenn wir auf ähnliche Erfahrungen aus anderen Lebensperioden reagieren. Solche Ereignisse von neuem herbeizuführen und zu erleben gibt uns, ob wir das nun selbst tun oder ob es von anderen getan wird, die Möglichkeit, eine solche Wiederholung eigener Lebenserfahrungen noch einmal emotional zu bewältigen, und zwar neben den emotionalen Auswirkungen ähnlicher Ereignisse im gegenwärtigen Leben.

Viele Türen, die zum Verständnis des eigenen Selbst führen könnten, werden uns durch den alltäglichen Zeitbegriff verstellt. Normalerweise erleben wir die Zeit als einen linear in eine Richtung führenden Fluß. So erinnern wir uns an Ereignisse, die entweder längere oder kürzere Zeit zurückliegen, nehmen Ereignisse wahr, die im Augenblick geschehen, und denken an Ereignisse, die in der Zukunft liegen könnten. Natürlich brauchen wir einen linearen Zeitbegriff mit einer klaren Aufeinanderfolge der Ereignisse schon allein deshalb, um in unserer komplexen sozialen Umwelt bestehen zu können. Die Tatsache, daß eine Handlungssequenz, bei der wir die Hand ausstrecken, einen Türgriff erfassen und ihn drehen, notwendig ist, um die Tür zu öffnen, ist eine fundamentale Voraussetzung für die physische Bewältigung unserer Umwelt.

Ein besseres Zeitgefühl vermittelt uns vielleicht der Begriff der »ewigen Gegenwart«, denn wenn unsere Lebenserfahrungen unser Verhalten in der Gegenwart beeinflussen, dann *sind* vergangene Ereignisse gegenwärtig. Sie sind jetzt und immer gegenwärtig. Aber wir sind uns ihrer nicht so deutlich bewußt, wie wir es sein sollten.

Es ist die Aufgabe des Schauspielers, menschliche Erfahrungen lebendig und ausdrucksstark darzustellen. Die Vergangenheit wird in der Gestalt der Rolle durch die Intuition des Darstellers wieder lebendig. In gewisser Weise ist das die Wiedergabe eines Lebensabschnitts, bei der dieses Leben in die »ewige Gegenwart« gestellt wird. Das macht diese ewige Gegenwart zur *vollen* Wirklichkeit. Sie ist dann nicht nur ein kurzes Intermezzo, bei dem die Zukunft in die Vergangenheit eilt.

In unseren Seminaren haben Schauspieler Ereignisse aus meinem Leben auf der Bühne dargestellt. Der Schauspieler, der dabei meine Rolle übernimmt, ist auch für die Besetzung und die Regie der Miniinszenierung verantwortlich. Man hat dabei das Gefühl, ein Stück des eigenen Lebens in die lebendige Gegenwart versetzt zu sehen, und zwar so, als sähe man es zum ersten Mal. Weil man mit der Wiederholung dieser Ereignisse persönlich nichts zu tun hat, nehmen sie vor den Augen des Zuschauers ein eigenes Leben an.

Ich und andere haben es oft erlebt, daß in einer solchen Aufführung plötzlich Personen, Ereignisse und Emotionen zum Vorschein kommen, die es auch damals gegeben hat, die jedoch *in*

Vergessenheit geraten waren. Emotional wird das Ereignis von neuem herbeigeführt, und dabei werden Gefühle freigesetzt, die sich im Zusammenhang mit dem ursprünglichen Ereignis angesammelt haben. Das kann erschreckende Auswirkungen haben. Denn die Wiederholung eines solchen Erlebnisses ist eine wirkliche Wiedergeburt eigener Erfahrungen, eine Wiederbegegnung mit dem eigenen Leben.

8.
Das Sehen: Konfrontation mit der Realität

»Ich könnte den ganzen Tag in der Telefonzelle des Optimo Cigar Store an der 42. Straße sitzen und die Menschen beobachten, die vorübergehen«, erklärt Marlon Brando. »Das menschliche Verhalten hat mich schon immer fasziniert. Der Schauspieler muß wissen, wieviel Spucke er im Mund hat und wo das Gewicht seiner Ellbogen liegt.«[1]

Mir ist es, gelinde gesagt, ein sehr beunruhigender Gedanke, wenn ich mir vorstelle, daß mich Marlon Brando von einer Telefonzelle aus mit an das Glas gedrückter Nase beobachtet, während ich vorübergehe, und sich über meine Spucke und meine Ellbogen Gedanken macht, und zwar besonders deshalb, weil Brando glaubt, daß die kleinen Nuancen im Verhalten eines Menschen Wesentliches über seine tiefsten Geheimnisse aussagen. Einer mit ihm befreundeten Frau hat er einmal gesagt: »Die Art, wie die Menschen ihre Hände gebrauchen, sagt mir sehr viel über sie... zum Beispiel wie Sie Ihre Perlen durch die Finger gleiten lassen.«[2] Viele Menschen fühlen sich verunsichert, wenn sie sich beobachtet fühlen. Wir werden uns dabei unserer selbst so stark bewußt, daß wir es als unangenehm empfinden. Die meisten Menschen wissen, was der Begriff »Körpersprache« bedeutet: Wir geben, ohne uns dessen bewußt zu sein, Informationen über uns selbst preis, die von anderen dazu benutzt werden, uns im negativen oder positiven Sinn zu beurteilen. Und aus diesem Grund scheuen manche Menschen den Umgang mit Psychologen, denn sie glauben, diese Leute könnten sich schon dadurch ein Urteil über eine Persönlichkeit bilden, daß sie diese Person genau beobachten. Ich habe nur einmal auf einer Party den Fehler gemacht zuzugeben, daß ich

Psychologe bin. Sehr bald bildete sich um mich herum ein leerer Raum, und die Menschen benahmen sich wie nervöse Rehe beim Erscheinen einer Raubkatze, bis ich sie davon überzeugen konnte, daß Psychologen nicht allwissend sind.

Mit Schauspielern lassen sie sich trotzdem nicht vergleichen. Nach meiner Erfahrung sind Schauspieler die schärfsten Beobachter. Sie haben die Begabung und sind darin geübt, sich gegenüber anderen Menschen zu öffnen und die Gegenwart, den Gemütszustand, die Bedürfnisse, Reaktionen und Schwächen der anderen wahrzunehmen. Liv Ullmann hält das Beobachten anderer Menschen für eine entscheidend wichtige Tätigkeit auf dem Wege, sich vollkommener und ehrlicher »in einen anderen zu verwandeln«, und sie hat das Gefühl, daß es das Selbstverständnis fördert, wenn man andere besser kennenlernt: »Wenn es uns nicht gelingt, andere kennenzulernen, dann sind wir auch nicht fähig, uns selbst zu erkennen.«

Die Schauspieler an der Royal Academy of Dramatic Art in London gehen in die Stadt, um das Leben auf den Straßen und die Menschen zu beobachten und daraus zu lernen. Die Telefonzellen sind im allgemeinen schon besetzt, es gibt aber genügend andere Beobachtungsposten, und das Prinzip ist das gleiche wie für Marlon Brando. Es geht um die genaue Beobachtung, und es ist ein faszinierendes Erlebnis, dazusitzen und die Menschen zu betrachten oder herumzugehen, sie zu beobachten und ihnen zuzuhören. Weil es uns selbst stört, beobachtet zu werden, scheuen wir uns, andere Menschen zu genau anzusehen. So sehen wir sie nur so lange an wie nötig, um etwa ungehindert durch die engen Gänge eines Supermarktes zu kommen. Aber in der Zusammenarbeit mit Schauspielern haben wir festgestellt, daß es nicht schwer ist, Menschen zu beobachten, ohne daß sie sich belästigt fühlen. Vor allem kommt es darauf an, sich innerlich von allen Vorbehalten zu befreien, um aufmerksam hinzusehen, anstatt halb blind herumzulaufen und sich nur mit seinen eigenen Gedanken und Phantasien zu beschäftigen oder mit anderen über belanglose Dinge zu reden. Gewöhnlich genügt ein halbstündiger Spaziergang durch die Straßen Londons, um auf einen Menschen aufmerksam zu werden, dessen Gang und Haltung oder dessen Stimme einen interessiert und dessen persönliche Eigenart man registriert und seiner Sammlung hinzufügt wie einen seltenen Kristall, den man auf einer Bergwanderung findet. Es ist das Wesen einer Persönlichkeit, das dann im Probenraum wie ein Hologramm zu einem farbigen Porträt entwickelt wird.

Schon nach ihren ersten Versuchen bringen die Schauspieler eine ganze Sammlung von Exzentrikern mit nach Hause, die sich in ihrer Erscheinung deutlich vom Durchschnitt unterscheiden. Aber das Beobachten im Stil von Brando wird sehr bald zu einer verfeinerten Betrachtungsweise der Einzelheiten im Verhalten »normaler Menschen«, die ebenfalls ihre besonderen Eigenarten haben. Jedesmal, wenn ich mich an diesen Übungen beteilige, ist es für mich eine Offenbarung, die Vielfalt der menschlichen Natur zu erleben, die man durch die scharfe Beobachtung persönlicher Verhaltensweisen und Manierismen »einfangen« kann, wobei die einzelne Persönlichkeit unter der Maske des »Normalbürgers« transparent wird.

Schauspieler sind schon seit Jahrhunderten Beobachter, denn ohne diese konzentrierte Aufmerksamkeit, die sie auf ihre Mitmenschen richten, werden ihre Auftritte auf das Gefängnis des eigenen persönlichen Lebens begrenzt. Die Körpersprache und die nicht verbalen Kommunikationsformen werden heute von der wissenschaftlichen Psychologie anerkannt und sind ebenfalls in die Praxis des Imagemanagements einbezogen worden. So werden Personalchefs in großen Firmen geschult, aus der Körpersprache eines Menschen mehr zu entnehmen, als dieser selbst weiß. Die Anwendung in umgekehrter Richtung liegt bei der Entwicklung eines persönlichen Stils. Man kontrolliert bewußt die Signale, die man aussendet, um einen bestimmten Eindruck zu erwecken.

Der Versuch, aus der Beobachtung des persönlichen Stils der Menschen eine manipulatorische Wissenschaft zu machen, hat in der Vergangenheit zu katastrophalen Ergebnissen geführt und nur diejenigen überzeugt, die selbst nicht genau beobachten können und deshalb die Körpersprache auch nicht zu deuten wissen. Jeder, der sich bemüht, ein ähnlich guter Beobachter wie ein Schauspieler zu sein, ist in der Lage, jedes unaufrichtige Verhalten zu durchschauen. Ich bin noch nie einem wirklich erfolgreichen

Geschäftsmann begegnet, der sich viel um die bewußte Kontrolle der Körpersprache gekümmert hat. Ich kenne aber Geschäftsleute, die andere sehr aufmerksam beobachten können und deshalb besser in der Lage sind, sie zu verstehen und zu beurteilen.

Der Schauspieler wendet seine Beobachtungsgabe nicht dazu an, andere auszubeuten, sondern er will uns einen Spiegel vorhalten. Und Marlon Brando, der selbst ein vollendeter Beobachter menschlichen Verhaltens ist, warnt alle Schauspieler davor, sich selbst im Film zu beobachten und den bewußten Versuch zu unternehmen, ihre eigene Körpersprache zu kontrollieren. Er betont die große Bedeutung des nach außen gerichteten Beobachtens: »Schauspieler, die sich selbst beobachten, neigen dazu, Manierismen anzunehmen. Je weniger man daran denkt, wie wirkungsvoll ein Auftritt ist, desto stärker ist die Wirkung, die man erzielt. Aus einem Film kann man nicht lernen, auf sein Publikum zu wirken, sondern nur aus dem Leben.«[3]

Die Beobachtung des menschlichen Verhaltens muß sich nicht auf die Körpersprache beschränken. Die Körperhaltung, die Bewegungen, die innere Spannung, die äußere Gestalt und das Auftreten können sehr viel aussagen, aber oft gibt es irgendeine Besonderheit, einen einzelnen Aspekt der äußeren Erscheinung, der einem als Schlüssel für die ganze Persönlichkeit dienen kann – weil die Menschen manchmal wichtige Elemente ihres Lebens in einer einzigen Facette oder in wenigen charakteristischen Merkmalen ihrer äußeren Erscheinung konzentriert zum Ausdruck bringen.

Eine lebendige Illustration, wie ein aufmerksamer Schauspieler dieses Prinzip »in der entgegengesetzten Richtung« anwenden kann, gibt John Hurt. Als er sich auf die Rolle des »Junkie« in dem Film *12 Uhr nachts – Midnight Express* vorbereitete, stand ihm nur eine Beschreibung aus dem Drehbuch zur Verfügung: »Max ist ein internationaler Junkie, der völlig aus dem Gleis geraten ist.« So entwickelte er die Rolle aus der eigenen Phantasie und stellte sich einen heruntergekommenen Oxford-Studenten vor, der sein Studium abgebrochen hatte und eine Brille mit einem zerbrochenen linken Glas trug. Billy Hayes, der Verfasser des Drehbuchs, kannte die Person, die ihn zu dieser Rolle angeregt hatte. Als Hayes den Schauspieler John Hurt im Filmstudio sah, konnte er nicht glauben, daß John den echten Max nicht kannte. Nach der Beschreibung im Drehbuch und dem Text der Rolle hatte Hurt »eine äußere Erscheinung geschaffen, die genau derjenigen des lebenden Vorbildes entsprach. Der echte Max hatte sogar eine Brille mit einem zerbrochenen linken Glas getragen.«[4]

Das Beobachten ist eine durchaus aktive Tätigkeit. Wir nehmen unsere Umwelt nicht nur passiv wahr. Wir treffen eine Auswahl unter den Dingen, die wir sehen wollen – notwendigerweise als menschliche Wesen, kulturell beeinflußt als Mitglieder bestimmter Gesellschaften und persönlich als Individuen. Aber der Schauspieler bemüht sich bewußt darum, die Welt mit offenen Augen zu sehen. Auch er trifft natürlich noch seine Auswahl. Was er sieht, wird von seiner Persönlichkeit und seinen Bedürfnissen bestimmt, oder von der Rolle, auf die er sich vorbereitet. Aber er *beobachtet*. Und für solche Beobachtungen des Schauspielers ist die Straße genau der richtige Ort, um anzufangen – oder sogar eine Telefonzelle …

Der Schauspieler muß sich der Realität stellen

»Ich liebe Nahaufnahmen. Für mich sind sie eine Herausforderung. Je näher mir die Kamera rückt, desto mehr bemühe ich mich darum, ein völlig nacktes Gesicht zu zeigen, zu zeigen, was unter der Haut, hinter den Augen liegt und was in dem Kopf vorgeht. Ich will zeigen, wie sich die Gedanken bilden.«[5] Liv Ullmann weist darauf hin, daß der Darsteller im Film seinem Publikum *näher* ist als in jedem anderen Medium. Die aus der Nähe aufgenommene Reaktion des Gesichts oder der Augen, die auf der Filmleinwand gewaltig und vergrößert erscheinen, stellt eine intime Beziehung zwischen Schauspieler und Publikum her, die den engsten und intimsten Beziehungen zwischen zwei Menschen im wirklichen Leben gleicht. Bei solchen Nahaufnahmen wird die normale räumliche Grenze, die zwischen zwei Menschen liegt, psychologisch überschritten. Die dargestellte Person befindet sich innerhalb unserer persönlichen Intimsphäre, und unsere Reaktionen entsprechen dem, was das Gehirn dabei registriert. Das gibt dem Schauspieler die erstaunliche Fähigkeit, einen Akt der Kommunikation zu vollziehen, der das Gefühl einer sehr starken persönlichen Beziehung auslösen kann, als sei jeder einzelne Zuschauer im Publikum allein und ganz persönlich angesprochen.

Und die Kamera gewährt durch die Nahaufnahme des Gesichtsausdrucks einen intimen Eindruck von dem Schauspieler. »Selbst wenn ich mir sage, daß ich hier eine Rolle spiele, kann ich niemals völlig verbergen, wer *ich* bin und was *ich* bin. Im Augenblick der Identifizierung begegnet das Publikum einer Person; nicht einer Rolle und nicht einer Schauspielerin ...«[6]

Charlton Heston ist der gleichen Ansicht: »Man wird nicht nur von den sich verlängernden Schatten seiner Auftritte verfolgt, an die sich die Menschen erinnern, sondern auch von dem, was das Leben einem angetan hat – was für einen Menschen es aus einem gemacht hat.« In der Großaufnahme auf der Filmleinwand werden diese Erfahrungen sichtbar. Als Beispiel nennt Heston einen Auftritt von Spencer Tracy: »Tracy wurde für seine Rolle in *Urteil von Nürnberg* mit dem Academy Award ausgezeichnet, obwohl er in diesem Film kaum etwas zu sagen hatte – er saß nur da mit seinem Kopfhörer und hörte zu. Aber sein Gesicht sagte sehr viel aus: Das war mehr als nur ein Spiel.«

Glenda Jackson liebt China. Eines der Dinge, die sie während eines Chinabesuchs in letzter Zeit besonders beeindruckt hat, waren die Gesichter der Chinesen. Ihr fiel auf, daß die graue Uniformität der Kleidung die Gesichter besonders deutlich in allen Einzelheiten hervortreten läßt, weil man nicht von irgendeiner auffallenden Kleidung abgelenkt wird. Glenda ist der Ansicht, daß die Gesichter der Menschen ihr ganzes inneres Wesen widerspiegeln und den Schlüssel für den intensiven Kontakt und die Kommunikation zwischen den Menschen liefern. Sie wünscht sich, daß wir im Westen mehr den Chinesen glichen und unsere Gesichter ehrlicher und deutlicher zeigten, anstatt sie durch unsere auffallende und laute Kleidung zuzudecken. Und als sie mir das bei einem gemeinsamen Essen sagte, wünschte ich mir im stillen, ich hätte eine Jacke aus einem weniger auffallenden Stoff getragen ...

Schauspieler sind sich ihrer Gesichter bewußt. Ihre Gesichtszüge werden durch die Schminke verdeutlicht, verändert, übertüncht und mit einem ganz bestimmten Ausdruck versehen. Die Umrisse, die Höcker, die äußeren Formen und die Runzeln in ihren eigenen Gesichtern, die so aussagekräftig sind wie eine Landkarte ihres ganzen Lebensbereichs werden in den hell erleuchteten Schminkspiegeln studiert. Der Maskenbildner kennt die Struktur der Knochen, die Beschaffenheit der Haut und weiß sie in der richtigen Weise zu behandeln und zu nutzen. Das hat mit Eitelkeit nichts zu tun, sondern es ist ein notwendiger Aspekt des Berufs eines Schauspielers. Natürlich gibt es eitle Schauspieler, und wenn sie ihr Äußeres verändern müssen, um einen zehn Jahre älteren Menschen darzustellen, der vielleicht weniger attraktiv aussieht, fällt ihnen das nicht leicht. Aber in Wirklichkeit sind die Menschen eitel, die keine Schauspieler sind.

Der Mensch ist ein leicht verwundbares Wesen. Oft fällt es uns schwer, uns so zu akzeptieren, wie wir sind. Das eigene Aussehen zu korrigieren, ist ein Kult, und zu den Phantasien unserer Tagträume gehören die Vorstellungen von einem vorteilhafter aussehenden Selbst. Viele von uns sehen in ihren Gesichtern nicht das Spiegelbild dessen, was sie sind, sondern das Gesicht ist für sie ein Gegenstand, der verändert werden kann, um dem zu entsprechen, was wir sein wollen. Frisuren werden verändert, um unser Aussehen zu verbessern; sie sollen uns schmeicheln. Männer lassen sich Bärte wachsen, um interessanter auszusehen, reifer zu wirken und »Fehler« der Natur zu verbergen. Das Gesicht wird geschminkt, weil man berühmten Vorbildern gleichen und dem Diktat der Mode folgen will. Für viele Erwachsene in der heutigen Welt ist die Pflege der äußeren Erscheinung in der Absicht, gesellschaftlich und sexuell attraktiver zu wirken, eine Selbstverständlichkeit.

Natürlich ist das in den meisten Fällen ganz harmlos. Aber beim Schauspieler muß die Beachtung seiner äußeren Erscheinung durch das Verständnis dessen, was wirklich vorhanden ist, ausgeglichen werden. Ich kenne verhältnismäßig wenige Schauspieler, die von ihrem eigenen Aussehen besessen sind. Im Gegensatz zu der stereotypen Vorstellung, die viele Menschen von

Schauspielern haben, bemühen sie sich nicht ständig darum, wunderbar auszusehen. Aber sie wissen sehr wohl, *wie* sie aussehen.

Wenn wir in den Spiegel sehen, dann sehen wir oft nicht unser wirkliches Gesicht. Wir sehen, was wir sehen *wollen*. Um die wirkliche Form und Struktur unserer Gesichter wahrzunehmen, müssen wir das automatische Abwehrsystem unserer »Eitelkeit« durchbrechen und unsere Gesichter in einer anderen Art erfahren. Wir müssen unsere Gesichter mit den Fingerspitzen sehen.

An der Royal Academy of Dramatic Art fordere ich die Schauspieler auf, etwa eine Minute lang ihre Hände zu schütteln, um die Spannung in den Gelenken zu lösen. Dabei fließt das Blut in die Hände und die Finger. Diese so wunderbar sensiblen Antennen fangen nun an zu kribbeln und sich mit Gefühl aufzuladen. Das erinnert einen an den seltsamen Wunsch von Woody Allen, als die Fingerspitzen von Warren Beatty wiedergeboren zu werden.

Schauspieler erforschen ihre eigenen Gesichter mit geschlossenen Augen. Die Fingerspitzen streicheln die Haut und gleiten darüber hinweg. Dabei fühlen sie die harten Linien, die Beschaffenheit der Hautoberfläche, die fetten Gesichtspartien, die Knochen, das Haar und den Haaransatz, die äußere Form der Ohren, der Lippen und der Augenbrauen. Eine Grimasse verändert alles; die Spannung der Haut über der Nase und der Stirn, die Form der Lippen, den Unterkiefer und den Verlauf des Haaransatzes. Wir glauben, wenn wir ein zorniges Gesicht machten, zögen wir nur die Augenbrauen zusammen. Aber in Wirklichkeit registriert das ganze Gesicht die Emotion und wird von ihr verändert. Ein breites Lächeln teilt sich den Fingerspitzen durch verdickte Wangen, in die Länge gezogene Lippen, Fältchen in den Augenwinkeln und aufgeblähte Nüstern mit. Gewöhnlich wird es uns nicht bewußt, daß all dies mit unseren Gesichtern geschieht, die damit eine starke Aussagekraft gewinnen.

Zwei Schauspieler sitzen einander gegenüber. Der eine hat die Augen geschlossen. Der andere legt einen Zeigefinger auf den Nasenrücken seines Partners und den zweiten Zeigefinger auf den eigenen Nasenrücken. Dann schließt auch er die Augen und befühlt langsam und vorsichtig seine eigenen Gesichtszüge und gleichzeitig die seines Partners. Das ist eine Offenbarung. Anders als auf der Nase unseres Gegenübers unternimmt der Zeigefinger auf dem eigenen Nasenrücken eine abenteuerliche Reise von der Wurzel bis zur Spitze, die über seltsame Buckel und Tiefen führt, oder die Länge unserer Oberlippe bringt uns zum Lachen, denn sie ist viel länger oder kürzer, als wir es bisher wahrgenommen haben. Wir stellen fest, daß der Partner doppelt so große Ohren hat wie wir selbst.

Das ist wirklich ein Abenteuer. Bei dieser Erkundungsreise stellen wir fest, wie unser Gesicht wirklich aussieht. Wir haben nur eine ganz allgemeine Vorstellung von unserem Aussehen und dem der Menschen, die wir kennen, aber wenn wir uns mit den Fingerspitzen »sehen«, erleben wir viele Überraschungen. Wir »sehen« unser wirkliches Gesicht.

Entdeckungsreisen mit dem Zeichenstift

Antony Sher sah mich mit zusammengekniffenen Augen an wie ein Maler, der die Perspektive prüft. Ich saß auf seiner Couch und rutschte nervös hin und her, um meine Haltung zu verbessern, ohne daß er es bemerkte. »Wenn ich Sie zeichnen wollte«, sagte er nachdenklich, »würde ich Sie sehr genau ansehen und bestimmte Linien auf das Papier bringen. Wenn ich Ihre Rolle auf der Bühne spielen sollte, würde ich das gleiche tun, nur würde ich anstelle der Linien auf dem Papier meinen Körper und meine Stimme benutzen. Ich glaube, das ist es, was alle Schauspieler tun. Sie skizzieren die darzustellende Person und verleihen ihr mit dem eigenen Selbst die Farbe.«

Wer Antony Shers wunderbare Zeichnungen und Skizzen gesehen hat (sie sind auch schon ausgestellt worden), würde erkennen, daß es im Grunde Interpretationen sind. Er fängt mit seinem Zeichenstift nicht nur die äußere Erscheinung, sondern auch das Wesen seines Modells ein. Und er verwendet seinen Körper nicht als dreidimensionale bildliche Darstellung eines anderen, sondern als kreative Interpretation seines innersten Wesens.

Auch andere Schauspieler haben festgestellt, daß sie ihre Umwelt ähnlich sehen wie der bildende Künstler. Rip Torn sagt zum Beispiel, wenn er arbeitet, »verhalte ich mich ganz ähnlich wie ein Maler... ich zeichne die Charaktere. Die Bestandteile ergeben sich durch die Art, wie ich gehe und mich bewege, wie ich meine Stimme einsetze, die Stimmlage und den Klang. Ebenso wie ein Maler die Farben auf seiner Palette auswählt, um einen bestimmten Eindruck zu erwecken, treffe auch ich meine Entscheidungen. Während also meine Identifizierung mit der Rolle instinktiv erfolgt, wird die Auswahl der Mittel bewußt getroffen. Darin liegt die Ähnlichkeit mit der Arbeit des bildenden Künstlers.«[7]

Die wenigsten von uns zeichnen noch, wenn sie die Schule erst einmal verlassen haben, und für viele ist der Zeichenunterricht nur der Beweis dafür gewesen, daß sie nicht in der Lage sind, die Gegenstände, die sie umgeben, naturgetreu abzubilden. Kinder, die einen Gegenstand oder eine Person nicht in der richtigen Proportion aufs Papier bringen können, glauben schließlich, sie könnten nicht zeichnen. Wenn der Schauspieler jedoch im Rahmen seiner Ausbildung zeichnet, werden ihm die Augen neu geöffnet, soweit es in der richtigen Weise geschieht – oder vielmehr in der falschen Weise.

An der Royal Academy of Dramatic Art werden ganze Stöße von Zeichenpapier und Filzstifte an die Schauspieler verteilt. Wenn ich ihnen sage, daß ich sie bitten werde, etwas zu zeichnen, höre ich zunächst nur Stöhnen und Proteste. Jeder bestreitet, auch nur das geringste Zeichentalent zu haben. Wenn die Proteste verstummt sind, gebe ich meine Anweisungen. Sie sollen paarweise arbeiten und abwechselnd das Gesicht des Partners zeichnen. Die Reaktion auf diese Zumutung ist ein noch lauteres Stöhnen. Eine Meuterei droht auszubrechen. Ich hebe die Hände in der Hoffnung, die Rebellion abzuwehren, und erkläre, daß bei dieser Übung eine außerordentlich wichtige Regel zu befolgen ist. Während der Künstler das Gesicht seines Partners zeichnet, darf er nicht auf die Zeichnung hinunterblicken. Ich sage, wer gegen diese Regel verstößt oder der Versuchung nachgibt hinunterzublicken, muß die Zeichnung von neuem beginnen und den Zeichenstift auf einem neuen Blatt Papier ansetzen.

Das widerspricht natürlich all unseren Vorstellungen davon,

wie etwas gezeichnet werden soll. Wenn es nicht möglich ist, die Zeichnung auf dem Papier immer wieder mit dem Modell zu vergleichen, wie darf man dann hoffen, daß ein einigermaßen ähnliches Porträt entsteht? Die Zeichnung wird keine Abbildung des Modells und daher wertlos sein.

Doch gerade hier liegt ein entscheidender Fehler, den wir oft begehen, wenn es um die Wahrnehmung unserer Umwelt geht. Wir haben uns an den Gedanken gewöhnt, das Bild, das wir von unserer Umwelt *sehen*, sei eine genaue Abbildung der Wirklichkeit. Die psychologische Forschung hat jedoch nachgewiesen, daß wir die Bilder, die wir sehen, sehr oft selbst »erschaffen«, denn in unserem Gehirn verwandeln wir den optischen Eindruck in eine äußere Form und Struktur, wie wir sie zu erkennen glauben.

Wenn der Schauspieler als bildender Künstler arbeitet, dann soll er nicht ein fotografisch exaktes Abbild der Person erzeugen, die er darstellen will, sondern eine äußere Form skizzieren, die das Wesen der Person zum Ausdruck bringt und uns die Wahrheit vermittelt. Dazu brauchen wir eine *neue* Art der Wahrnehmung. Wir müssen die Einzelheiten wiedergeben und uns dabei von den gewohnten Vorstellungen freimachen, die wir haben, wenn wir in unserem Gehirn Bilder erschaffen. Wenn man als »skizzierender Zeichner« einen anderen mit tiefem Verständnis anschaut, dann tut man das mit dem gleichen scharfen Wahrnehmungsvermögen, das man bei der Beobachtung des Modells für eine Rolle einsetzt oder bei dem Versuch, wesentliche Einsichten über das Leben zu gewinnen.

Das Problem beim Zeichnen eines Gesichts liegt darin, daß uns menschliche Gesichter so vertraut sind. Wir kennen zu viele Gesichter, und sie sind für uns zur Selbstverständlichkeit geworden. Wir haben uns so sehr daran gewöhnt, im Umgang mit anderen Menschen in ihren Gesichtern zu lesen, daß wir vergessen, daß das Gesicht eine Maske sein kann, eine enthüllende Maske, in der sich alles spiegelt, was im Inneren des Menschen vorgeht.

Schauspieler sind immer bereit, einen Versuch zu unternehmen. Sie finden sich paarweise zusammen und einigen sich sehr schnell darauf, wer für die erste Zeichnung das Modell und wer der Zeichner sein soll, und dann fangen sie an. Bei dieser Übung kommt es meist zu äußerst beeindruckenden Ergebnissen. Die Zeichnungen sehen ganz anders aus als alles, was wir in der Schule gezeichnet haben. Sie erinnern an Picasso; stark, lebendig, impressionistisch. Zwar weichen sie in den Einzelheiten von dem Modell ab, aber sie *erfassen* das Wesen der Person. Die totale Konzentration auf die Konturen des Gesichts eines anderen Menschen scheint tiefe Wahrheiten heraufzubeschwören, die uns im täglichen Leben entgehen, wenn wir nur flüchtig hinschauen und sorgsam darauf bedacht sind, einen gewissen Abstand von dem anderen zu wahren.

Nachdem mehrere Partner eine große Zahl von Zeichnungen angefertigt haben, wird eine Kunstausstellung organisiert. Die Porträts des jeweils gleichen Modells, von verschiedenen Künstlern gezeichnet, werden nebeneinander aufgehängt. Und die dominierenden Gesichtszüge, oft sind es unerwartete und überraschende, zeigen sich immer wieder in all den verschiedenen Zeichnungen. Die Schauspieler nehmen anschließend die von ihnen gezeichneten Porträts mit und verlassen den Zeichensaal mit einer Sammlung von Spiegelbildern ihres innersten Wesens unter dem Arm.

Dies ist kein Buch, das Anleitungen für praktische Übungen geben will, aber es ist in der Tat viel leichter, als man annehmen mag, Menschen zu skizzieren. Man kann es auf der Rückseite eines Briefumschlags tun, auf einer Papierserviette in einem Restaurant, einer Einkaufsliste, die man aus der Tasche zieht, oder auf einem Theaterprogramm. Auch ein kleines Skizzenbuch und ein Bleistift können einem helfen, seine Beobachtungen festzuhalten. Wenn diese Zeichnungen die Beobachtungsgabe schärfen sollen, müssen sie sich nicht unbedingt an die konventionellen Regeln halten, jedenfalls am Anfang noch nicht... und bei der Arbeit muß unbedingt die goldene Regel befolgt werden: kein Hinunterschauen. Die ganze Aufmerksamkeit mußt dem skizzierten Modell gehören.

Anschließend sehen die Menschen auf der Straße ganz anders aus. Ihr Gesichtsausdruck scheint fast bewußt »aufgesetzt« zu sein. Manchmal sind es sogar Grimassen. Bei älteren Menschen hat man den Eindruck, daß sich der Ausdruck im Lauf der Jahre

»gefestigt« hat. Aber selbst bei sehr jungen Leuten spiegelt das Gesicht bereits die tief in ihrem Inneren verborgenen Erfahrungen.

Wir werden mit der Realität konfrontiert.

Beobachtungen als Vorbereitung für eine Rolle

In dem Film *Kramer gegen Kramer* spielt Meryl Streep eine Frau, die ihren Mann verläßt und dann das Fürsorgerecht für ihr Kind verlangt. Doch zu jener Zeit glaubte sie, dieser Rolle nicht gewachsen zu sein: »Wie konnte ich diese Frau spielen? Ich bin keine Mutter. Ich war damals auch nicht verheiratet.«[8] Um diesen Mangel an persönlichen Erfahrungen auszugleichen, wanderte Meryl Streep tagelang im Ostteil von Manhattan herum, wo die Frau, deren Rolle sie übernehmen sollte, nach dem Drehbuch lebte, beobachtete die Menschen, ließ die Atmosphäre auf sich wirken und versuchte nach Kräften, sich in die Persönlichkeit zu verwandeln, die sie darstellen sollte.

Es gibt Lebenserfahrungen, die man aus erster Hand erfahren haben muß, um ihr ganzes Gewicht zu begreifen. Es genügt nicht, diese Dinge nur von außen zu sehen, denn das so erworbene »Wissen« wäre zu oberflächlich. Wir wissen aber auch, daß ein zu intensives persönliches Beteiligtsein an solchen Erfahrungen die Erkenntnis der Wahrheit behindern und einem den Blick verstellen kann. Wir sind von der den ganzen Menschen in Anspruch nehmenden Intensität der Erfahrung so überwältigt, daß es uns schwerfällt, sie aus der richtigen Perspektive zu sehen und klar zu erkennen, worum es geht. Der Erfahrungsmangel läßt sich gelegentlich dadurch ausgleichen, daß man sich intensiv mit ähnlichen praktischen Beispielen beschäftigt. Meryl Streep sagt: »Manchmal gewinnt man tiefere Einsichten, wenn man die Ereignisse von außen betrachtet und nicht selbst darin verwickelt ist.«

Bei der Vorbereitung auf eine Rolle werden bewußte Beobachtungen angestellt. Wenn der Schauspieler etwas über das Verhalten, Milieu, die Meinungen und Gewohnheiten anderer Menschen erfährt, dann wächst dabei auch sein Verständnis für sich selbst.

Natürlich gibt es die verschiedensten Beobachtungsmöglichkeiten. Bruce Dern sagt zum Beispiel: »Ich sehe mir die Menschen an. Ich bin ein Beobachter, ein Erforscher menschlicher Lebensbedingungen – nicht soziologisch, sondern individuell.« Er sagt, Jane Fonda sei eine soziologische Beobachterin: »Sie betrachtet die Verhältnisse in Gruppen und in Klassen, im Kollektiv: diese Gruppe Menschen, jene Gruppe. Sie spricht von ›ihnen‹ und von dem, was ›sie‹ tun. Mich dagegen interessiert nur ›er‹ oder ›sie‹.«[9]

Für Antony Sher ist der folgende Aspekt seiner Arbeit besonders wichtig: »Was mir am Beruf des Schauspielers gefällt, ist unter anderem die Tatsache, daß wir ständig mit neuen Dingen konfrontiert werden, und darüber sind wir sehr glücklich, denn jemand, der in einem Büro arbeitet, bekommt die Dinge im Leben, die ihn interessieren, und hält sich an diesen Dingen fest. Und wir werden ständig vor Situationen gestellt, in denen wir Menschen zu spielen haben, die es mit anderen Dingen zu tun haben als wir selbst. Dabei öffnet man sich bis zu einem gewissen Grad für andere Bereiche. Und das gefällt mir.«

Sher sprach mit mir über seine Rolle in der Fernsehserie nach dem Roman von Ray Bradbury: »In dieser Fernsehserie *The History Man* spielte ich einen Soziologieprofessor. Anfangs wußte ich nichts über Soziologie, und obwohl ich mich nur kurze Zeit mit diesem Thema beschäftigte, war das sehr interessant für mich. Wenn ich diese Rolle nicht bekommen hätte, dann hätte ich mich auch in einer Million Jahren nicht um Soziologie gekümmert.« Sher hatte auch viel Freude an den intensiven Vorbereitungen für das Stück *Goosepimples* von Mike Ligh, in dem er einen Araber spielte. »Ich kann Ihnen alles über das Sozialverhalten der Araber erzählen, von den Speisen, die sie zum Frühstück essen, bis zu der Art, wie sie auf die Toilette gehen, und auch das sind Dinge, die man normalerweise nicht erfahren würde.«

Der Schauspieler verwendet zunächst das, was er schon weiß und kann, und die Vorbereitungen auf eine Rolle können zudem sehr viel Zeit in Anspruch nehmen, weil er dabei in Situationen gerät, die außerhalb seines unmittelbaren Erfahrungsbereichs liegen.

Charlton Heston hat einige Rollen gespielt, für die er besondere Fertigkeiten lernen mußte. Am bekanntesten ist vielleicht das jetzt schon legendäre Wagenrennen in *Ben Hur*, sicherlich eine der beeindruckendsten Szenenfolgen in der modernen Filmgeschichte. Für diese Rolle mußte Heston wochenlang trainieren, bis er sein Gespann so beherrschte, daß er an einem solchen Wettbewerb teilnehmen konnte. Aber auch andere Rollen erforderten großes professionelles Können. Diese Leistungen waren vielleicht nicht ganz so spektakulär, aber doch beachtlich. *Der Befehl* ist einer von Hestons Lieblingsfilmen. »Ich habe mich schon immer für klassische Musik interessiert, und in diesem Film spielte ich einen amerikanischen Dirigenten, der 1944 von den Nazis verhaftet wurde. Ich habe vier Monate gebraucht, um das Dirigieren zu lernen. Das war eine längere Zeit, als ich sie für die Vorbereitungen auf das Wagenrennen in *Ben Hur* gebraucht habe!«

Heston erinnert sich sehr lebhaft daran, wie er in der Rolle des Michelangelo das Deckengewölbe der Sixtinischen Kapelle ausmalen mußte: »Es war erstaunlich; mir stand eine genaue Nachbildung der Sixtinischen Kapelle mit dem ganzen Deckengewölbe und dem noch feuchten Gips zur Verfügung, und dazu ein Gerüst nach dem Entwurf von Michelangelo. Es zu benutzen, gab mir ein Gefühl dafür, was er für ein Mann gewesen ist.« Heston erzählte mir amüsiert von einer erregten Debatte in der akademischen Welt, »als irgendein Kunsthistoriker behauptete, Michelangelo habe die Kapelle nicht im Liegen ausgemalt. Ich bin der einzige heute lebende Mensch, der es versucht hat, und ich sage Ihnen, er hat im Liegen gemalt«. Aber mit dem trockenen Humor des einzigen Menschen, der es versucht hat, mußte er zugeben, daß es eigentlich unmöglich ist, die Sixtinische Kapelle im Liegen oder im Stehen auszumalen: »Wenn man steht und den Kopf zurückneigt, um nach oben zu sehen, tropft einem die Farbe in den Mund, und wenn man auf dem Rücken liegt, tropft einem die Farbe in die Augen. Beide Methoden haben ihre Nachteile ...«

Ironischerweise werden sehr erfolgreiche Schauspieler oft daran gehindert, die Menschen zu beobachten. Mit dem Ruhm wird es unmöglich, sich unauffällig in der normalen sozialen Umwelt zu bewegen, weil man sofort erkannt wird. Meryl Streep sagt dazu: »Die Seele von allem, was ich tue, und die Quelle, aus der ich schöpfe, ist die Beobachtung. Aber seit ich berühmt geworden bin, kann ich die Menschen nicht mehr beobachten – denn sie beobachten mich. Es ist vollkommen unmöglich.« Sie sagt: »Mir scheint, wenn man einmal berühmt geworden ist, braucht man viel Energie, um sich zu bewahren, was man vorher besessen hat, die Fähigkeit zu beobachten und andere Menschen anzusehen. Wenn einem das genommen wird, ist man verloren.«[10]

Es ist entscheidend wichtig, ein »normales« Leben zu führen, und dazu gehört, daß man sich durch seinen Reichtum nicht verwöhnen läßt. So sollte man sich auch nicht alle körperlichen Arbeiten von seinem Hauspersonal abnehmen lassen. Meryl Streep verrichtet selbst fast alle gewöhnlichen Hausarbeiten. Sie erklärt: »Ich habe mich immer davor gefürchtet, zu nachlässig zu werden. Wenn man das Verständnis für ein normales Leben verliert, wie soll man dann noch etwas anderes spielen können als Filmstars oder Könige und Königinnen?«

Auch Glenda Jackson kennt den distanzierenden Effekt des Ruhms, der einen zwingt, ein Leben abseits des Normalen zu führen. Allzu leicht wird man dazu getrieben, »in einer abgeschirmten Welt zu leben, in der man immer nur mit den gleichen Menschen zusammentrifft. Je weiter man sich vom gewöhnlichen Leben entfernt, in desto größere Schwierigkeiten gerät man als Schauspieler. Und zu sagen, weil man diesen Beruf gewählt habe, sei man von dem Leben in der realen Welt – ein besserer Ausdruck fällt mir nicht ein – ausgeschlossen, klingt für mich absurd, weil man diesen gewählten Beruf nicht ausüben kann, wenn man den Kontakt zur realen Welt vollständig aufgibt.« Ergänzend fügt sie hinzu: »Ich muß ein ganz normales Privatleben führen. Als Schauspielerin muß ich glaubwürdige, menschliche Wesen darstellen. Und um das zu tun, darf man nicht die Verbindung zu den Grundproblemen des normalen Lebens gewöhnlicher Menschen verlieren.«

Viele glauben, berühmte Schauspieler führten ein extravagantes, durch Luxus und ungezählte persönliche Helfer abgeschirmtes Leben. Zweifellos gibt es Schauspieler, die das zulassen, aber viele sind entschlossen, dies zu vermeiden. Sie sind nicht bereit, sich mit dem Leben in einer »Scheinwelt« abzufinden, sondern wollen in der »wirklichen« Welt leben. Während wir davon träumen, wie berühmte Schauspieler zu leben, ringen sie darum, so zu leben wie wir.

Sehen

Entscheidend dafür, wie wir dieses Leben zubringen, sind unsere Vorstellungen von der Welt, die uns umgibt. Diese Vorstellungen sind durch die kulturelle Tradition, in der wir aufgewachsen sind, so tief in uns verwurzelt, daß wir glauben, sie vermittelten uns die absolute Realität. Wenn wir sehen, versorgen die Augen zum Beispiel das Gehirn mit Daten über unsere Umwelt, die wir mit diesen Sinnesorganen aufgenommen haben. Doch um diesen Daten einen Sinn zu geben, muß das Gehirn sie gemäß unseren Vorstellungsmodellen vom äußeren Bild dieser Umwelt interpretieren und organisieren.

Die ständige Wahrnehmung von Objekten wie etwa Tischen und Stühlen ist das Ergebnis einer vom Gehirn aus einem Strom visueller Daten erzeugten Struktur, aber die Menschen sind sich weitgehend darin einig, welche mit dem Auge erfaßbaren Formen als »Tische« und »Stühle« zu bezeichnen sind. Aber wenn es um eine komplexere Beurteilung dessen geht, was wir wahrnehmen, wie etwa um den Charakter einer Person, dann gibt es in den Strukturen, zu denen der einzelne die Informationen zusammenfügt, erhebliche Unterschiede. Sie werden beeinflußt von unseren Überzeugungen, Vorurteilen, Vorleben, Ängsten und Interessen. Wir sehen, was unsere Bedürfnisse uns zu sehen erlauben.

Während unser Urteil über andere Menschen und unsere Beziehungen zu ihnen sich je nach unserer Stimmung ändern können oder von dem Zustand beeinflußt werden, in dem wir uns befinden, neigt doch jeder dazu, das Leben nach einigermaßen feststehenden Kriterien zu sehen und zu beurteilen. Wir sehen und beurteilen uns selbst und andere in einer Weise, die für jeden einzelnen typisch ist.

Bei der Wahrnehmung der Welt folgen wir jeweils eigenen

Wegen, und diese Wege können zu tief ausgefahrenen Furchen werden. Auch wenn es manchmal besser wäre, unsere Mitmenschen aus einer neuen und anderen Perspektive zu sehen, können wir das nicht, weil wir dazu neigen, jede »Information« über andere Menschen im Rahmen unserer individuellen Wahrnehmungs- und Gefühlsstrukturen zu verarbeiten. Wir sehen ein vielgestaltiges und sich ständig veränderndes soziales Umfeld immer wieder aus dem gleichen, uns liebgewordenen alten Blickwinkel.

Aber der Schauspieler muß genau das unter allen Umständen vermeiden. Wenn er die Menschen immer im gleichen Licht sähe, dann würden sich die Personen, deren Rollen er spielt, alle mehr oder weniger gleichen. Der Schauspieler muß die Strukturen, in die er seine »sozialen Informationen« einordnet, so flexibel wie möglich halten. Bestimmte Dinge im Leben des Schauspielers wie das genaue Beobachten der Einzelheiten im menschlichen Verhalten, das Erkunden menschlicher Gesichtszüge durch Abtasten oder Zeichnen und das Erlernen von Fertigkeiten und Gewohnheiten, die das Leben anderer charakterisieren, all diese und viele andere Techniken, mit denen der Schauspieler sein Wahrnehmungsvermögen schärft, halten seinen Weg frei von ausgefahrenen Spuren; sie ermöglichen es ihm, sein eigenes Leben flexibler zu gestalten.

Antony Sher meint: »Sogar die oberflächliche Beobachtung des Lebens anderer Menschen erweitert den Horizont, und ich glaube, das führt schließlich dazu, daß Schauspieler sehr offene, sehr großzügige und sehr freimütige Menschen sind.«

Zum richtigen Sehen gehören Aufgeschlossenheit und Klarheit. So stellen wir uns der Realität.

9. Träume: Symbole der Macht

»Die Furcht vor Vampiren und die Alpträume von Vampiren haben etwas mit dem Verlangen nach Vampiren zu tun.«

Klaus Kinski glaubt, wir brauchten Vampire. Über seine Rolle als Dracula in dem Film *Nosferatu* sagt er: »Es gibt ein menschliches Verlangen, sich hinzugeben, genommen zu werden, grenzenlose Liebe zu verschenken... es ist natürlich, vom Vampir angezogen zu werden. Wir werden von Dingen angezogen, die wir nicht kennen – die wir aber fühlen.«

Kinski glaubt, so tief in der Seele des Menschen verborgene Emotionen ließen sich durch symbolische Bilder vermitteln, wie sie uns in den Filmen des Regisseurs Werner Herzog so eindrucksvoll begegnen: »Ich glaube, man kann den Menschen durch Gefühle mehr begreiflich machen als durch Worte. Deshalb gefallen mir Herzogs Filme. Er versteht es, sich dem Publikum unmittelbar von der Leinwand her verständlich zu machen. Nichts trennt mehr die Person auf der Leinwand von der Person im Zuschauerraum des Kinos, nichts trennt meine Augen von den Augen des Publikums, nichts trennt meine Seele von der Seele des Zuschauers.«[1] Filme vermitteln ihren Inhalt in der Form von Bildern hoher emotionaler Kraft. Jack Nicholson sagt: »Es ist ein primitives Auge, das den Film anschaut, auch wenn es dem gebildetsten Menschen gehört.«[2]

Und tatsächlich verwenden Schauspieler in »primitiven« Gesellschaften diese Macht symbolischer Bilder, um die Zuschauer buchstäblich »aus der Gegenwart« in eine mythologische Welt zu versetzen. Peter Brook sagt über seine Inszenierung der *Mahabharata* bei den Festspielen in Avignon im Jahr 1985: »Ein Mythos ist im Gegensatz zu jeder anderen Geschichte eine Reihe von Ereignissen und Bildern, die in erzählender Form geschrieben werden und auf verschiedenen Ebenen auf den Leser wirken. Ein bekanntes Beispiel wäre die Bildersprache, die wir aus dem Evangelium kennen... das Bild des an das Kreuz genagelten Christus ist eine Simplifikation, weil dieses Bild über Jahrtausende in unendlichen Bewußtseinsschichten eine tiefe Bedeutung für die Menschen hat...«

Während das gesprochene Wort jeweils nur eine einzige Idee zum Ausdruck bringt, können Symbole die unterschiedlichsten Elemente erfassen und darstellen. Das Sprichwort, ein Bild sage soviel wie tausend Worte, deutet an, welche gewaltige informationsvermittelnde Kapazität Bilder besitzen. »Das hat schon seit jeher für Märchen gegolten«, fährt Peter Brook fort. »Wenn man auch nur das Wesentliche betrachtet, die scheinbar naiven Bilder eines Märchens, dann findet man dahinter eine Vielzahl von Bedeutungsebenen, und das sind keine intellektuell erfaßbaren Bedeutungen, sondern ihr Sinn wird intuitiv erfaßt beim Anschauen der vor dem geistigen Auge entstehenden Bilder.«[3]

Es ist tragisch, daß der Begriff des Mythos heute entwertet und kaum noch verstanden wird. Wir vergleichen Mythos und Wirklichkeit und meinen, der Mythos habe uns weniger zu sagen. Wenn die Menschen etwas nicht glauben wollen, sagen sie: »Das ist nur ein Mythos.« Aber Geschichten, die von stark beeindrukkenden Bildern getragen werden, sind der Stoff des Mythos, und wir nehmen sie, wenn sie uns im Film oder im Theater geboten werden, gierig auf, ohne uns dieser Tatsache bewußt zu werden. Selbst der flache Inhalt und der aufdringliche Symbolismus der Werbesendungen im Fernsehen vermitteln uns Inhalte, die wir kaum bewußt begreifen.

Liv Ullmann glaubt, daß Bildern heute als Kommunikationsmittel eine entscheidende Bedeutung zukommt, weil uns die westlichen Medien mit einer zu großen Flut von Worten überschütten. Im Fernsehen und Rundfunk und in der Presse wird so viel geredet und geschrieben, daß wir nur noch ein undifferenziertes und im Grunde bedeutungsloses Geräusch wahrnehmen. Sie sagt: »Manchmal erzeugen die besten Worte eigene Bilder. Aber wir werden so von Geräuschen zugedeckt, daß wir sehen müssen, was in den Pausen geschieht. Wir müssen die Wahrheit zwischen den Worten suchen. Darum glaube ich, das Verständnis für Bilder und Symbole ist wichtiger als Worte.«

Sie meint, Bilder vermitteln uns ihre Inhalte auf vielen Ebenen, müssen jedoch klar und einfach gezeigt werden. Da das Spiel auf der Bühne oder Leinwand und das Erleben einer Aufführung darauf gegründet sind, daß etwas wiedererkannt wird – die Identität mit menschlichen Erfahrungen, welche die Menschen zu einer Gemeinschaft werden läßt –, verlangt sie von dem Schauspieler, nach Möglichkeit »alles« mit einer einzigen Bewegung seines Kopfes ausdrücken zu können: »Ich glaube, für den Schauspieler ist es die größte Freude, wenn er seiner Rolle am Schluß so viel Leben eingehaucht hat, daß das Publikum schon mitgeht, wenn er nur den Kopf bewegt.«

Das Theater, der Film und das Fernsehen versetzen uns mit ihren wirksamsten Darbietungen in einen Bewußtseinszustand, der uns in Bildern denken läßt. Unser Vorstellungsvermögen hat unendlich viele Möglichkeiten, die Handlung auf uns wirken zu lassen, und wir können manchmal so davon gefesselt sein, daß wir das Gefühl haben, in einer anderen Welt gewesen zu sein. Wenn wir das Theater oder das Kino verlassen haben, dann können wir manchmal noch stundenlang von den dort erlebten Bildern verfolgt werden, und manche davon sehen wir noch nach Tagen und Wochen lebendig vor uns. Besonders eindrucksvolle Szenen, die wir im Film oder im Theater gesehen haben, bleiben uns oft für immer im Gedächtnis, und wir erinnern uns sehr viel leichter an sie als an viele Szenen, die wir im »wirklichen Leben« gesehen haben.

Auf der Bühne bemüht sich Liv Ullmann darum, ihre Auftritte so einfach wie möglich zu gestalten, weil die dabei entstehenden Bilder einprägsamer sind: »Ich versuche, den Menschen klare Bilder zu vermitteln, an die sie sich noch nach Tagen, Wochen oder sogar Monaten erinnern können. Es ist die Bildersprache, die uns den Inhalt begreifen läßt, nachdem wir die Worte längst vergessen haben.«

»Das Wunderbare am Theaterspielen ist, daß man diese sehr, sehr komplexen Dinge ganz anschaulich darstellen kann«, sagt Geraldine Page. Sie faßt ihre Arbeit als eine Vermittlung von Inhalten mit Hilfe von Bildern auf. »Sehr oft habe ich versucht, Menschen etwas zu erklären, von denen ich glaubte, sie hätten viel Verständnis dafür, und ich habe geredet und geredet, um schließlich festzustellen, daß sie kein einziges Wort verstanden hatten ... aber wenn ich in einer bestimmten Haltung auf der Bühne auftrete, dann wissen die Menschen sofort, was ich damit sagen will ...«[4]

Ihre Unmittelbarkeit, die Art, wie sie sich unserem Gedächtnis einprägen, und ihre vielschichtige Bedeutung verleihen den Bildern ihre Ausdruckskraft.

Phantasie

Phantasie ist tabu. In der profanen, funktionellen heutigen Welt wird der Bereich der Phantasie mit »Realitätsferne« gleichgesetzt. Wer sich in diesen Bereich wagt, verschwendet seine Zeit und gibt sich einem unerlaubten Genuß hin.

Liv Ullmann bedauert das, hält es aber für wichtig, zwischen verschiedenen Arten des Phantasierens zu unterscheiden. »Ich glaube, es gibt eine gute und eine schlechte Phantasie. Die schlechte Phantasie kann man im Fernsehen erleben, etwa in den Werbesendungen, die einem sagen, wenn du dieses Haarspray benutzt, wird dein Leben schöner werden – dein Mann wird als Prinz auf einem weißen Pferd nach Hause kommen. Das sind gefährliche Phantasien, weil das wirkliche Leben ganz anders ist.«

Es sind diese Phantasien, die wir alle als unwirklich erkennen, und Liv Ullmann hält es für gefährlich und frustrierend, wenn unrealistische Erwartungen geweckt werden: »...die Menschen sind unzufrieden, weil sie ihr Leben auf eine unrealistische Basis gestellt haben.«

Aber sie ist auch überzeugt davon, daß es eine »gute Phantasie« gibt; sie ist die Erkenntnis, daß es nach menschlichen Maßstäben keine »objektive, reale Welt« gibt, sondern eine Welt, in der wir uns kreativ mit unserer Umwelt auseinandersetzen und ihr mit unserem eigenen Beitrag zum Prozeß des Wahrnehmens Farbe verleihen: Gute Phantasie ist... das Wunder einer Blume zu einer Jahreszeit, in der die Bäume Blätter bekommen und wir das alles in uns lebendig werden lassen... und es ist eine wunderbare Phantasie, weil es das, was hier entsteht, durch das bereichert, was schon in uns selbst vorhanden ist. Auch in der Realität gibt es viele schöne Träume.«

Wir vergessen allzu leicht, daß die Phantasie ein stets gegenwärtiges Element in unseren alltäglichen Wahrnehmungen ist. Sich Phantasien hinzugeben wird vielmehr manchmal als pathologisch angesehen. Ein Psychiater würde das so ausdrücken: »Wenn die Realität uns nicht befriedigen kann, könnte es zu regressivem Denken oder zur Flucht in die Ersatzbefriedigung kommen. Solche Träumereien bezeichnet man als Phantasien... der Psychopath kann gleichzeitig in zwei miteinander nicht in Beziehung stehenden Welten leben – in einer Phantasiewelt und in der wirklichen Welt.«[5]

In jedem von uns gibt es einen Bewußtseinsstrom, der aus Erinnerungen besteht, aus bildlichen Vorstellungen vergangener Ereignisse; aber wir haben auch Zukunftserwartungen, bildliche Vorstellungen von erwarteten künftigen Ereignissen; und schließlich gibt es die Realität und das auf sie bezogene Denken, das sich mit den gegenwärtigen Ereignissen in der äußeren Welt beschäftigt. Und dazu haben wir alle Vorstellungen von *unrealistischen* Bildern, die keinen direkten Bezug zur »objektiven« Welt haben, in der wir leben. In ihrem persönlichen Intimbereich haben die meisten Menschen phantastische Vorstellungen von der Liebe, der Sexualität, dem Erfolg, dem Glück, von materiellem Reichtum und von Rache. Mit anderen Worten, wir alle leben gleichzeitig in der Welt der Phantasie und in der Wirklichkeit.

Caughey beschreibt das so: »Wir leben nicht nur in der objektiven Welt sichtbarer Gegenstände und Aktivitäten. Im Gegenteil, unsere Erfahrungen sind zum großen Teil innere Erfahrungen. Jeden Tag erleben wir viele verschiedene Wirklichkeiten. Unser Bewußtsein beschäftigt sich im ständigen Wechsel mit der realen Welt und imaginären Bereichen.«

Er spricht davon, wie wir morgens aufwachen, nachdem wir Stunden in der von Bildern erfüllten Welt der Träume gelebt haben und noch am Vormittag immer wieder in den Strom der nächtlichen Traumbilder geraten, die uns Szenen aus der Vergangenheit und von den für den kommenden Tag erwarteten Ereignissen vorführen. Auf der Fahrt zur Arbeit sind sich die meisten Menschen noch nicht voll des routinemäßig ablaufenden Geschehens der Gegenwart bewußt: »Während eines großen Teils der Zeit sind wir ›abwesend‹, denken an das, was uns in den nächsten Stunden oder sogar Jahren erwartet oder stellen uns in der Phantasie vor, daß alles auch ganz anders sein könnte ... und so geht es den ganzen Tag, Stunde um Stunde und auch an jedem folgenden Tag weiter.«[6]

Diese Welt der Tagträume ist etwas ganz Persönliches und entschieden gefühlsbetont. Außerdem beeinflußt der Strom innerer Bilder in dramatischer Weise die Art, wie wir die außerhalb unseres Selbst liegende, angeblich reale Welt sehen.

Natürlich gibt es Menschen, die sich in der Welt der Phantasie verlieren und den Weg zurück in den ebenso wichtigen Bereich der Rationalität nicht finden können. Die Psychiatrie soll diesen Menschen helfen. Doch diese bedauerlichen Extreme sollten uns nicht verführen zu glauben, »Normalsein« bedeute ein Leben in einem ausschließlich von der Rationalität beherrschten, phantasiefreien Bewußtseinszustand.

Die Phantasie ist ein integraler Bestandteil unseres ganzen Lebens und nicht irgendeine Verirrung, eine Zeitverschwendung, die sich nur entschuldigen läßt, wenn wir uns ihr in unserer Freizeit überlassen. Die Phantasie ist für uns alle eine psychologische Tatsache. In ihrer eigenen Weise ist die Phantasie eine Wirklichkeit.

»Die Menschen gehen immer noch ins Theater, sie gehen in die Museen und sehen sich die Bilder moderner Künstler an. Die Menschen nehmen das Risiko der Erfahrung in Massen auf sich. Und sie tun es nicht, weil sie versuchen, vor etwas zu fliehen, sondern weil sie versuchen, *einen Zugang zu finden.*« William Hurt wendet sich gegen die von vielen vertretene Ansicht, das Ansehen eines Theaterstücks, eines Films oder eines Fernsehspiels sei eine »Flucht vor der Realität, ein Ausweichen vor den wichtigen Dingen im Leben«. Er sagt, es sei vielmehr das bewußte Verlangen, einen Zugang zur Welt der Phantasie zu finden, zu einer komplementären, ebenso wichtigen Dimension. Und wenn die Menschen in die Welt der Imagination eingedrungen sind, dann befinden sie sich nach Hurt in einer mentalen Umwelt, in der sie, wenn sie ihre eigene Phantasie einbringen, Gemeinschaftserlebnisse schaffen können: »... die Maske wird lebendig. Und was glauben die Menschen? Sie glauben ihrer Vorstellungskraft. Das Leben, das hier geschieht, ist das Leben der Imagination. Das ist der Bewußtseinszustand des Schauspielers.«[7]

Kinder befinden sich sehr häufig in dieser Welt. Vielen von uns erscheint die Beschäftigung mit solchen Phantasien kindlich, aber wir vergessen dabei, daß wir uns auch als Erwachsene ständig Vorstellungen machen, die nichts mit der »Realität« zu tun haben. Wir vermeiden es sorgsam, unseren phantastischen Vorstellungen sichtbaren Ausdruck zu verleihen, weil wir fürchten, für »kindisch« gehalten zu werden.

»Man muß wieder zum Kind werden«, sagt Laurence Luckinbill. »Hier liegt der Unterschied zwischen kindisch und kindlich sein ... Es bedeutet, daß man nie aufgehört hat, die fundamentale Frage zu stellen, ›warum bin ich ein Mensch?‹ Wie wäre es, wenn ich mich völlig anders kleidete und einen Gemüseladen führte oder versuchte, rückwärts zu gehen ... ich tue solche Dinge, und andere Leute, die Schauspieler sind, tun es auch. Es ist nicht nebensächlich; es ist fundamental. Daraus besteht das Leben ... aus dieser Art von Experimenten.«[8]

Spiele, bei denen man »so tut als ob«, sind bei Kindern außerordentlich beliebt, und das ist auch der zentrale Aspekt der Welt des Schauspielers. Aber die meisten Erwachsenen empfinden es als etwas lächerlich, wenn man sie auffordert, aus dem Stegreif irgendeine Rolle zu spielen. Eine Gruppe von Kindern, denen man vorschlüge, rückwärts zu gehen, um festzustellen, welches Gefühl man dabei hat, würde wahrscheinlich sofort mitmachen. Aber Erwachsene hätten Hemmungen. Das Gefühl, sich irgendwie bloßzustellen, würde sie lähmen.

Und doch genießen viele Menschen die Ungezwungenheit auf einer Party, seien es Gesellschaftsspiele, das Tanzen oder irgendwelche anderen gemeinsamen Unternehmungen. Hier haben sie Gelegenheit zu vergessen, wer sie sind, und mit Hingabe zu spielen. Wir erlauben uns – unter bestimmten Umständen –, uns so zu verhalten, wie wir es als Kinder getan haben. Und es macht uns Freude. Es ist entspannend und befreiend.

Um auf kindliche Weise Fragen stellen zu können, müssen wir uns von vielen Dingen befreien, mit denen wir uns umgeben haben und die unser Denken in bestimmte Bahnen lenken. Die meisten Erwachsenen folgen, wenn sie »lernen«, einem bestimmten eingeübten System. Aber das Kind öffnet sich sehr viel leichter ganz neuen Methoden, etwas zu tun, weil es noch keinen starren Abwehrmechanismus in sich aufgebaut hat. Unsere Abwehrmechanismen haben natürlich einen Sinn. Für uns alle gibt es Bereiche mit solchen dafür entwickelten Mechanismen. Sie hindern uns aber daran, uns selbst zu überprüfen. Wir schützen uns vor uns selbst.

Liv Ullmann hat mir gesagt, daß das Theater für sie ein Ort ist, den die Menschen als Zuschauer oder Schauspieler aufsuchen können, um die Welt wieder mit kindlichen Augen zu sehen: »Ich glaube, das Theaterspiel ist etwas ungeheuer Wertvolles, denn das Theater ist einer der wenigen Orte, an denen die Menschen plötzlich etwas verlernen, was man sie gelehrt hat. Ich glaube, das Verlernen ist sehr wichtig.« Frau Ullmann glaubt, diese kindliche Haltung sei nicht nur etwas für die Zuschauer, sondern es sei die Haltung, um die sie sich als Schauspielerin ständig bemühen müsse. »Es ist die Unschuld der Kindheit – als wir noch offen waren, als wir einen Baum malen konnten, wie es uns gefiel. Es war die Zeit bevor ein Erwachsener kam und sagte, so sieht ein Baum aus, und so mußt du ihn malen.«

Sie sieht in der Rückkehr zu einer kindlichen Perspektive keine Flucht – sie führt ein sehr erfülltes Leben in der »Erwachsenenwelt« –, sondern vielmehr die Rückgewinnung ihrer Flexibilität und Freiheit. Die Zeit, die sie mit kindlichen Phantasien zubringt, verleiht den Entscheidungen, die sie als Erwachsene trifft, eine neue Frische: »Jetzt sind Vergangenheit und Gegenwart Teile von mir selbst. Ich kann reifen und Werte entdecken, die etwas mit dieser Welt zu tun haben... jetzt kann ich, wo ich es will, meine (kindliche) Phantasie einsetzen und sie in mein Leben integrieren. Heute sind meine Entscheidungen darüber, wer ich sein will, in gewisser Weise gewichtiger. Zugleich denke ich natürlich sehr viel weniger an das Morgen als vor drei Jahren. Damals richtete sich mein ganzes Denken auf das Morgen. Heute hat das Gestern eine größere Bedeutung gewonnen, aber wenn ich das Gestern vernünftig verwende, kann es das Morgen wesentlich bereichern.«[9]

Um in diese Welt einzudringen, müssen wir gewisse Vorurteile aufgeben, mit denen das Leben des Erwachsenen belastet ist. Wir müssen uns von der uns anerzogenen Vorstellung lösen, es sei »töricht« und der Würde des Erwachsenen nicht angemessen, sich ins Reich der Phantasie zu begeben.

Der Schauspieler transzendiert die lähmenden Fesseln der gesellschaftlichen Konventionen. Er ist weit davon entfernt, ständig auf die Zustimmung der Gesellschaft Rücksicht zu nehmen, wie es allgemein üblich ist. Der Schauspieler will den Zuschauer zu einer Reise in sein eigenes Inneres anregen. Um das tun zu können, muß er auch sich selbst so akzeptieren, wie er ist – und dabei das Risiko eingehen, daß andere, wenn sie ihm bei seiner Arbeit zusehen, was er tut als kindisch, peinlich und anstößig bezeichnen.

Über Glenda Jackson sagt Janet Suzman: »Bezeichnend für Glenda ist, daß sie sich nicht schämt, und ich bewundere ihre Haltung. Sie hat das Gefühl, daß es nichts gäbe, dessen sie sich schämen müßte. Sie akzeptiert sich so wie sie ist und erwartet von anderen, daß sie das Gleiche tun.«[10]

Glenda Jackson befindet sich in guter Gesellschaft. Der Zen Meister D. T. Suzuki sagt im Vorwort zu seinem Buch *Zen und die*

Kunst des Bogenschießens: »Der Mensch ist ein denkendes Schilfrohr, aber seine großen Leistungen vollbringt er, ohne zu überlegen und zu denken. ›Kindlichkeit‹ muß in langen Jahren des Übens der Selbstvergessenheit wieder hergestellt werden«.[11]

Das Leben des Schauspielers bietet die Gelegenheit zu einem solchen Üben.

Abbilder der Macht

Der Schauspieler liegt mit geschlossenen Augen auf dem Rücken. Er atmet langsam und rhythmisch. Er befindet sich in Trance und gibt sich ganz den phantastischen Bildern hin, die vor seinem geistigen Augen auftauchen. Ich fordere ihn auf, sich vorzustellen, daß er durch eine große Tür geht, und bitte ihn, mir zu schildern, was er sieht. Schon im nächsten Augenblick entspannt sich sein Gesicht und nimmt den Ausdruck des Erstaunens an. Er beginnt zu sprechen: »Es ist erstaunlich ... unglaublich. Es ist ein riesiges ... eine Art Studio.«

»Studio?«

»Ja. Es ist komplett ausgerüstet. Kameras und Mikrofone, Tonbandgeräte usw.«

»Sie meinen ein Filmatelier?«

»Ja. Ein Filmatelier. Aber ist eigenartig. Alles steht bereit und könnte sofort benutzt werden, aber es ist niemand da, um damit zu arbeiten.«

Plötzlich ruft er aus: »Das ist unglaublich. Da ist eine *riesige* weiße Wand – eine Projektionswand. Aber es ist nichts darauf zu sehen. Warten Sie, jetzt fängt es an ...«

Seine Augen bewegten sich unter den geschlossenen Lidern, aber er sagte nichts mehr. Ich forderte ihn auf, mir zu erzählen, was er sah.

»Es ist eine Art Unterwasserszene. Wunderschön. Die Farben sind einfach phantastisch. Sie verändern sich ständig.«

Seine Stimme und sein Gesichtsausdruck verrieten ehrfürchtige Scheu und Erregung. »Es ist das Phantastischste, was ich je gesehen habe«, fuhr er fort. »Ich sehe einen Fisch, einen großen bunten Fisch. Es ist großartig.«

Seine Stimme zitterte vor Erregung. Seine plötzliche Leidenschaft überraschte mich.

»Der Fisch schwimmt durch einen Tunnel nach oben«, fuhr er erregt fort. »Er schwimmt langsam den Tunnel hinauf. Wunderschön. Ich möchte ihm folgen. Ich möchte in das Wasser tauchen und hinter dem Fisch den Tunnel hinaufschwimmen.«

Einige Zeit danach saßen wir im Pub. Albie erzählte, und ich hörte zu. Er berichtete begeistert von den phantastischen Bildern. Er sagte, das sei ein Trip gewesen, von dem er nicht mehr hätte zurückkehren wollen. Besser als jeder Traum. Schöner als alles, was man sich vorstellen kann.

Solche Traumbilder sind überwältigende Erlebnisse. Ein visuelles oder akustisches Bild, das wir in der Trance erleben, kann uns in anderer Weise, aber doch ebenso stark beeindrucken wie das geschriebene oder gesprochene Wort. Die Art, wie wir uns auf unser Bewußtsein verlassen, um unser Leben unter Kontrolle zu halten, verändert sich bei einem Schauspieler. Natürlich gebraucht er noch seine Intelligenz, und sein Bewußtsein ist wesentlich an der Arbeit in den Proben und Aufführungen beteiligt, nur braucht er als Gegengewicht zu seiner Ratio sehr viel mehr als andere die Intuition. In der westlichen Kultur bedeutet das keineswegs, daß eine neue Dimension hinzukommt. Der intuitive Bereich ist immer da, aber wir verdrängen ihn durch mentale Funktionen. Anstatt der Intuition freien Lauf zu lassen und ihr zu erlauben, unser Verhalten auf natürliche Weise zu beeinflussen, bemühen wir uns oft viel zu sehr, unser Leben zu analysieren und bewußt zu lenken.

In den vergangenen zwanzig Jahren haben verschiedene psychologische Untersuchungen gezeigt, daß sich die linke und die rechte Gehirnhälfte auf verschiedene Aktivitäten spezialisieren. Die linke Gehirnhälfte scheint sich vor allem mit »rationalem«, folgerichtigem Denken und mit sprachlichen Fähigkeiten wie Lesen, Schreiben und Sprechen zu beschäftigen. »Sie analysiert, abstrahiert, zählt, registriert und mißt die Zeit, plant schrittweise Vorgänge, bildet Worte und trifft auf logische Überlegungen gegründete Feststellungen.«[12] Und in den meisten modernen Gesellschaften werden diese Aktivitäten der linken Gehirnhälfte sehr hoch bewertet; zu hoch. Denn wie der Psychologe Peter Russell sagt: »Wenn wir sagen, jemand sei ein geistig hochentwickelter Mensch, dann meinen wir damit im allgemeinen, daß er logisch denken, gut argumentieren und sich klar ausdrücken kann – und das sind alles in erster Linie Funktionen der linken Gehirnhälfte.«[13] Aber die andere Gehirnhälfte ist ebenfalls dazu da, benutzt zu werden.

Die Wissenschaftler beginnen immer deutlicher zu erkennen, daß die rechte Gehirnhälfte ebenso komplex und ebenso wichtig ist, denn sie scheint mehr auf visuell-räumliche Funktionen eingestellt zu sein, auf emotionale Werte und vielleicht auf das intuitive Denken.[14] Die rechte Gehirnhälfte nimmt Dinge wahr, die »vielleicht nur in der Phantasie – von unserem geistigen Auge – wahrgenommen werden, oder sie erinnert sich vielleicht auch an Dinge, die wirklich existieren... mit der rechten Gehirnhälfte begreifen wir Metaphern, mit ihr träumen wir und schaffen neue Kombinationen von Ideen .«[15] Und eine der entscheidend wichtigen Fähigkeiten der rechten Gehirnhälfte ist das Vorstellungsvermögen, mit dem das Gehirn imaginäre Bilder erfaßt, begreift und beschwört.

Die rechte und die linke Gehirnhälfte scheinen nicht gleichzeitig zusammenzuarbeiten. Eine von beiden dominiert jeweils. Der Schauspieler braucht sie beide, denn alle oben genannten Funktionen sind Teil einer schauspielerischen Leistung. Es hat jedoch den Anschein, als dominiere meist die linke Gehirnhälfte. Deshalb braucht der Schauspieler bestimmte Zeitabschnitte, in denen die rechte Gehirnhälfte aktiv wird. Dann weicht das analytische Denken der Intuition. Eine Methode, die Intuition einzusetzen und ihr zu vertrauen, ist es, sich der Sprache der Intuition zu bedienen – und das ist die Bildersprache.

Viele Schauspieler glauben, ihre besten Ausdrucksmöglichkeiten lägen auf der visuellen Ebene. John Hurt sagt zum Beispiel: »Ich bin kein sehr eifriger Leser... ich glaube, das liegt in erster Linie daran, daß ich einen emotionalen Zugang zum Leben habe und nur in Bildern denke. Deshalb habe ich mich auch zuerst als

Maler ausbilden lassen, bevor ich den Beruf des Schauspielers ergriff.«[16]

Die Vorstellungsgabe gehört zum Kern jedes schauspielerischen Talents. Aber die Entwicklung des Vorstellungsvermögens wird nicht, wie manche glauben könnten, nur dadurch gefördert, daß man ein von Phantasien beflügeltes Leben führt. Eine schauspielerische Darstellung besteht aus *Handlung*, und der Schwerpunkt der Arbeit in unseren Seminaren liegt bei der *Kraft*, die erzeugt werden kann, wenn man mit Bildern arbeitet.

In den Seminaren entwickeln die Schauspieler ihre Fähigkeit, so intensive bildliche Vorstellungen zu erzeugen, daß sich ihre Körperkraft dabei verdreifacht. Drei Stühle werden so arrangiert, daß zwei von ihnen einander in einem Abstand von 1,5 oder 1,8 Metern gegenüberstehen und ein dritter im rechten Winkel dazu zwischen ihnen steht. Ein Schauspieler legt sich auf diese Stühle mit den Füßen auf dem einen und dem Kopf auf dem gegenüberstehenden Stuhl. Sein Gesäß wird von dem in der Mitte stehenden getragen. Dann konzentriert sich der Schauspieler und stellt sich vor, daß durch seinen ganzen Körper eine Eisenstange läuft. Diese Vorstellung wird so stark, daß der Schauspieler an nichts anderes mehr denkt und das Gefühl hat, sein ganzer Körper werde von dieser nur in der Phantasie existierenden Stange gehalten und getragen.

Wenn ich glaube, daß der Schauspieler bereit ist, ziehe ich den mittleren Stuhl langsam fort, und der Schauspieler ist in der Lage, seinen Körper zwischen den beiden gegenüberstehenden Stühlen gestreckt liegenzulassen. Der Körper ist starr. Er fängt nicht an zu zittern oder zu schwanken, und man merkt dem Schauspieler keine körperliche Anstrengung an. Wir haben es erlebt, daß einzelne Schauspieler bei diesem Versuch so weit erstarrt waren, daß eine zweite Person sich auf die Mitte seines Körpers setzen und dabei die Füße vom Boden heben konnte. Die intensive Vorstellung von der Eisenstange ermöglicht es der Muskulatur, eine Kraft zu entwickeln, mit der das Gewicht der zweiten Person in der Mitte des freien Raumes zwischen den beiden Stühlen mit Leichtigkeit getragen werden kann.

Daß Bewußtseinszustände körperliche Funktionen beeinflussen, ist in der heutigen Medizin eine bewiesene Tatsache. Bei der Krebstherapie hat man zum Beispiel mit der Intensivierung des Vorstellungsvermögens Heilerfolge erzielt, einer Technik, mit Hilfe derer der Patient mentale Bilder vom Inneren des Körpers erzeugt. Dabei sieht er zunächst, wie die Krebszellen den Körper angreifen. Dann stellt sich der Patient vor, wie seine weißen Blutkörperchen diese Krebszellen angreifen. Die genauen Einzelheiten dieser bildlichen Vorstellungen können bei den einzelnen Patienten sehr unterschiedlich sein, aber das Prinzip der visuellen Vergegenwärtigung ist überall das gleiche.

Schauspieler verfügen über ein besonders ausgeprägtes Vorstellungsvermögen. Manchmal hilft es ihnen, eine Aufführung durchzustehen, obwohl sie schwer krank oder verletzt sind. Lynn Redgrave sagt: »Der Geist beherrscht die Materie: Es ist das gleiche, was die Yogis tun, die auf einem Nagelbrett liegen oder barfuß über glühende Kohlen gehen. Es ist wie eine Geburt ohne Narkose. Wenn man sich sehr intensiv auf etwas anderes konzentriert, kann man keinen Schmerz empfinden. Ich habe Leute gesehen – und ich habe es auch an mir selbst erlebt –, die hinkend ins Theater kamen, ihre Auftritte ohne die geringste Behinderung durchstanden, aber nach der Vorstellung sofort wieder nach ihren Krücken verlangten. Ich selbst habe mir nie einen Knochen gebrochen, aber ich habe mich geschnitten, mir Verrenkungen zugezogen und mich auf alle möglichen Arten verletzt. Aber während der Vorstellung habe ich nie die geringsten Schmerzen gefühlt.«[17]

Träume

In der klassischen Psychoanalyse sind Träume der »königliche Weg in das Unbewußte«, aber nur wenige von uns schenken ihren Träumen besondere Beachtung. Wir träumen oft von sehr irdischen Dingen. Manchmal sind sie interessant, aber nur sehr selten bizarr und phantastisch. Und die meisten Menschen können sich kaum an den Inhalt ihrer Träume erinnern.

Das liegt daran, daß die Geister nicht mehr mit uns reden.

Vor Jahrhunderten wurden Träume immer mit einer »anderen Welt« in Verbindung gebracht. Es waren Botschaften, Warnungen und Abenteuer aus einem anderen Bereich. In den meisten Kulturen betrachtete man diesen Bereich als die Geisterwelt. Hier wirkten geistige Kräfte, die alles Wissen repräsentierten, das mit unserer Ratio nicht erfaßt werden konnte. Das war keineswegs ein primitiver Aberglaube, sondern ein Zeichen der Weisheit. Heute nehmen wir an, daß die Welt des Rationalen, und damit meinen wir das positivistische, auf Ursache und Wirkung gerichtete, logische, funktionale Denken, die einzig *wirklich* gültige Art sei, die Welt wahrzunehmen und zu verstehen. Es ist natürlich außerordentlich wertvoll. Als Wissenschaftler kann ich die Vorteile, welche die Fortschritte auf den Gebieten der wissenschaftlichen Medizin und Technologie der Menschheit bringen, nicht bestreiten. Aber wir haben es mit einer Menschheit zu tun, die mit der nuklearen Auslöschung allen Lebens spielt, die vor dem Hungertod ungezählter Mitmenschen die Augen verschließt und es zuläßt, daß die einen auf Kosten der anderen im Luxus leben. Wir erkennen die Grenzen der Wissenschaft, der Medizin und der Technologie. Wie ein Orchester, das nur über einziges Instrument verfügt, suchen auch wir weiterhin unter den immer gleichen einfachen Melodien nach den Antworten auf unsere Fragen.

Träume werden heute mechanistisch gesehen. Sie sind ein »störendes Geräusch« im Gehirn oder bestenfalls eine Kommunikation zwischen einem Teil des Selbst mit einem anderen. Doch abgesehen vom persönlichen Inhalt ist es die *Struktur* der Träume, die uns etwas zu sagen hat. Denn gewöhnlich sind es bruchstückhafte, halbfertige Erzählungen, in denen das Aussehen der Menschen nicht mit dem übereinstimmt, was sie sagen, mit wechselnden Identitäten der in den Träumen auftretenden Personen, mit unvorhersehbaren Sequenzen der Ereignisse und seltsamen Beziehungen zwischen den Menschen. Träume werden durch emotional stark wirkende, aber logisch unvereinbare Bindeglieder zusammengehalten – wie das Leben.

Da wir uns der Täuschung hingeben, das Leben ließe sich kontrollieren, als sei es eine von Robotern konstruierte Maschine, sind wir immer wieder erstaunt über die Ereignisse, Schocks und Überraschungen, Frustrationen, Zufälle und Vielschichtigkeit, die uns das tägliche Leben beschert. Das liegt daran, daß sowohl das persönliche als auch das kollektive Leben sehr viel mehr unseren Träumen gleicht als das, was wir im rationalen Wachbewußtsein fälschlicher- und gefährlicherweise als »Realität« bezeichnen.

Die traditionellen Kulturen haben das erkannt und berücksichtigt, indem sie dem Schamanenschauspieler mit Ehrfurcht begegneten, der Person, die uns Menschen durch die Inspiration und das Geschick ihrer öffentlichen Auftritte den Zugang zur Welt der Träume ermöglichen konnte.

Die Sprache des Traums ist das Traumbild. Es ist eine Sprache, die von den Schauspielern noch heute verstanden wird. Liv Ullmann, die für UNICEF arbeitet, schreibt in ihrem Buch *Gezeiten* über den Hunger in Afrika. Aber sie behandelt die wirtschaftlichen, politischen und Versorgungsprobleme, so wichtig sie alle sein mögen, nicht im einzelnen. Denn sie versucht, die Menschen zu *bewegen* und ihr Mitgefühl für die Tragödie der in Not und Verzweiflung geratenen Mitmenschen zu wecken. Dazu zeigt sie uns ein Bild. Sie beschreibt einen kleinen Jungen in Somalia: »Das Bild eines Kindes ... ein kleiner Junge, der meinen Finger ergriff und mich ziellos in einem Flüchtlingslager herumführte. Ein kleiner nackter Junge mit einem leeren Teller und Augen – oh – hundert Jahre alt und einem winzigen Hinterteil, das so faltig war wie das eines alten Mannes.« Sie ging mit ihm durch das Lager, »... er hielt meinen Finger umklammert, und meine Augen waren auf seinen kleinen Kopf mit den staubbedeckten weichen schwarzen Haaren gerichtet. Heute wird er mit seinem leeren Teller, seinem faltigen winzigen Hinterteil und den alten, alten Augen in der afrikanischen Wüste sicher nicht mehr am Leben sein.«[18]

Das Rationale ist wohl wichtig. Es wird uns helfen, die Nahrungsmittel zu erzeugen, die wir brauchen, um die Hungernden zu ernähren. Aber das Rationale wird uns nicht *bewegen*. Wir brauchen die Welt des Traums, die Überzeugungskraft der Bilder.

10.
Tod: Leben am Rand des Abgrunds

Bei den Aufnahmen zum Film *Der Smaragdwald* ist Powers Boothe fast ums Leben gekommen. Tief im brasilianischen Regenwald drehte der Regisseur John Boorman eine Szene, in der Boothe nach dem Drehbuch verletzt werden und unter einem Wasserfall fast ertrinken sollte. Charley Boorman, der die Rolle seines Sohnes spielte, mußte versuchten, ihm zu helfen. Aber plötzlich bekam Boothe einen Krampf und konnte sich nicht bewegen. John Boorman schildert, was dann geschah: »Wir machten unsere Aufnahmen aus einiger Entfernung. Charley versuchte verzweifelt, ihn über Wasser zu halten, und rief um Hilfe. Aber das Rauschen des Wasserfalls war so stark, daß wir seine Rufe nicht hören konnten. Deshalb filmten wir weiter und waren erstaunt darüber, daß ihr Spiel so überzeugend war. Powers konnte keinen Muskel bewegen. Nur Charley hielt ihn über Wasser.«

Schließlich konnte man erkennen, daß das Spiel von Boothe so überzeugend war, weil er wirklich zu ertrinken drohte. »Als wir das sahen... zogen wir ihn heraus. Powers brauchte Sauerstoff, und es dauerte zwei Stunden, bis er sich wieder auf die Füße stellen konnte.«[1]

Das Überqueren einer verkehrsreichen Straße in der Großstadt kann zugegebenermaßen gefährlich sein, aber kaum jemand rechnet damit, bei der täglichen Arbeit verletzt zu werden oder in Lebensgefahr zu geraten – vielleicht mit Ausnahme von Polizisten und Feuerwehrleuten. Aber auch Schauspieler rechnen damit. Natürlich geschieht das nicht jeden Tag, ja nicht einmal sehr oft, aber doch oft genug, um es zu erwähnen. Wenn wir sehen, wie Schauspieler auf dieses Risiko reagieren, wird uns klar, daß sie es bewußt auf sich nehmen.

John Boorman erinnert sich an einen ähnlichen Vorfall wie den, der Powers Boothe fast das Leben gekostet hätte. Er ereignete sich bei den Aufnahmen zu dem Film *Beim Sterben ist jeder der erste*, und auch diese Szene spielt in der Wildnis. Der Schauspieler Ned Beatty geriet in einen Strudel. »Er ging unter, und es dauerte fünfundvierzig Sekunden, bis er flußabwärts wieder auftauchte. Wir alle sprangen ins Wasser, um ihn zu retten. Es war entsetzlich.«

Aber es war Beattys Draufgängertum angesichts der furchtbaren Lage, in der er sich befand, das uns zeigt, wie Schauspieler »am Rande des Abgrunds« leben. »Nachher fragten wir ihn, was er gedacht habe, als er glaubte, ertrinken zu müssen. Seine Antwort war die eines echten Schauspielers: ›Ich dachte, wie zum Teufel wird John den Film ohne mich zu Ende drehen können? Aber dann wurde mir klar, daß der schlaue Kerl es doch irgendwie schaffen würde. Das machte mich so wütend, daß ich beschloß, nicht zu ertrinken.‹«[2]

Das klingt vielleicht so, als ginge der Schauspieler etwas leichtfertig mit solchen Gefahren um. Liegt es daran, daß es so schwierig ist, ein Engagement zu bekommen, und der Schauspieler deshalb alle damit verbundenen Risiken auf sich nimmt? Das ist vielleicht zum Teil richtig. Aber es steckt noch mehr dahinter, denn auch Schauspieler auf dem Gipfel des Erfolgs zeigen die gleiche Haltung. Es ist mehr als das passive Hinnehmen eines unvermeidlichen Berufsrisikos. Es ist der feste Wille, der Gefahr zu trotzen und die Furcht zu überwinden, um auch dann noch weiterzuarbeiten, wenn die meisten von uns das Handtuch werfen und ins Krankenhaus gehen würden.

John Cottrell berichtet zum Beispiel über einen Teil der zahlreichen Unfälle, die Lawrence Olivier im Lauf der Jahre erlitten hat: »... eine schwere Brustverletzung durch einen schweren Hieb als Hamlet, zahlreiche Schwerthiebe auf Hände, Arme und Kopf, ungezählte Stürze vom Pferd und einmal sogar ein Sturz in das tiefe Wasser eines Sees, ein gebrochenes Fußgelenk im *Theatre*

Royal, ein Muskelriß in der Wade in *Die Bettleroper*, ein Pfeilschuß in die Wade bei den Aufnahmen zum Film *Richard III.*, ein Knorpelriß in der Rolle Richards III. auf der Bühne und ein elektrischer Schlag, als er mit einem Krummsäbel die Stromleitung für die Bühnenbeleuchtung zerschlug. Nur glückliche Zufälle bewahrten ihn vor schwereren Verletzungen, als er bei den Aufnahmen für den Film *Feuer über England* in ein Auffangnetz sprang oder in *The Critic* mit einer Hand an einer Klaviersaite gefesselt etwa zwölf Meter über der Bühne hing.«[3]

Der Unfall bei den Aufnahmen zu dem Film *Richard III.* ist ein typisches Beispiel dafür, wie ein Schauspieler mit einer schweren Verletzung fertig wird. Olivier galoppierte zu Pferde in der Rolle des Königs auf eine Kamera zu, die auf einer Anhöhe stand. Ein geübter Bogenschütze sollte das Pferd des Königs unter seinem Reiter mit seinem Pfeil treffen und zu Fall bringen. Der Pfeil hatte eine richtige Stahlspitze. Das Pferd war so dressiert, daß es stürzte und wie tot dalag, wenn es getroffen war, es war jedoch durch eine Rüstung geschützt, die aus einer durch Stahlblech verstärkten harten Pappe bestand, auf der eine anderthalb Zentimeter dicke Korkschicht lag. Als der Pfeil im entscheidenden Augenblick abgeschossen wurde, trieb Olivier sein Pferd den Hang hinauf und streckte dabei das linke Bein nach vorn aus.

Der Schauspieler Bernard Hepton, der in diesem Film mitwirkte, sah, was geschah. Oliviers Rüstung war aus Gummi und hätte ihn nicht einmal vor einem Papierpfeil schützen können. Nun bohrte sich die Pfeilspitze in seine Wade... alles verstummte, während Olivier bewegungslos im Sattel sitzen blieb und das Blut aus der Beinwunde herausschoß. Doch als der Regieassistent Tony Bushell zu ihm hinüberlief, fragte er nur: »Haben wir das im Kasten?« »Ja«, sagte Bushell. Während Olivier immer noch ruhig im Sattel saß, besprach er mit ihm ganz sachlich, wie die Szene am besten in dem Film verwendet werden könnte. Dieses Gespräch dauerte einige Minuten, und als es beendet war, sagte Olivier schließlich: »Helft mir jetzt von diesem Pferd und holt einen Arzt, wenn das möglich ist.«[4]

Ich habe auch mit Charlton Heston über die körperlichen Anforderungen und Risiken gesprochen, die auf den Schauspieler zukommen. Er räumte ein, daß diese Haltung auch seiner Auffassung von der schauspielerischen Arbeit entsprach. »Ich habe noch nie eine Aufführung auf der Bühne oder einen Tag im Filmstudio versäumt, auch nicht einen halben Tag«, sagte er. »Im vergangenen Jahr wurde ich in Malaya von einer giftigen Spinne gebissen, die viel giftiger ist als die Schwarze Witwe. Wenn man gebissen wird, spürt man es nicht, denn mit dem Gift spritzt einem die Spinne ein Gegengift ein, und ich habe sie deshalb auch nicht gesehen. Meine Hand schwoll etwa zur doppelten Größe an, und ich konnte sie nicht mehr gebrauchen. Zwei Tage fühlte ich mich sehr elend, und die Hand war vier Wochen geschwollen. Der Spielleiter kam zu mir hinter die Bühne und sagte: ›Chuck, soll ich nicht die zweite Besetzung bitten, die Rolle zu übernehmen?‹ Aber ich sagte: ›Wenn Sie das tun, bringe ich Sie um. Haben Sie das verstanden?‹ Er sagte: ›Ja, das war sehr deutlich.‹«

Heston erklärt, das sei keine billige Angeberei, sondern diese Haltung sei notwendig für die Arbeit, die der Schauspieler zu leisten habe, und wenn man das Risiko, verletzt zu werden, einmal akzeptiert habe, dann entwickele sich daraus die notwendige geistige Härte. Denn eine ernste Verletzung könne das Ende einer Karriere bedeuten: »Ich glaube, jeder Schauspieler, auch ein erfolgreicher Schauspieler, muß sich mit der Tatsache abfinden, daß seine Arbeit zeitlich begrenzt ist und immer die Möglichkeit besteht, daß er seinen Beruf aufgeben muß. Jede Rolle kann seine letzte Rolle sein. Wenn man schwer verletzt wird, wenn eine solche Verletzung einen entstellt oder man nicht mehr gehen kann, ohne zu hinken, Gespenster sieht oder Stimmen hört oder auch nur einen ernsten Herzanfall gehabt hat, dann ist es zu Ende. Es geht dem Schauspieler ähnlich wie dem Sportler. Man kann nicht ein ganzes Leben Leistungssport treiben, während man die meisten anderen Berufe sehr viel länger ausüben kann. Und es gehört eine gewisse geistige Härte dazu, mit dieser Tatsache fertig zu werden.«

In einem Beruf, in dem die Überlebensfähigkeit täglich gefordert wird, gewinnt man eine physische und mentale Schwerkraft, die einen stärkt, erfrischt, mit Energie auflädt und die *Bereitschaft* in einem weckt, »am Rande des Abgrunds zu leben«.

Als Meryl Streep in *Der Widerspenstigen Zähmung* im Central Park auftrat, bestand sie darauf, »Schuhe mit zwölf Zentimeter hohen Absätzen zu tragen, um ebenso groß zu sein wie der Schauspieler, der den Petrochio spielte. Die Aufführung fand auf einer schräg nach vorn geneigten Bühne statt, die von einer Betonrampe umgeben war, und die Schauspieler mußten auf Plattformen hinauf – und wieder von ihnen herunterspringen. Man konnte Angst bekommen, wenn man es sah.«[5]

Daß dieses riskante Verhalten nicht zu einer sinnlosen Angeberei wird, liegt daran, daß sich die meisten Schauspieler sehr sorgfältig auf solche Rollen vorbereiten. Manchmal liegt die Herausforderung nicht in dem hohen Unfallrisiko, sondern in den hohen Anforderungen an die Körperkraft und das Durchhaltevermögen des Darstellers.

Viele Schauspieler achten sehr genau auf ihre Kondition. Rip Torn trainiert am liebsten täglich in einem Fitneßcenter, besonders wenn er jeden Abend auftreten muß. Er sagt: »Die besten Schauspieler, und ich habe mit vielen darüber gesprochen, haben das gleiche Bedürfnis. Auch Olivier besuchte regelmäßig ein Fitneßcenter. Eine gute körperliche Kondition war für ihn die wichtigste Voraussetzung für eine gute schauspielerische Leistung. Deshalb achtete er streng darauf, sich fit zu halten. Und Michael Redgrave schreibt, das körperliche Training sei für einen Schauspieler unerläßlich. Dazu könne man laufen, schwimmen, Gewicht heben oder fechten. Er hatte das Bedürfnis, sich körperlich zu verausgaben und anschließend ein Nickerchen zu machen.«[6]

Auf die Frage, welche Qualitäten eine gute Schauspielerin brauche, nannte Lynn Redgrave die gute körperliche Kondition an erster Stelle. »Kraft und Ausdauer – eine gute Gesundheit. Ich halte das für wichtiger als die schauspielerische Begabung ... das Theaterspiel ist anstrengend. Es erfordert viel Arbeit, Muskelkraft und eine sehr starke Stimme. Wie gesagt, man muß große körperliche Leistungen erbringen und dabei ganz normal aussehen. Und das achtmal in der Woche ... das ist ganz einfach harte, sehr harte Arbeit.«[7]

Der sechsundvierzigjährige Dustin Hoffman wollte mit der Übernahme der Rolle des Willy Loman in Arthur Millers *Der Tod eines Handlungsreisenden* noch zehn Jahre warten, weil er erst dann das Alter des von ihm darzustellenden Mannes erreicht haben würde. Miller riet ihm davon ab und sagte: »Viele Schauspieler haben mit dieser Rolle Schwierigkeiten gehabt, weil sie so verdammt anspruchsvoll ist. Mit sechsundfünfzig werden Sie nicht mehr die Kraft haben, sie zu spielen.«[8]

Hoffman war sich dieses Problems bewußt. Schon viele Schauspieler hatten den Loman gespielt, darunter auch Lee J. Cobb, und dieser hervorragende Schauspieler hatte feststellen müssen, daß die Anstrengung für ihn zu groß war. Hoffman sagt: »Nach einem Monat fing Cobbs Stimme an zu versagen. Er wog zuviel und war ein starker Raucher. Nach vier Monaten mußte er durch einen Kollegen ersetzt werden. Er konnte die Schinderei nicht mehr aushalten.« So begann Hoffman, sich auf die Rolle vorzubereiten. »Jogging und tagsüber nichts anderes zu essen als Salat.« Er gab das Rauchen auf, trank täglich nur eine Tasse Kaffee und praktisch keinen Alkohol. Jeden Tag verbrachte er viele Stunden, ohne ein Wort zu sprechen, um seine Stimme zu schonen. Vor den Vorstellungen legte er sich regelmäßig eine Zeitlang hin. Er sagte: »Ich führte ein Leben wie ein Boxer. Auch Boxer legen sich vor dem Kampf eine Zeitlang ins Bett und schlafen.«[9]

Das ist durchaus ein passender Vergleich. Der Schauspieler hat einen körperlich anstrengenden Beruf. Die Vorstellung, er habe nichts weiter zu tun, als sich jeden Abend zwei Stunden ruhig und bequem auf der Bühne zu bewegen oder im Filmatelier herumzusitzen und auf die Aufnahme der nächsten 30 Sekunden dauernden Szene zu warten, ist falsch, denn sie berücksichtigt nicht die dazu erforderliche Energie und Konzentration. Bei den Aufnahmen für einen Film muß der Schauspieler stundenlang hart arbeiten, und oft ziehen sich die Außenaufnahmen über Wochen hin, und zwar in Gegenden, wo der Schauspieler auf alle Bequemlichkeiten verzichten muß. Auch das Schminken nimmt oft lange Zeit in Anspruch und ist ermüdend. Auf der Bühne ist der Schauspieler erheblichem Streß ausgesetzt. Die Scheinwerfer erzeugen eine große Hitze, und die Stimme wird stark beansprucht. Wochenlang und manchmal über Monate jeden Abend die notwendige physische und geistige Konzentration aufzubringen, bedeutet unter Umständen einen ungeheuren Kräfteverbrauch.

Schon eine einzige Aufführung kann sehr anstrengend sein. Ian McKellan berichtet davon, wie er die Titelrolle im Hamlet spielen mußte: »Es gibt einen Auftritt, bei dem man eine ganze Stunde auf der Bühne steht. Wie eine Maschine muß man sich mit jedem Thema auseinandersetzen, und diese Maschine muß man immer wieder mit Kraftstoff versorgen. Und am Schluß kommt es dann zu dem schrecklichen Kampf. Am Ende ist man tatsächlich bereit zu sterben.«[10]

Seine Arbeit kann den Schauspieler manchmal nahe an den Rand seiner physischen Leistungsfähigkeit bringen – an den Rand des Abgrunds.

Risiken während der Aufführung

In der Akzeptanz des körperlichen Berufsrisikos liegt die geringste Herausforderung für den Schauspieler. Viele Menschen würden sich, wenn sie zwischen einer physischen und einer psychischen Bedrohung zu wählen hätten, für die erstere entscheiden. In der Schule haben wir die Risiken, uns beim Sport zu verletzen, eher akzeptiert als die Risiken, etwa während einer Rede am Elterntag oder bei der Examensfeier zu versagen. Die Furcht vor einem Versagen auf der Bühne kann einen Schauspieler schwer belasten.

Ralph Richardson hat die Risiken des Schauspielers, der eine größere Rolle übernehmen muß, mit denen eines Jockey verglichen: »Man weiß, man hat ein berühmtes Pferd, das schon viele großartige Jockeys geritten haben. Man trifft alle möglichen Vorbereitungen, doch es besteht immer eine fünfundzwanzigprozentige Chance, die Sprünge nicht zu bewältigen. Man weiß es, und deshalb hat man Angst. Was einen Menschen zu einem Professionellen macht, ist die Tatsache, daß er sich daran gewöhnt, Angst zu haben. Man muß die Furcht akzeptieren.«[11]

Die Furcht vor dem Versagen kann lähmend wirken. Aber es sind die Schauspieler selbst, die so hohe Anforderungen an die Qualität ihrer Arbeit stellen. Lynn Redgrave spricht davon, wie selten man wirklich gute Aufführungen erlebt: »Für mich ist es ein phantastisches Erlebnis, eine wirklich großartige Aufführung auf der Bühne zu sehen ... zwar gibt es viele gute Leistungen, aber die Abende, an denen man eine großartige Aufführung erlebt, sind sehr selten; man kann sie an den Fingern einer Hand aufzählen ... es kommt nur ganz selten vor, daß sich ein Schauspieler so weit steigern kann.«[12]

Glenda Jackson gehört zu denen, denen das häufiger gelungen ist als den meisten. Sie hat mir gesagt, daß es im Laufe der Zeit immer schwieriger wird, solche Leistungen zu vollbringen: »Je länger man diesen Beruf ausübt, desto schwerer wird es, denn das einzige, was man wirklich erlernt, sind die Schwierigkeiten, die sich einem in den Weg stellen. Und es wird niemals leichter, weil man sich immer deutlicher der Fallgruben bewußt wird, über die man stolpern kann. Das ist das einzige, was man lernt.« Glenda bestätigt die Auffassung von Lynn Redgrave, daß wirklich hervorragende Aufführungen sehr selten sind: »Schlechte Leistungen zu bringen, ist sehr, sehr einfach, und es ist sehr, sehr schwer, Hervorragendes zu leisten – eine Aufführung und eine Inszenierung so zu gestalten, wie man sie sich vorstellt, wenn man das Stück zum ersten oder zum zweiten Mal liest. Jedesmal hat man zunächst den Wunsch, das Bestmögliche daraus zu machen.«

Und doch wünschen sich viele Schauspieler Rollen, die mehr von ihnen verlangen, die sie noch mehr herausfordern und in denen sie näher an den Rand des Abgrunds geraten. Das Verlangen festzustellen, wo die eigenen Grenzen liegen, findet man nicht nur bei jungen Schauspielern, die wissen wollen, was sie leisten können. Auch Schauspieler, die offenbar nichts dadurch gewinnen können, gehen solche Berufsrisiken ein – Leute, die so anerkannt sind, daß sie es sich leisten könnten, in gewohnter Weise weiterzumachen, ohne fürchten zu müssen, keine Arbeit mehr zu finden. Nachdem Meryl Streep in all ihren bisherigen großen Filmen mit phänomenalem Erfolg moderne Frauen aus der heutigen Welt dargestellt hatte, sagte sie ihrem Agenten: »Ich muß einmal etwas tun, das außerhalb meiner persönlichen Erfahrungen liegt, und nicht in Manhattan oder im Jahr 1981 spielt. Stellen Sie mich auf den Mond; ich möchte einmal woanders sein, in einer anderen Zeit und an einem anderen Ort.«[13] Das führte dazu, daß Meryl Streep die Rolle einer Engländerin in einem historischen Drama übernahm und in dem Film *Die Geliebte des französischen Leutnants* für ihre hervorragende Leistung mehrfach ausgezeichnet wurde.

Noch bemerkenswerter ist vielleicht die Tatsache, daß ein so bekannter und erfolgreicher Schauspieler wie Charlton Heston erst 1985 sein Theaterdebut am Londoner Westend gab. Ich fragte ihn, warum er es riskiert habe, sich damit dem Fegefeuer der Theaterkritik auszusetzen, obwohl er schon ein anerkannter Filmstar sei und die Möglichkeit habe, auch in Los Angeles im Theater aufzutreten. Er vermied es, meine Frage mit einer kurzen, arroganten Antwort abzutun, sondern gab zu, daß die entscheidenden Anregungen für seine schauspielerischen Leistungen durch die Gefahren und Risiken gegeben würden und es sehr befriedigend sei, im Kampf gegen alle möglichen Widerstände die »persönliche Leistungsfähigkeit« zu steigern. Von Zeit zu Zeit müsse er sich selbst auf die Probe stellen, um zu sehen, ob er solchen Herausforderungen gewachsen sei.

Alle großen, anspruchsvollen Rollen sind aufschlußreiche Tests: »Wenn man solche schwierigen Rollen übernimmt und damit ein gewisses Risiko eingeht, hält man sich fit, prüft man sich selbst und steigert seine Leistungsfähigkeit. Man sorgt dafür, daß einem der Erfolg nicht zu Kopf steigt und man nicht übermütig wird. Diese Rollen sind nicht leicht zu spielen. Man muß sich die ganze Zeit scharf kontrollieren. Und doch geht man, wenn man die großen Rollen wie Macbeth, Hamlet oder Othello spielt, schließlich erschöpft in die Knie. Man befindet sich in der dünnen Luft der hohen Regionen oberhalb der Schneegrenze wie ein Leopard, der sich zu hoch in die Berge hinaufgewagt hat.«

»Ich hatte furchtbares Lampenfieber, und zwar nicht weil ich daran zweifelte, daß ich gut sein würde, sondern weil ich nicht wußte, was die Leute von mir denken würden.«[14]

Hier spricht Shirley MacLaine von der vielleicht schwersten Belastung, der ein Schauspieler ausgesetzt wird, wenn er sich dem »Rand des Abgrunds« nähert, von dem Streß, den es bedeutet, sich dem Publikum zu stellen. Helen Mirren sagt dazu: »Jeder hat Angst, wenn er vor anderen Menschen sprechen soll. Wer in der Klasse aufstehen und ein Gedicht aufsagen oder zu einer besonderen Gelegenheit eine Rede auf den Bürgermeister halten mußte, hat das als etwas Fürchterliches und Beängstigendes empfunden.«[15]

Die meisten Schauspieler werden ihr Lampenfieber niemals los. Die Schauspielerin Elizabeth Wilson sagt von Meryl Streep: »Wenn Meryl auf der Bühne steht, spricht aus ihrem Augenausdruck die echte Kämpferin. Zwar merkt man es ihrem Spiel nicht an, aber vor jedem Auftritt leidet Meryl schrecklich unter Lampenfieber. Sie fängt an zu schwitzen und geht unruhig auf und ab. Ich kenne niemanden, der in solchen Augenblicken so nervös ist wie sie.«[16]

Als ich ihn nach dem Streß bei einem Auftritt auf der Bühne fragte, mußte Antony Sher zugeben: »Die Angst, mit der man zu kämpfen hat, wenn man vor einem Publikum auftreten muß, ist außerordentlich groß... ich habe gehört, daß eine Studie über Streß ergeben hat, daß ein Schauspieler bei jeder Vorstellung – von einer Erstaufführung gar nicht zu reden – ebensoviel Adrenalin ausschüttet wie jemand, der einen Autounfall erlebt. Im Grunde ist es etwas ganz Unnatürliches, sich vor tausend Menschen hinzustellen und sich längere Zeit von ihnen beobachten zu lassen. Ich glaube, damit setzt sich der Schauspieler einer Streßsituation aus, wie es sie in den meisten Berufen nicht gibt.«

Dieser Streß ist die Folge des gewaltigen Drucks, unter dem der Schauspieler steht, der das Gefühl hat, alle Erwartungen seines Publikums erfüllen zu müssen. Einerseits will er gerade das tun, aber manchmal wird seine Fähigkeit, die Erwartungen zu erfüllen, gerade durch diesen Druck unterminiert. Liv Ullmann spricht davon, wie sie gelegentlich das Gefühl hat, den Kontakt zum Publikum zu verlieren. Sie sagt: »Oft macht man alles falsch. Man versucht, es besser zu machen, aber dadurch verliert das Spiel an Ehrlichkeit. Dann gibt man den Versuch auf und tut weniger, aber dann wirkt man noch weniger überzeugend. Manchmal unternimmt man einen dritten Versuch, wird leichtsinnig und tut nur noch das, wovon man weiß, daß es ankommt.«

Ebenso wie wir alle wünscht sich auch der Schauspieler Zuneigung und Anerkennung, und gerade das ist der wunde Punkt. Das Publikum ist wie eine große Jury, die sofort auf die Qualität der schauspielerischen Leistung reagiert. Wenn der Schauspieler unter Druck gerät, wird er versuchen, sich bei dem Publikum beliebt zu machen: »Alle Schauspieler tun das gelegentlich, weil wir ein wenig eitel sind. Wir wollen nicht auf den Abfallhaufen geworfen werden. Dann versucht man, möglichst hübsch auszusehen, oder man versucht, die Leute mit kleinen Scherzen zu bezaubern. Man möchte, daß sich die Zuschauer ein wenig in einen verlieben. Viele Schauspieler tun das, und auch ich tue es, wenn ich mich nicht ganz sicher fühle. Dann plätschert man an der Oberfläche. Aber wenn man keinen Kontakt zum Publikum herstellen kann, sollte man am besten gar nichts tun.«[17]

Das Publikum kann dem Schauspieler einen enormen Auftrieb geben und ihn gewaltig unterstützen, es kann aber auch das Gegenteil bewirken. Sein Verhalten kann für den Schauspieler ebenso bedrohlich sein wie das Verhalten der Menge für einen jeden von uns – und ihm Furcht einflößen. Das darf uns nicht überraschen. Der Theaterhistoriker Southern sagt dazu, daß der einzelne Mensch mit dem anderen sprechen kann, ohne nervös zu werden. Aber »... wenn der Angesprochene einflußreicher oder mächtiger ist als der, der ihn anspricht, oder ihn vernichten kann, dann wird eine gewisse Nervosität oder mindestens eine höfliche Nachgiebigkeit in seinen Worten zu spüren sein«.[18]

Doch hier spricht ein einzelner Schauspieler zu Hunderten oder sogar Tausenden: »Überall, wo ein einzelner sich an eine Gruppe wendet – auch wenn diese Gruppe durchaus freundlich gesonnen und zufrieden ist –, steht er vor einem Kraftpotential, das ihn mit

Leichtigkeit überwältigen kann, und zwar nicht nur in physischer, sondern auch in psychischer Hinsicht.« Will man sich gegenüber einer psychologischen Kraft behaupten, die stärker ist als die eigene, dann steigert sich unsere Aufmerksamkeit in einer Weise, die wir als »nervös« bezeichnen. Das ist fast eine biologische Reaktion. Wie ein Tier läßt sich der Schauspieler in die Enge treiben und nimmt dort auf der Bühne den Kampf mit dem Publikum auf. Diese Art des Lebens mit der Gefahr erzeugt eine ungeheure Vitalität und Energie. Aber zweifellos sind hier auch Elemente der Feindschaft im Spiel – es ist eine regelrechte Schlacht.

Marlon Brando hat von dieser »Schlacht« mit dem Publikum gesprochen. Er hat Schauspieler bewundert, die genau wußten, wie weit sie gehen durften, wenn sie ihre »Schläge austeilten«. Zum Beispiel »gehört Spencer Tracy zu den Schauspielern, die ich gern sehe. Es ist die Art, wie er sich lange zurückhält – dann plötzlich vorstößt, um den beabsichtigten Eindruck zu erwecken, und sich ebenso rasch wieder zurückzieht«. Er spricht auch von seinem Lehrer Jacob Adler, bei dem er am Anfang seiner Karriere in New York Schauspielunterricht genommen hat: »Der alte Adler, der alte Jacob, hat mich etwas gelehrt, was ich nie vergessen habe. Man muß stets 20 Prozent von dem, was man hat, in Reserve halten, dann wird man gegenüber dem Publikum immer ehrlich bleiben. Wenn man versucht, mehr zu geben, als man hat, dann wird man sofort dabei ertappt.«[19]

Simon Callow spricht von dem Aspekt der Konkurrenz, der zwischen dem Schauspieler und seinem Publikum existiert, die sich sogar zur Aggression steigern kann. »Man kommt nicht um die Tatsache herum, daß es im Theater ein Element der Feindschaft gibt. Jeder Schauspieler weiß das. Auf der Bühne zu stehen, ist ein aggressives Verhalten. Es heißt: Seht *mich* an. Hört *mir* zu. Es heißt: Ich bin interessant, ich habe Talent, ich bin eine bemerkenswerte Persönlichkeit.«[20]

Callow weist darauf hin, daß das Publikum das als eine Herausforderung empfindet: »›Ach ja?‹ sagt das Publikum. ›Dann mußt du es auch beweisen – warum stehst du da oben und nicht ich?‹ ... Die Zuschauer im Theater ... finden es aufregend, daß der Schauspieler dieses Risiko eingeht, aber ohne sich dessen bewußt zu sein, wartet es darauf, daß der Schauspieler versagt. Zumindest trägt der Umstand, daß er versagen *könnte*, viel zum Vergnügen der Zuschauer bei.«

Eines der Schlachtfelder, auf denen dieser Kampf ausgetragen wird, ist, wie er meint, der Inhalt und der Stil der Aufführung. »In den Beziehungen zwischen dem Schauspieler und seinem Publikum geht es immer auch darum, wer den Ablauf der Aufführung beherrscht. Manchmal werden die Zuschauer versuchen, die Aufführung zu beeinflussen und den Schauspieler zu zwingen, sich anders zu verhalten, als er es beabsichtigt hat, und im allgemeinen wird die Aufführung darunter leiden.«[21]

Und was ist der Anlaß für diese Schlacht? Callow meint, es käme dazu, weil der Schauspieler auf der Bühne versucht, »die Zuschauer zu veranlassen, ihren Panzer abzulegen und sich ihren eigenen innersten Ängsten zu öffnen«. Aufgefordert zu werden, sich der Herausforderung neuer Erfahrungen zu stellen, ist schon an sich bedrohlich, und oft versucht das Publikum sich dieser Aufforderung zu widersetzen.

Glenda Jackson stimmt der Analyse von Callow zu. Sie sagt, die Feindseligkeit der Zuschauer rühre daher, daß sie im Grunde etwas sehen wollen, was sie schon gesehen haben – sie wollen nichts anderes als bestätigt werden. Außerdem meint sie, das Publikum, das einen Schauspieler sieht, habe auch das Bedürfnis, ihn zu beherrschen. Die Zuschauer wollen erleben, daß sich der Schauspieler ihnen unterwirft: »Es würde den Leuten sogar gefallen, wenn man ihnen sagte, ›bitte, habt mich lieb‹. Das Publikum genießt es, wenn man vor ihm zu Kreuze kriecht.« Ebenso wie Liv Ullmann spricht auch Glenda von dem starken Druck, den die Zuschauer auf den Schauspieler ausüben, und davon, wie wichtig es ist, daß sich der Schauspieler dagegen wehrt: »Man muß tatsächlich auf die Bühne hinausgehen und sagen: ›Nun hört einmal zu, so und nicht anders sieht der Autor die Welt, ob es euch gefällt oder nicht, und ich werde sie euch so ehrlich wie möglich vorführen. Und wenn ihr mich deshalb ablehnt, habe ich Pech gehabt!‹«

Das Leben am Rand des Abgrunds

Psychologen haben untersucht, wie Menschen auf Herausforderungen und Risiken in ihrem Leben reagieren.[22] Sie haben festgestellt, daß die meisten Menschen solche Situationen zu vermeiden suchen, weil sie derartige Impulse »als Kräfte, die beherrscht werden müssen, und vielleicht in gewissem Sinne als Bedrohungen ihrer allgemeinen persönlichen Stabilität« sehen. Diese Menschen wollen ihr inneres Gleichgewicht bewahren, »einen Zustand psychischer Trägheit – die Impulse werden immer wieder verzögert, sie werden der Zensur unterworfen und verwandelt, bevor sie zum Ausdruck kommen dürfen.« Der große Vorteil einer solchen Haltung liegt in der Sicherheit, die sie gewährt. Im Grunde ist an einer solchen Lebensauffassung nichts zu bemängeln. Leider ist es so, daß viele Menschen Herausforderungen und Aufregungen vermeiden, *ohne sich dessen bewußt zu sein.*

Oft wird unser Leben allzu eintönig, weil wir nicht bereit sind, an die Grenzen unserer Leistungsfähigkeit zu gehen. Wir bleiben so weit im Inneren unserer »Sicherheitszone«, daß wir jeden Geschmack an Neuem verlieren. Aber ein langweiliges Leben wird uns nicht zufällig beschert. Vielmehr bestimmen wir damit, daß wir Herausforderungen annehmen oder vermeiden, wie anregend sich unser Leben gestaltet. Psychologen haben festgestellt, daß Menschen, die sich Herausforderungen stellen, Persönlichkeiten sind, die das emotionale Abenteuer suchen. Sie sind aufgeschlossen für das Neue, sind beweglich und freuen sich an jeder Veränderung. Damit verschaffen sie sich die äußeren Anreize für ihr Gefühlsleben. Darüber hinaus reagieren solche Menschen rasch auf innere Reize. Sie erlauben es ihren Impulsen bereitwillig, voll zum Ausdruck zu kommen, und das erfüllt sie mit Vitalität und Energie. Eine solche Haltung wird belohnt mit einem erregenden und abenteuerlichen Leben.

Unser ganzes Leben ist eine Improvisation. Es läßt sich nur bis zu einer bestimmten Grenze vorausplanen, und obwohl sich die Menschen oft große Mühe geben vorzusorgen, geschieht immer wieder etwas Unerwartetes. Nur eines können wir mit Sicherheit sagen: Im menschlichen Leben gibt es keine Gewißheit.

Das Leben »am Rand des Abgrunds« schärft den Verstand und die Achtsamkeit, erhöht die Kreativität und fördert die Bereitschaft, auf Überraschungen zu reagieren. Und der Schauspieler führt ein Leben, das ihn immer wieder vor Herausforderungen stellt. Oft lassen wir uns dazu verleiten zu glauben, daß Schauspieler vor ihrem Publikum Kapriolen machen, weil sie seine Aufmerksamkeit und seinen Applaus brauchen. Aber nur selten fragen wir: »Brauchen sie die Gefahr?« Ich glaube, sie tun es. Ich glaube, wir alle brauchen sie. Vielleicht müssen wir nicht ganz so weitgehen wie der Schauspieler. Aber es wäre sicher nicht falsch, wenn wir uns dem Abgrund etwas mehr nähern würden, als es einige von uns tun.

Von den Schauspielern in den traditionellen Gesellschaften erwartete man, daß sie den physischen und den psychischen Tod transzendierten. In gewissem Sinne betrachtete man beides als die gleiche Erfahrung. Das war deshalb so, weil sich der künftige Schamanenschauspieler gewöhnlich schon in früher Jugend durch seine Fähigkeit auszeichnete, sich in einen Bewußtseinszustand zu versetzen, in dem er mit der Geisterwelt in Verbindung treten konnte, etwa durch telepathische Träume, Visionen usw. So glaubte man, seine Tage seien gezählt – allerdings die Tage, die er als sein normales Selbst erleben durfte. Um Schamanenschauspieler zu werden, mußte seine ursprüngliche Identität sterben, damit er als ein Mensch wiedergeboren wurde, der Zugang zu den Geheimnissen des Lebens hatte. Ein Teil seiner Schulung bestand aus harten körperlichen Prüfungen. Dazu zählten auch lange Fastenzeiten. Zur Einweihung gehörten nicht selten auch Prüfungen, bei denen er seine Einsatzbereitschaft und seinen Mut beweisen mußte. Die Unfälle, bei denen Powers Boothe und Ned Beatty bei Filmaufnahmen fast ertrunken wären, gleichen in mancher Beziehung den Anforderungen, die während der Einweihung an die Schamanen in den traditionellen Gesellschaften gestellt wurden.

Die körperlichen Prüfungen und die Trancezustände bereiteten den künftigen Schauspieler auf eine von seinen Lehrern gelenkte Reise in das eigene Innere oder, im übertragenen Sinn, in die Geisterwelt vor. Hier erlitt er entsprechend den Traditionen seiner Kultur oder seines Stammes auf verschiedenste Weise den »körperlichen« Tod, der von den Geistern herbeigeführt wurde. In Nordeuropa erlebte er unter Umständen, daß sein Körper von Zauberern in Zwergengestalt als Manifestationen der Erdkräfte in Stücke zerhackt wurde, um dann als Körper eines Schamanen wieder zusammengefügt zu werden.

Der angehende Schamanenschauspieler erfuhr den psychischen und »physischen« Tod und die Wiedergeburt als dramatische Bestätigung seines Auftrags und seines Status als ein Mensch, der die Fähigkeit besaß, Geister zu verkörpern. Das war für ihn selbst und die Gemeinschaft, in der er lebte, die Voraussetzung für die Anerkennung seiner Mission. Und da dieser Schauspieler jemand war, in dem sich auch häufig die Toten manifestierten, wenn er als Geist eines Verstorbenen auftrat, wurde es als notwendig erachtet, daß er bei seiner Einweihung auch selbst in den Bereich des Todes vordrang.

Heute kommt es allerdings nur selten vor, daß Menschen so tiefgreifende und die eigene Persönlichkeit verwandelnde Erfahrungen machen. Aber im Grunde ist es eine gewaltige Herausforderung, »am Rand des Abgrunds« zu leben, zu erfahren, welche Grenzen unserer Erlebnisfähigkeit gesetzt sind, denn es ermutigt einen, das Leben in seiner ganzen Fülle zu akzeptieren. Wir müssen nicht unbedingt die uns gesetzten Grenzen überschreiten, aber wenn wir feststellen, wo sie liegen, dann wissen wir auch, welche Möglichkeiten uns das Leben bietet. Menschen, die sehr nah an den Abgrund herangekommen sind und zum Beispiel einen schweren Unfall oder eine schwere Krankheit überlebt haben, neigen dazu, bewußter und intensiver zu leben. Das Bewußtsein des Todes öffnet uns die Tür zur Fülle des Lebens.

Auch heute werden hohe körperliche Anforderungen an den Schauspieler gestellt. Er muß bereit sein, Risiken einzugehen, mit seiner Angst vor dem Versagen fertig werden und die psychische Gewalt, die von dem Massenpublikum ausgeht, ertragen können. Glenda Jackson hat mit mir über die Beziehungen des Schauspielers mit seinem Publikum gesprochen und gesagt, es sei eine von Furcht beherrschte Situation: »Man riskiert sich selbst und seine ganze Existenz – das heißt, man nimmt tatsächlich sein ganzes Leben in die Hand und geht hinaus auf die Bühne, um zu sehen, ob diese reißende Bestie es einem nehmen oder einem erlauben wird, es noch eine Weile zu behalten. Schauspieler bringen sehr viel in ihre Arbeit ein. Sie ist ihnen *so* wichtig, daß sie dabei immer wieder in eine Situation geraten, in der es um Tod oder Leben geht. Und die Angst ist eine große Kraft.«

Es ist ein Leben mit der Gefahr, mit Herausforderungen und Risiken – ein Leben am Rand des Abgrunds verleiht dem Menschen besondere Kräfte.

11. Charisma: Die Macht der Gegenwart

Es war Ende der 50er Jahre, als sich Gary Cooper und Charlton Heston eines Tages in London zum Abendessen trafen. Gary Cooper war damals einer der bekanntesten Filmstars der Welt, der archetypische Westernheld. Charlton Hestons Filmkarriere hatte gerade erst begonnen. Er erzählt: »Ich machte mit Cooper einen Film in England. Coop und ich hatten unsere Familien nicht mitgebracht, und so aßen wir manchmal zusammen. Diesmal waren wir in das Steakhaus *The Guinea* am Berkeley Square gegangen, ein kleines, immer gut besuchtes, aber ausgezeichnetes Restaurant.«

An einem Nebentisch saß eine größere Gruppe von sogenannten »Teddy Boys«. Das war in den 50er Jahren die englische Version der heutigen »Skin Heads«. Damals trugen diese jungen Leute elegante Straßenanzüge und fuhren nicht in der heute üblichen Lederbekleidung Motorrad. Aber mit ihrem Sadismus und ihrer herausfordernden Haltung standen sie den Skin Heads in nichts nach. Heston berichtet: »Sie fielen uns besonders durch ihr lautes Benehmen auf. Schließlich wurde es Zeit für uns zu gehen, und Cooper ging voraus, als wir uns durch die engen Gänge zwischen den Tischen dem Ausgang näherten. Dabei kamen wir auch am Tisch der Teddys vorbei, und einer der jungen Flegel rief spöttisch: ›Da geht der große Cowboystar.‹ Cooper blieb stehen. Es vergingen einige Sekunden. Cooper drehte sich um, und seine Gegenwart schien den ganzen Raum zu füllen. Er fixierte den Burschen mit eisigem Lächeln und sagte langsam: ›Du mußt *lächeln,* wenn du sprichst.‹« Heston unterbrach seinen Bericht einen Augenblick und genoß sichtlich das Bild, an das er sich erinnerte;

den breitbeinig dastehenden Gary Cooper, der sich den jungen Rowdys stellte, die dort an diesem Tisch saßen. »Ich weiß allerdings nicht, ob der Junge wußte, daß es ein Zitat aus Coopers bekanntem Film *Der Mann aus Virginia* war. Aber plötzlich befanden wir uns nicht mehr in einem Londoner Restaurant, wir standen mitten auf einer staubigen Straße in Abilene. Niemand an dem Tisch rührte sich. Niemand lächelte. Sie saßen nur da und wagten nicht, den Mund aufzumachen. Coop starrte den Jungen vielleicht 20 Sekunden lang an, machte dann auf dem Absatz kehrt und ging hinaus.«

Draußen vor dem Restaurant setzte sich Cooper in den Fond seines Rolls Royce und zog sich die Bügelfalten seiner Hose glatt. Heston folgte ihm. »Ich stieg in den Wagen, setzte mich neben ihn und sagte: ›Das haben Sie sehr gut gebracht, Coop.‹ Er sah mich mit leicht zusammengekniffenen Augen an und sagte ruhig: ›Nun … ich habe es oft genug geübt.‹«

Heston und ich mußten über diese Geschichte lachen. Gary Cooper war ein großer, kräftiger Mann, und es war lustig, sich vorzustellen, daß diese jungen Machos am Tisch plötzlich erkannten, daß sie sich auf mehr eingelassen hatten, als sie verkraften konnten. Doch Heston hatte mir eigentlich sagen wollen, daß Gary Cooper das Restaurant mit seiner Gegenwart so ausgefüllt hatte, wie er es wollte. Er erschien überlebensgroß. »Wenn Sie sich Schauspieler wie Laurence Olivier oder Ruth Gordon ansehen, dann wissen Sie, daß sie eine Art Superwirklichkeit erzeugen«, fuhr Heston fort. »Ich will damit nicht sagen, daß sie übernatürliche Persönlichkeiten, übermenschlich oder mythisch seien, sondern daß sie mehr als der Durchschnittsmensch die Bühne und die Leinwand ausfüllen. Gary Cooper konnte das. Als Schauspieler galt er im allgemeinen nicht viel, aber wenn er in seinem Element war und die Rollen spielte, die ihm lagen, konnte man den Blick nicht von ihm abwenden. Und in diesem Restaurant zeigte er, daß er auch im wirklichen Leben die Menschen zu fesseln verstand.«

Worin liegt diese Fähigkeit, eine »Superwirklichkeit« zu erzeugen? Man verwendet dafür oft den Begriff des »Charismas«. Mit anderen Worten, wir erkennen es sofort, wenn wir es erleben, aber wie soll man es definieren? Was ist Charisma? Man kann der Bedeutung dieses Wortes näherkommen, wenn man sich mit dem Phänomen des Filmschauspielers beschäftigt.

Stars, die als Persönlichkeit wirken

Man wird in einer Großstadt der westlichen Welt kaum einen Menschen treffen, der nie den Namen Robert Redford gehört hat – oder Meryl Streep oder Marlon Brando. In die gleiche Kategorie gehören auch sehr viele andere Filmschauspieler, mit Sicherheit Clint Eastwood, Charles Bronson, Sylvester Stallone, Charlton Heston, Glenda Jackson, Liv Ullmann, Shirley MacLaine und viele andere. Ihr Ruhm ist phänomenal, und ihre Filmrollen sind die Quellen ihres Erfolgs. Diese Menschen sind Schauspieler, aber sie sind auch »Stars«. Sie sind im Leben der Menschen gegenwärtig, weil sie »Stars« sind. Sie haben »Fans«, ein Wort, das sich, wie ich bereits erwähnt habe, aus dem lateinischen *fanaticus* ableitet – »jemand, der eine Gottheit bis zum Wahnsinn verehrt« oder »ein Besessener«.[1] In der Vorstellungswelt der meisten Menschen spielen »Stars« und »Berühmtheiten« eine wichtige Rolle. Wenn sie aufgefordert werden, die Namen von Menschen zu nennen, die sie persönlich kennen oder von denen sie gehört haben, werden die meisten Menschen in den westlichen Ländern mehr »Stars« aufzählen als Persönlichkeiten aus dem sozialen Umfeld, in dem sie leben. Obwohl wir die Menschen, die in unserer Phantasie eine so große Rolle spielen, nie persönlich kennengelernt haben, haben wir eine sehr starke gefühlsmäßige Beziehung zu ihnen. Wir werden von ihrem Image angezogen oder abgestoßen, identifizieren uns mit ihnen und stellen uns vor, daß wir gesellschaftliche, persönliche oder sexuelle Beziehungen zu ihnen haben. In unserer Vorstellungswelt sind es lebendige Menschen. Was also ist ein Star? Downing meint: »Ein Star ist jemand, von dem das Publikum ein ganz bestimmtes Handeln und Denken erwartet und der sich bei seinen Auftritten den Problemen der heutigen Welt so stellt, wie es auch seine Zuschauer tun könnten. Ein Star ist eine *soziale Konstruktion.* Und Stars haben mit Sicherheit auch ›Charisma‹.« Um Erfolg zu haben, muß sich ein Star bestimmte Beschränkungen auferlegen. »Man muß im voraus wissen, wie sich ein solcher Star in bestimmten Situationen verhalten wird; er kann verschiedene Aspekte der von ihm dargestellten Persönlichkeit zeigen, aber das Persönlichkeitsbild als solches muß erhalten bleiben.«[2] Es ist dieses »Persönlichkeitsbild«, das Gesicht, das er der Öffentlichkeit zeigt und das sein Publikum zu sehen wünscht. Solche Stars verkörpern etwas Ähnliches wie die »Geister«, die von den Schauspielern in den traditionellen Gesellschaften Besitz ergreifen, und damit erlangt der Schauspieler eine Art übernatürlicher Bedeutung. Die Persönlichkeit oder die durch den Schauspieler dargestellte Persönlichkeit scheint unsere Haltung gegenüber der Sexualität, den allgemeinen Verhaltensnormen, dem Lebensstil und dem Image zu verkörpern. Sie manifestieren sich in ähnlicher Weise wie im japanischen Noh und anderen traditionellen Formen des Theaters. Der Schauspieler gewinnt eine fast übernatürliche Bedeutung. In den vergangenen Jahren hat es einige sehr überzeugende Schauspieler gegeben, die es verstanden haben, solche »Geister« lebendig werden zu lassen. Zu ihnen gehören Jimmy Cagney, Gary Cooper, Humphrey Bogart und James Dean. Im persönlichen Leben können diese Schauspieler ganz anders sein als auf der Leinwand, aber in ihren Filmrollen bleibt das Image stets etwa das gleiche. Ein typisches Beispiel ist Clint Eastwood, dessen persönlicher Stil sich durchaus von dem des harten, kaltblütigen »Mannes ohne Namen« des Italo-Western oder seiner Darstellung in Calahan-Filmen unterscheidet. Aber das Publikum weiß, noch bevor es zu einem seiner Filme ins Kino geht, welcher »Geist« sich in dem Schauspieler Clint Eastwood verkörpern wird.

Junge Schauspieler, besonders wenn es amerikanische Männer sind, versuchen, diese »Starpersönlichkeit« in sich zu entwickeln. Rip Torn hat diese Tendenz sogar in den Schauspielschulen festgestellt und meint, das liege daran, daß solche Schauspieler leichter engagiert werden. »In den Schulen wird das Fach des Charakterschauspielers gar nicht mehr gelehrt. Statt dessen wird einem beigebracht, die eigene Persönlichkeit zur Wirkung zu bringen.

Die Leute glauben, dann würden die Schauspieler auch Verträge für Auftritte im Werbefernsehen bekommen, und nur auf diese Weise könnten sie zum Star werden. Sie müßten nur lernen, sich selbst zu spielen.«[3]

Estelle Parsons, die als Schwester von Clyde Barrow in dem Film *Bonnie und Clyde* bekannt wurde, ist eine arrivierte Bühnenschauspielerin und hat außerdem erfolgreich Regie geführt. Sie beklagt sich darüber, daß sie bei der Regie eines Theaterstücks neulich Schwierigkeiten hatte, weil die Schauspieler nicht bereit waren, auf die Projektion ihrer eigenen Persönlichkeit zu verzichten: »Es ist für Charakterschauspieler nicht leicht, engagiert zu werden. Im allgemeinen werden sie schlecht bezahlt, und kaum jemand kennt sie. Deshalb spielen sie sich selbst und kommen weiter und haben schließlich mehr Erfolg.«[4]

Doch viele Schauspieler, die nur einen bestimmen Typus spielen, geraten dabei in eine Falle. Liv Ullmann meint, einige »Stars«, die bei der Auswahl ihrer Rollen mehr riskieren könnten, seien zu sehr darauf bedacht, ihr Image als Darsteller eines bestimmten Persönlichkeitstyps zu wahren. Sie glaubt, diese Scheu, die besonders männliche Schauspieler zeigen, sei Ausdruck einer gewissen Unsicherheit. Diese Leute zweifelten daran, daß der Schauspielerberuf der richtige für sie sei. Diese Unsicherheit kompensierten sie dadurch, daß sie sich darum bemühten, immer den gleichen männlichen Typus darzustellen. »Viele männliche Schauspieler schämen sich tatsächlich ihres Berufs. Und sie bemühen sich wirklich um ihr Image. Man muß sich nur diese Männer auf der Leinwand ansehen; sie sind alle so männlich. Was Jack Lemmon in *Save The Tiger* getan hat, war sehr ungewöhnlich. Das gleiche gilt für Erland Josephson in *Szenen einer Ehe*. Meist sind sie überlebensgroß. Und das nicht nur, weil sie Männer sind, sondern auch weil sie männliche Schauspieler sind.«[5]

Vermutlich personifizieren diese Schauspieler einen Geist, der Bände über ein Bedürfnis aussagt, das tief in Amerika und den anderen Ländern verwurzelt ist, in denen ihre Filme so beliebt sind. Mit Ausnahme von Woody Allen gibt es nur wenige Filmschauspieler, die über die innere Kraft verfügen, die man braucht, um als Charakterschauspieler einen »schwachen« Geist zu verkörpern. Der Erfolg der Filme von Allen unterstreicht die Notwendigkeit, solche »Geister« auf die Leinwand zu bringen.

Manchmal werden Schauspieler vom Publikum mit der »Persönlichkeit« ihrer Rollen identifiziert, auch wenn das für den Schauspieler selbst unangenehm ist und er es nicht beabsichtigt hat. Ein typisches Beispiel ist Marlon Brando als Kowalski in *Endstation Sehnsucht* von Tennessee Williams. Das Publikum glaubte, der brutale, körperlich immer überlegene Kowalski entspräche der Persönlichkeit von Brando. Aber der Schauspieler sagt von dieser Rolle: »Kowalski hatte immer recht und fürchtete sich nie. Er brauchte sich nie irgend etwas zu überlegen und hatte keine Zweifel. Sein Ego war sehr stark. Und er besaß jene brutale Aggressivität, die ich hasse. Ich fürchte mich davor, und ich verabscheue diesen Typ.«[6]

Gene Hackman ist durch die Rolle des abgebrühten New Yorker Polizeidetektivs Popeye Doyle in eine ähnliche Identitätskrise geraten. In dem Film *Brennpunkt Brooklyn* war Hackmans Spiel so überzeugend, daß das Publikum den Eindruck hatte, Hackman *sei* Doyle. »Ich habe Eddie Egan (den New Yorker Polizisten, der das Modell für diese Rolle war) beobachtet und versucht, physisch das gleiche zu tun«, sagt Hackman. »Auf den Straßen von New York sieht man solche Burschen. Man erkennt sie schon am Gang, an der Art, wie sie reden und andere provozieren. Nun glauben die Leute, ich sei selbst so, aber sie irren sich gewaltig. Es hat mich erstaunt, welche Rolle die Gewalt im Leben dieser Männer spielt. Ich würde mich dabei zu Tode ängstigen.«[7]

Brando und Hackman haben sich schließlich von diesem Klischee befreien können. Es gibt auch viele andere Schauspieler, die die verschiedensten Rollen spielen und trotzdem zu Stars geworden sind. Dustin Hoffman hat zum Beispiel viele Rollen abgelehnt, weil sie nur ein Abklatsch seiner Titelrolle in dem Film *Die Reifeprüfung* waren, wo er einen desillusionierten Studenten gespielt hatte. Statt dessen übernahm er in seinem darauffolgenden Film *Wenn es Nacht wird in Manhattan* die Rolle des Ratso, eines heruntergekommenen New Yorker Aussteigers. Hoffman ist ein technisch hervorragend ausgebildeter Schauspieler, aber er ist auch ein »Star«. Er hat Charisma. Sein Erfolg zeigt, daß die

Beliebtheit der Schauspieler, die nur einen besonderen Persönlichkeitstypus verkörpern, lediglich ein Teilaspekt des ganzen Problems ist. Warum wirken bestimmte Schauspieler anziehender auf ihr Publikum als andere, und weshalb ziehen diese Schauspieler auf der Bühne und auf der Leinwand die Blicke ihrer Zuschauer stärker an als ihre Kollegen? Womit ziehen uns diese Menschen in ihren Bann?

Der persönliche Magnetismus

Einerseits fasziniert uns offenbar das gute Aussehen solcher Schauspieler und Schauspielerinnen. Besonders von den Filmschauspielerinnen wird oft verlangt, daß sie sexuell anziehend wirken, um so die Aufmerksamkeit des Publikums auf sich zu lenken. Aber diese Erklärung reicht nicht aus. Es gibt viele charismatische Schauspieler, die nach konventionellen Maßstäben durchaus nicht attraktiv sind, aber doch eine persönliche Ausstrahlung haben, mit der sie ihr Publikum fesseln. Barbra Streisand gehört zu ihnen. Sam Waterston meint: »Persönliche Manierismen sind im Film ebenso abzulehnen wie auf der Theaterbühne. Doch die Persönlichkeit, der persönliche Stil des Schauspielers weckt das Interesse des Publikums. Die Leute wollen Barbra Streisand auf der Leinwand sehen, und sie sagen: ›Donnerwetter! Das ist eine Persönlichkeit!‹«[8]

Richard Burton war ein solcher Schauspieler. Schon am Anfang seiner Bühnenlaufbahn wurden die Leute auf ihn aufmerksam, als er in einer Nebenrolle den Fußboden aufwischen mußte. In diesem Auftritt führten John Gielgud und Pamela Brown einen romantischen Dialog. Ihre Beziehung war das Hauptthema dieses Stücks. Burton hatte nichts anderes zu tun, als den Fußboden aufzuwischen und sich dabei mit ein paar kurzen Worten in das Gespräch einzumischen. Gielgud erzählt: »Als wir die Szene zum ersten Mal probten, wußte er, ohne besonders darauf hingewiesen zu werden, sofort, wann er die Aufmerksamkeit des Publikums auf sich lenken und wann er wieder in den Hintergrund treten mußte. Solange dieses Stück gegeben wurde, hat er sich daran gehalten.« Der Schauspieler Richard Leach, der ebenfalls in dieser Inszenierung mitwirkte, sagt: »Wenn Burton auf dem Boden kniete und ihn aufwischte, zog er automatisch die Blicke der Zuschauer an. In seiner Haltung lag eine gewisse Arroganz. Er tat, was er tun sollte, aber weil gerade er es war, zwang er die Menschen, ihm zuzusehen.«[9]

In einem Fernsehinterview der BBC hat sich Burton zu dem Problem der Präsenz des Schauspielers auf der Bühne wie folgt geäußert: »Stellen Sie zehn Schauspieler zusammen auf die Bühne, und es wird einer unter ihnen sein, der jedem Zuschauer auffällt.« Burton glaubte zwar, daß es Schauspieler gibt, die ihr Publikum stärker fesseln können als andere, aber er konnte nicht sagen, welche besonderen Eigenschaften die Voraussetzung für diese charismatische Wirkung sind. Er meinte: »Der charismatische Schauspieler kann hochgewachsen, gutaussehend und interessant sein, aber auch klein, dick und kahlköpfig.«[10]

Anthony Quayle, der in einer Reihe von Inszenierungen mit Burton Regie geführt hat, sah in Burton »eine Erscheinung, eine Stimme und einen Magnetismus, die das Publikum beherrschen, fesseln und faszinieren, wie es nur einmal in 20 Jahren vorkommt. Olivier hatte das auch, als er noch sehr jung war. Es ist eine irgendwie animalische Qualität«. Quayle erkannte, daß Burtons Attraktivität mehr war als der gewöhnliche »Pin-up-Sexappeal«, aber mit diesem Begriff kam man der Sache vielleicht noch am nächsten. »Vielleicht hat es etwas mit Sexualität zu tun ... Es ist eine besondere Qualität, die Männer interessiert und Frauen erregt, eine latente Kraft, die die Menschen beunruhigt. Wer sie hat, braucht kaum den Mund aufzumachen.« Quayle meint, es gäbe auch noch eine andere Erklärung für diese charismatische Qualität: »Gewöhnlich kommt sie mit dem Erfolg – der Erfolg gibt einem das persönliche Ansehen. Man braucht nicht mehr freundlich zu sein, man ist zu nichts gezwungen. Man muß nur dasein ... Es ist der Stolz, eine schwer zu beschreibende Qualität, und Burton hatte sie, bevor er ein erfolgreicher Schauspieler war.«[11]

Was bedeuten nun alle diese Qualitäten? Vielleicht sind das »Animalische« und der »Sex-Appeal« angeborene physische Attribute; ein von der Natur gegebener Magnetismus? Aber persönliches Ansehen, Stolz und persönliche Ausstrahlung sind psychische Qualitäten. In ihnen spiegelt sich offenbar die Lebensauffassung des Schauspielers wider, und Anthony Qualye meint, Ansehen und Stolz seien Ausdruck der inneren Freiheit, die es einem erlaubt, so zu sein, wie man ist. Wenn man über diese Freiheit verfügt, dann hat man es nicht nötig, sich ständig um die Zustimmung anderer zu bemühen. Dazu gehört Selbstvertrauen und Selbstsicherheit.

Charisma zu haben bedeutet nicht, beliebt zu sein. Charisma ist zum Teil vielleicht die Kraft, der Beliebtheit widerstehen zu können.

Verborgene Kräfte

Kenneth Tynan spricht von einem weiteren wesentlichen Faktor im Leben des Schauspielers, den er als das Mysteriöse, das Unergründliche in ihm bezeichnet. In einer Kritik über Burton in der Rolle des Othello in den 50er Jahren schreibt Tynan: »In diesem Schauspieler gibt es immer eine gewisse Reserviertheit, einen geheimen Bereich, zu dem uns der Zugang verwehrt wird, eine tiefe Einsamkeit, die ihm im Blut zu liegen scheint und wahrscheinlich sein walisisches Erbe ist.« Später hat Burton in einem Interview mit Tynan über diesen Aspekt seiner Persönlichkeit und seiner Arbeit gesprochen: »Ich glaube nicht, daß irgend jemand besonders daran interessiert ist, einem anderen zu helfen. Die Angstzustände vor der Eröffnungsvorstellung, die Nervosität und vieles andere muß man ohne fremde Hilfe ganz allein überwinden. Ich glaube, besonders das Gefühl, alleingelassen zu sein, die Einsamkeit, die Vorstellung, ganz auf sich selbst angewiesen zu sein, das alles gibt es nicht nur beim Schauspieler, wenngleich alle Schauspieler diese Zustände etwas intensiver erleben als die meisten Menschen.«[12]

Der Schriftsteller David Nathan spricht in seiner Biographie von Glenda Jackson davon, daß auch sie diese Einsamkeit kennt.

Er zitiert Hugh Whitemore, der gesagt hat: »Glenda hat den Ruf, eine robuste, fast männlich energische Schauspielerin zu sein, und sie hat eine sehr starke und klare Stimme... aber sie ist auch durchaus verwundbar und irgendwie einsam. Und in dieser Einsamkeit ist sie eine einzigartige Schauspielerin.«[13] Glenda Jackson hat auf der Bühne und im Film die verschiedensten Rollen gespielt, aber jeder Rolle verleiht sie ihre ganz persönliche Note.

Wenn ein Schauspieler das Gefühl vermittelt, er habe ein tiefes persönliches Geheimnis zu wahren, müsse einen gewissen Abstand halten und dürfe es niemandem erlauben, Einblick in sein tiefstes Inneres zu nehmen, dann steigert das seine Anziehungskraft; das Publikum spürt den Magnetismus eines solchen Schauspielers. Das ist eine Eigenschaft, die die Teilnahme des Zuschauers verlangt, und die Kräfte, die dabei frei werden, nehmen wir als Empfindsamkeit oder als das Bemühen des Schauspielers wahr, sich mit einem Schleier des Geheimnisses zu umgeben.

Überhöhte Realität

Es gibt zweifellos Schauspieler, die es »in sich haben«, aber ihr Charisma ist nicht ständig spürbar; sie strahlen es nicht unaufhörlich aus wie ein Leuchtturm, dessen Scheinwerfer ihren Lichtstrahl vierundzwanzig Stunden am Tag aussenden. Es gibt Schauspieler, die ihr Publikum auf der Bühne oder im Film ungeheuer stark beeindrucken, aber im Privatleben fast in die Anonymität versinken. Alec Guiness ist zum Beispiel dafür bekannt, daß er ein ganz unauffälliges Privatleben führt, und doch zeigt er in seinem Spiel fast mühelos erstaunliche charismatische Qualitäten. Auch John Hurt tritt privat kaum in Erscheinung. Als er in dem Stück *The Naked Civil Servant* die Rolle des exzentrischen homosexuellen Quentin Crisp spielte, für die er glänzende Kritiken bekam, behauptete Hurt, wenn er in der auffallenden Kleidung des Quentin Crisp in irgendeinem Pub erschienen sei, habe sich praktisch niemand nach ihm umgesehen. Sobald er sich aber in seinem ganzen Verhalten in Quentin Crisp verwandelte, erregte er plötzlich großes Aufsehen. Auch Laurence Olivier zeigt in der Öffentlichkeit nicht das gleiche Image wie auf der Bühne. Seine Frau, die Schauspielerin Joan Plowright, sagt: »Die Leute würden überrascht sein, wenn sie Larry zu Hause als Familienvater erlebten. Er ist so schrecklich *normal*... man erkennt ihn nicht wieder.«[14]

Als der Schriftsteller David Thomas den Schauspieler Klaus Kinski besuchte, um ihn zu interviewen, war er überrascht, einem Menschen zu begegnen, der ganz anders auf ihn wirkte, als er es erwartet hatte: »Wenn man den Darsteller des Aguirre kennenlernt, ist man erstaunt, einen so feingliedrigen Mann vor sich zu sehen (er ist nur 1,70 Meter groß und wiegt knappe 130 Pfund). Man hat damit gerechnet, einem Gewaltmenschen zu begegnen, der mit seiner Willenskraft die Tiere des Dschungels zähmen und unglaubliche körperliche Leistungen vollbringen kann.«[15]

Worin also liegt die Faszination dieser begabten Schauspieler, denen es gelingt, ihr Publikum so durch die Kraft ihrer Persönlichkeit zu fesseln.

Viele Schauspieler sprechen davon, daß es notwendig sei, bei jedem Auftritt eine Art konzentrierter Realität erzeugen zu können. Lynn Redgrave meint, man müsse auf der Bühne »fähig sein, vor 1500 Zuschauern eine neue Wirklichkeit zu schaffen. Im Grunde ist es eine Illusion, aber man muß den Anschein erwecken können, daß es ganz natürlich ist, und auch der Schauspieler selbst muß es glauben.« Und sie behauptet, das gleiche gelte auch für den Film. »Auch was im Film geschieht, wo alles davon abhängt, daß es natürlich wirkt, ist im Grunde alles andere als natürlich. Wenn die Kamera den Schauspieler in der Großaufnahme zeigt und er sich setzen soll, dann muß er es folgendermaßen tun (sie setzt sich ganz langsam auf einen Stuhl). Das ist nicht natürlich und entspricht nicht der Wirklichkeit. Aber auf der Leinwand sieht es so aus, als hätte ich mich ganz normal und weder zu schnell noch zu langsam hingesetzt. Aber so war es gar nicht. Und wenn ich glaube, daß die Person, die ich darstelle, wütend durch das Zimmer laufen muß, dann muß ich an einem bestimmten Punkt daran denken, daß die Kamera mir so rasch nicht folgen kann.«[16] Sie zeigt in ihren Auftritten daher einer *überhöhte* Wirklichkeit.

Lynn Redgrave weist auch darauf hin, daß es auf der Bühne

Verhaltensweisen geben kann, die aus der Perspektive des Schauspielers richtig sein mögen und sogar dem Charakter der dargestellten Person entsprechen, aber den dramatischen Anforderungen nicht genügen. So sagt sie zum Beispiel, daß die dargestellte Person plötzlich auf eine Idee kommen könnte, über die sie nachdenken muß und dazu eine Pause von zehn Minuten braucht, aber eine solche Pause entspricht nicht den Vorstellungen des Autors und würde auch vom Publikum nicht hingenommen werden. »Deshalb muß man nach einer neuen Wahrheit suchen, denn die angedachte ist uninteressant. Man muß eine Möglichkeit finden, die den Schauspieler befriedigt, dem Publikum etwas sagt und den reibungslosen Verlauf der Vorstellung ermöglicht.« Mit anderen Worten, die auf der Bühne gezeigte Wahrheit darf nicht nur für den Schauspieler gültig sein, sondern muß auch für das Theaterstück, den Film oder die jeweilige Situation gelten. Es muß eine *überhöhte* Wahrheit sein.

Wie ist das möglich?

Sam Waterston hat sich zu dem Problem der Präsenz des Schauspielers auf der Bühne geäußert. Er meint, der Schauspieler müsse bei seinem Auftritt den Eindruck erwecken, daß alles, was die von ihm dargestellte Person tut, denkt und fühlt, *außerordentlich wichtig ist.* »Vor allem muß man sich, wie ich glaube, in die dargestellte Person hineinversetzen können, man muß versuchen, sie zu verstehen, begreifen, was sie mit ihren Worten ausdrücken will, und allem, was sie tut, sagt und denkt, das notwendige Gewicht verleihen. Es ist außerordentlich wichtig, dafür zu sorgen, daß die Zuschauer die Bedeutung dessen begreifen, was auf der Bühne geschieht. Der Eindruck, den jeder Schauspieler auf das Publikum macht, verstärkt sich zugleich mit der Bedeutung dessen, was auf der Bühne geschieht.« Waterston weist darauf hin, daß dieses Prinzip auch im täglichen Leben gilt und nicht nur auf der Bühne. »Man kann das immer wieder beobachten. Man stelle sich eine Versammlung völlig anonymer Personen vor; einer dieser Menschen hat ein sehr dringendes Anliegen; er braucht nicht einmal seine Stimme zu erheben, er fängt nur an, innerlich zu glühen und schon weckt er das Interesse der anderen.«

Waterston erklärt, wie der Schauspieler Emotionen sichtbar

machen kann. Er sagt, wenn er bei einem Auftritt das Gefühl des Zorns verdeutlichen wolle, habe es keinen Sinn, sich vorzunehmen, »wenn ich das tue, werde ich zornig sein«. Das Gefühl müsse vielmehr in eine Handlung umgesetzt werden. »Ich sage mir zum Beispiel, ›ich muß dich dazu bringen, mir zu erlauben, diesen Stuhl mitzunehmen‹, und ich zeige, daß mir das sehr wichtig ist. Wenn mir der Stuhl verweigert wird, kann ich zornig werden.«[17]

Waterston erklärt, das sei dramatisch sehr viel wirkungsvoller als der bloße Versuch, das Gefühl des Zorns in sich zu erzeugen.

Jack Nicholson denkt ganz ähnlich. Vor einem Auftritt sagt er sich zum Beispiel nicht, »jetzt muß ich traurig sein«. Er versucht vielmehr, einem Gefühl durch sein Verhalten Ausdruck zu geben: »Vor meinem Auftritt weiß ich, daß die Person, die ich darstelle, diesen oder jenen Wunsch hat, und ich kenne ihre Lebensverhältnisse. Deshalb weiß ich, wie dieser Mensch mit seinem Problem umgehen wird. Nun versuche ich, dieses Problem wichtiger zu nehmen, als er es in Wirklichkeit tun würde, und damit entstehen Gefühle. Und die Gefühle, die mit dem Wunsch entstehen, etwas Bestimmtes zu erreichen, sind die richtigen Gefühle.«[18] Auch wenn man sagen kann, mit welchen Methoden ein Schauspieler seine Präsenz auf der Bühne fühlbar machen kann, darf man natürlich nicht annehmen, daß dies leicht sei. Im normalen Alltag scheuen wir uns davor, unsere Gefühle durch unser Verhalten sichtbar werden zu lassen. Simon Callow hat dieses Dilemma sehr überzeugend beschrieben: »Das größte Problem war für mich zu zeigen, daß ich mir irgend etwas wünschte. Wenn man nach irgend etwas verlangt, dann gerät man in eine Lage, in der man außerordentlich verwundbar ist. Und wenn man dann sein Verhalten darauf richtet, diesen Wunsch zu erfüllen, dann steht man plötzlich nackt da.«[19] Es ist eine Art emotionaler Verwundbarkeit, die durch die Masken und Verkleidungen, mit denen wir uns im täglichen Leben zu schützen suchen, hindurchscheint.

John Hurt hat das in einer Rolle sehr deutlich gezeigt. In *Der Elefantenmensch* spielte Hurt die Rolle eines unglücklichen Menschen, der mit einer faltigen Haut und deformierten Gliedern geboren und auf Jahrmärkten als »Elefantenmensch« ausgestellt wurde. Für diese Rolle veränderte der Maskenbildner das Gesicht von Hurt so sehr, daß seine natürlichen Gesichtszüge nicht mehr zu erkennen waren und er die Fähigkeit verlor, seinen Gefühlen durch seinen Gesichtsausdruck frei Ausdruck zu verleihen. Später hat sich Hurt wie folgt dazu geäußert: »Einer Rolle gerecht zu werden, wie ich sie in *Der Elefantenmensch* spielen mußte, ist wirklich eine schwere Aufgabe, denn hier muß man versuchen, durch das Make-up hindurch etwas zu projizieren ... und dabei kommt es nur noch auf das richtige Denken an.«[20]

Spontaneität

»Für den Schauspieler ist es das beste, wenn er nicht alles genau weiß. Unberechenbarkeit ist die erregendste Eigenschaft, die ein Schauspieler haben kann.«[21] Damit spricht Jack Nicholson von einem der am wenigsten verstandenen Aspekte der Schauspielkunst, von der Unberechenbarkeit, der Spontaneität und der Fähigkeit, das Publikum zu überraschen. Wie können Schauspieler das lernen? Die Antwort lautet ironischerweise, durch sorgfältige Vorbereitung und Vorausplanung.

»Ich kann es nicht ausstehen, wenn Leute behaupten, das Spiel des Schauspielers auf der Bühne sei ein irgendwie mystischer Vorgang«, sagte Glenda Jackson. »Das ist es nicht. Ich meine, man tut soviel, wie man tun kann; man reißt alles Gestrüpp aus, das einen behindern könnte, und verzichtet auf alles Überflüssige, auf alle Vorstellungen, die den Kern der Sache nicht treffen. Man bereitet sich nach Kräften physisch und mental darauf vor, daß etwas Neues geschieht. Das ist das Wesentliche bei jedem Auftritt: Wird etwas Neues geschehen?«

Für Glenda Jackson ist die Vorbereitung auf einen Auftritt im wesentlichen die *Vorbereitung auf die Spontaneität.* Damit sich auf der Bühne etwas Magisches, etwas Außergewöhnliches, etwas Besonderes ereignen kann, muß harte Vorarbeit geleistet werden. Die Spontaneität wird nicht mühelos von einem Augenblick zum anderen geboren. Sie ist nicht etwas, über das ein Schauspieler automatisch verfügt, sondern eine Möglichkeit, die sich erst nach gründlicher Vorbereitung ergibt. Über das »Neue, das sich ereignen soll«, sagt Glenda Jackson: »Ich glaube schon, daß etwas Geheimnisvolles dabei im Spiel ist, aber mir gefällt die Vorstellung nicht, das Ganze sei ein Vorgang, der sich in keiner Weise kontrollieren ließe.«

Liv Ullmann ist der gleichen Ansicht: »Ich bin immer gut vorbereitet, wenn ich zu den Filmaufnahmen komme. Ich kenne meinen Text. Ich habe keinen Kater. Wenn ich arbeite, gehe ich früh zu Bett, um am Morgen frisch zu sein.« Aber obwohl sie große Mühe darauf verwendet, die Grundvoraussetzungen zu schaffen, versucht sie nicht, ihre Emotionen im voraus festzulegen: »Emotional bereite ich mich nicht vor. Ich denke darüber nach, was ich zeigen will, aber ich bereite mich nicht vor, weil ich glaube, daß ich die meisten Gefühle, die ich zeigen muß, schon kenne ... ich kann sie zeigen.«[22]

Es ist wichtig, daß man es im rechten Augenblick seinem Instinkt und seiner Intuition überläßt, das zu verwenden, was vorbereitet worden ist; daß man es seinen natürlichen Kräften erlaubt, frei zu wirken. Das heißt, man muß wachsam bleiben und sich dem öffnen, was geschieht. Damit sind die Voraussetzungen für die Spontaneität geschaffen – für das Leben im Augenblick. Geraldine Page sagt: »Die Ausbildung, die ich genossen habe, ist in meinem Gehirn gespeichert, und ich gehe mit dem Stoff, den ich bewältigen muß, nicht ganz bewußt um. Ich verfüge über ein vielfältiges, im Unterbewußtsein gespeichertes, computerisiertes Wissen. Wenn ich es wirken lasse, dann ist sehr vieles geschehen, und ich hätte nicht die Zeit, es im einzelnen zu erklären.«[23]

Estelle Parsons erklärt, daß dieses Offensein etwas anderes ist, als nur entspannt zu sein: »Ich glaube, diese innere Bereitschaft ist mehr eine Sache des Sichöffnens und der Konzentration als der Entspannung. Man muß aufnahmefähig sein, bereit, alles zu akzeptieren. Wenn man Hemmungen hat, dann muß man versuchen, diese Hemmungen loszuwerden. Für mich bedeutet Entspannung eine gewisse Trägheit, eine Laschheit – ich würde sagen, man kann ganz entspannt sein, aber zugleich auch sehr gehemmt.«[24]

Was Meryl Streep sagt, klingt ganz ähnlich: »Ich versuche nicht, die Person, die ich spiele, zu sehr zu analysieren, und im Film halte ich nichts davon, zu viel zu proben ... das Spiel soll so lebensnah wie möglich sein, und das kann es nur sein, wenn man nicht genau weiß, was geschehen wird ... dann hat man die Chance, daß sich spontan etwas ereignen wird, und das macht die Person, die man darstellt, zu einem lebendigen Menschen. Ich glaube wirklich, bei dieser Arbeit muß man seinem Instinkt folgen.«[25]

Konzentration

»Sich bei seiner Arbeit vom Instinkt leiten zu lassen«, verlangt äußerste Disziplin und höchste Konzentration. In dem Film *Kramer gegen Kramer* spielt Meryl Streep die Rolle der Joanna, einer Mutter, die vor Gericht geht, um das Sorgerecht für ihr Kind einzuklagen. Ihre Aussagen vor dem Vormundschaftsgericht werden zu einer erschütternden Szene, und Meryl Streep spielt ihre Rolle in einem Zustand kontrollierter, starker Emotionen. Joanna bricht, ohne es zu wollen, in Tränen aus. Der Regisseur Robert Benton erinnert sich noch mit Staunen an diese Szene. »Wir mußten diese Szene von sieben Uhr morgens bis sechs Uhr abends immer wieder von neuem aufnehmen. Zuerst als Nahaufnahme, dann aus mittlerer Entfernung und am Schluß in einer Einstellung, die das Gesamtbild mit allen beteiligten Darstellern zeigte. Später nahmen wir nur Dustin auf, wie er auf ihre Aussage reagierte. Bei der letzten Einstellung hatten alle dreißig Anwesenden ihre Blicke auf Dustin gerichtet. Zufällig beobachtete ich auch Meryl. Sie zeigte immer noch die gleiche Intensität wie am Anfang, als sie die Szene zum ersten Mal spielte.«[26]

Das ist ein Höchstmaß an Konzentration. Aber um zu verstehen, mit welchen Mitteln Meryl Streep das Publikum in ihren Bann zieht, müssen wir uns die *Art* der hier gezeigten Konzentration näher anschauen. Sie ist mehr als die gewissenhafte Erfüllung aller Aufgaben, vor welche die Schauspielerin täglich gestellt wird. Es scheint vielmehr eine ganz besondere Art der Konzentration zu sein.

Der Filmregisseur John Boorman ist davon überzeugt, daß die Konzentration eine wichtige Voraussetzung für die Präsenz eines Schauspielers ist. Bei den Aufnahmen zum Film *Der Smaragdwald* in Brasilien arbeitete Boorman mit dem Schauspieler Powers Boothe zusammen. »Powers ist ein sehr überzeugender Schauspieler mit einem starken Konzentrationsvermögen. Powers ... ist ruhig, zurückhaltend und schont sich zunächst, um seine ganze Energie für die Rolle einsetzen zu können, die er zu spielen hat. Wir sprechen von der ›Präsenz‹ eines Schauspielers, und genau das ist es. Alle guten Filmschauspieler haben die Fähigkeit, sich zu konzentrieren, ihre ganze Aufmerksamkeit intellektuell und emotional auf den Charakter der dargestellten Person und die darzustellende Szene zu richten.« Dann fährt er fort: »Die meisten Menschen sind immer auch irgendwo anders, sie denken daran, was geschehen wird oder was schon geschehen ist. Sich seiner selbst bewußt zu sein, bedeutet, mit einem Teil des Selbst einen gewissen Abstand zu gewinnen und die jeweilige Situation aufmerksam zu beobachten, anstatt vollkommen darin aufzugehen und sich von den äußeren Umständen gefangennehmen zu lassen.«[27]

Wenn die Aufmerksamkeit nicht auf einen Punkt gerichtet ist, verzettelt sie sich. Die konzentrierte Aufmerksamkeit erzeugt eine Präsenz, die man *sehen* kann. Sam Waterston sagt, für einen Schauspieler käme es im wesentlichen darauf an, »als Person *sichtbar* zu werden ... die Menschen müssen ihn sehen können«.[28] Aber was sehen die Leute wirklich?

Charisma

Die Schauspieler haben sich irgendwo auf den Teppichboden des großen Probenraums gelegt. 15 Menschen liegen mit geschlossenen Augen flach auf dem Rücken und meditieren. Draußen, drei Stockwerke tiefer, rattert der Londoner Straßenverkehr vorüber. Doch hier erfüllt das tiefe, rhythmische Atmen den Raum mit einem organischen, angenehmen, aber doch irgendwie unheimlichen Geräusch. Jeder Schauspieler stellt sich vor, mit jedem Atemzug eine Farbe einzuatmen. Er kann sich für jede beliebige Farbe entscheiden. Dieses Seminar ist der Höhepunkt eines drei Wochen dauernden Intensivlehrgangs mit dem Ziel, die Vorstellungskraft des Schauspielers zu erhöhen, und nun beschäftigen wir uns mit dem Phänomen der Präsenz des Schauspielers auf der Bühne.

Vorher hatten wir über die Dynamik des »Charismas« gesprochen, über die Faktoren, die dem Schauspieler den Magnetismus eines Schamanen, eines Magiers oder eines Mystikers verleihen, mit dem er seine Zuschauer in seinen Bann zieht. Mit anderen Worten, es ging um die Fähigkeit des Schauspielers, die Blicke der Zuschauer auf sich zu ziehen und sie zu fesseln. Geschieht das durch Konzentration, durch Willenskraft oder Autorität? Gibt es die Möglichkeit, Menschen ohne Worte durch die Körperhaltung, durch Bewegungen oder Gesten zu veranlassen, ihre Aufmerksamkeit auf einen bestimmten Menschen zu richten? Augenscheinlich hat das nur am Rande etwas mit dem guten Aussehen eines solchen Menschen zu tun. Ist es vielleicht der Ausdruck seiner Augen? Oder ist es eine bestimmte Gesichtsform, die uns fesselt?

Wahrscheinlich spielen alle diese Faktoren eine gewisse Rolle. Aber ist es möglich, daß es noch eine andere wichtige Dimension gibt, deren wir uns nicht bewußt sind? Ist es etwas, das über das rein Physische hinausgeht, aber doch auf einer besonderen Wellenlänge empfangen werden kann? Wir bemühten uns darum, das zu erforschen.

Jedesmal, wenn die Schauspieler einatmeten, wurde ihr Körper allmählich von der Farbe erfüllt, die sie sich vorstellten. Der Sauerstoff wurde zu einer psychischen Kraft und im Bewußtsein des Schauspielers in eine physische Kraft verwandelt oder vielmehr in eine Energie, die das Physische mit dem Psychischen vereinigte. Wir hofften, auf ein Konzentrationszentrum zu stoßen, aus dem der Schauspieler seine Energien schöpfen könne. Dabei dachten wir an das Energiekonzept »Chi«, das Bewußtsein und Körper vereint. Es handelt sich dabei nicht um eine Theorie oder ein abstraktes Konzept. Es ist die Antriebskraft hinter einem Karateschlag, mit dem die bloße Hand Ziegelsteine zertrümmert.

Nun wollten wir diese Energie in der Präsenz des Schauspielers auf der Bühne finden und wirksam werden lassen.

Nach 40 Minuten intensiver, von mir geleiteter Meditation fordere ich die Schauspieler auf, sich vorzustellen, daß Lichtwellen sich auf ihrer Haut ausbreiten wie kleine Wellen auf der Wasseroberfläche, nachdem man einen Stein in das Wasser eines Teichs geworfen hat und die sich dann von der Einwurfsstelle aus gleichmäßig nach allen Seiten ausbreiten. »Lassen Sie die Farbe in den Ihren Körper umgebenden Raum ausstrahlen als eine Erweiterung der Energie, die Sie durch Ihren Atem erzeugt haben.«

Wenn jeder seine Konzentration in der Form der von ihm gedachten Farbe hat erweitern können, sage ich den Teilnehmern an dieser Übung, daß sie die Übung beenden und sich hinsetzen sollen. Nun wollten wir darüber sprechen, wie sich jeder einzelne fühlte, und mit der auf diese Weise entwickelten Energie eine Szene proben und improvisieren, um zu sehen, was sich damit erreichen ließ.

Schweigen. Niemand bewegt sich. Nichts deutet darauf hin, daß die Konzentration nachgelassen hat. Plötzlich richtet sich einer auf der einen Seite des Zimmers mit einer kurzen Bewegung auf und bleibt sitzen. Es ist Martin. Sein Körper ist erstarrt. Die Beine sind gerade auf dem Boden ausgestreckt, die Augen noch geschlossen. Ich sehe aber auch noch etwas anderes, was mich zutiefst erschüttert. Sein Körper ist von einem breiten, hellen türkisfarbenen Lichtband umgeben, das mit dem Herzschlag pulsiert. Dieses Lichtband beginnt am unteren Ende des Rückgrats, verläuft den Rücken hinauf über den Kopf und das Gesicht, hört aber aus irgendeinem Grund unter dem Kinn auf.

Ich bin überwältigt. So etwas habe ich noch nie gesehen. Ich zwinkere mit den Augen und sehe zum Fenster hinaus. Die auf der Straße vorbeifahrenden Autos spiegeln das trübe Licht der Nachmittagssonne. Aber als ich wieder zu Martin hinübersehe, ist das leuchtende Band immer noch da. Ich sehe es so klar und deutlich, daß ich das Gefühl habe, ich könnte hinübergehen und es greifen. Ich wende die Augen wieder von ihm ab und sehe mir die anderen Schauspieler an. Einige fangen an sich zu rühren und strecken die Glieder, als wollten sie aufwachen. Der Raum, der sie umgibt, scheint mit elektrischer Energie geladen zu sein. Aber ich könnte mir das auch einbilden. Vielleicht habe ich mir auch das farbige Band, das Martin umgab, nur eingebildet. Ich atmete tief ein, füllte meine Lungen mit Luft und atmete dann langsam und gleichmäßig wieder aus. Etwas ängstlich richtete ich meinen Blick auf Martin in der Erwartung, daß das leuchtende Band verschwunden sein würde. Aber es war immer noch da. Es leuchtete ebenso stark wie zuvor und verlief immer noch den Rücken hinauf über den Kopf und hörte unterhalb des Kinns auf.

Noch bevor ich Zeit gehabt hatte, über das Phänomen nachzudenken, sagte ich: »Martin hat eine blaue Aura.« Ich war so erstaunt und erregt, daß ich mich nicht hatte beherrschen können. Im gleichen Augenblick öffnete Martin die Augen und rief empört: »Das ist unglaublich. Blau ist die Farbe, mit der ich die ganze Woche gearbeitet habe.« Ich selbst hatte keine Ahnung, welche Farben die einzelnen Schauspieler sich bei ihren Meditationen vorstellten.

Jetzt entstand ein furchtbares Durcheinander. Einige Schauspieler setzten sich auf und baten mich, ihnen die Farbe ihrer Aura zu nennen. Andere starrten Martin ungläubig an und fragten ihn, was geschehen sei. Die allgemeine Unruhe weckte jetzt auch diejenigen, die sich in einen tiefen meditativen Zustand versetzt hatten. Martin war erschüttert und ergriffen. Er glaubte, er habe gelernt, seine Präsenz so intensiv zu projizieren, daß die Farbe sichtbar wurde.

Es gibt niemanden, der bestätigen könnte, was ich gesehen habe. Martins blaue Aura verschwand in dem Augenblick, als er die Augen öffnete, und keiner der Anwesenden hatte sie gesehen. Natürlich ist es möglich, daß es eine Selbsttäuschung war und ich nur zufällig die Farbe zu sehen glaubte, mit der Martin gearbeitet hatte. Vielleicht war es auch nur Zufall, daß ich dieses Leuchten auch noch wahrzunehmen glaubte, nachdem ich den Blick zweimal davon abgewendet hatte, und daß es der Klang meiner Stimme gewesen war, der die Halluzination zum Verschwinden brachte und die äußere Manifestation seiner Konzentrationsübung verlöschen ließ, und nicht der Umstand, daß Martin die Augen öffnete. So gab es für das, was ich wahrgenommen hatte, keinen konkreten

Beweis, denn es geschah im Rahmen eines praktischen Seminars und nicht einer kontrollierten wissenschaftlichen Untersuchung.

Es gibt aber doch eine ganze Reihe von Hinweisen darauf, daß mehr dahinterstecken könnte als bloße Einbildung und daß es im menschlichen Leben Dinge gibt, die zwar außerhalb des bewußten Wahrnehmungsbereichs liegen, aber doch innerhalb unseres Erfahrungsbereichs.

Es gibt Menschen, die behaupten, die »Aura« sehen zu können, die angeblich den menschlichen Körper umgibt, und man hat in neuerer Zeit Versuche angestellt, dieses Licht zu fotografieren. Zunächst erscheint uns diese Vorstellung seltsam, weil wir in der westlichen Kultur so sehr daran gewöhnt sind, die Haut als unsere äußerste Schicht anzusehen. Aber der Wärmeaustausch mit unserer Umgebung findet ständig statt, und es ist nicht schwierig, sich vorzustellen, daß der Körper auch Energie ausstrahlen kann.

Die Vorstellung von der menschlichen Aura ist schon im Altertum entstanden, und diese Aura wird auf ägyptischen, indischen, griechischen, römischen und christlichen Heiligenbildern dargestellt. Schamanenschauspieler in den traditionellen Gesellschaften einschließlich westlicher Kulturen in vergangenen Jahrhunderten arbeiteten mit Manifestationen von Energie, die aussahen wie Auren.[29]

In neuerer Zeit hat man in Rußland mit der Erforschung solcher Phänomene begonnen und Apparate entwickelt, welche die Energie fotografieren können, die von Lebewesen ausgestrahlt wird, und zwar von Menschen, Tieren und Pflanzen. 1974 hat der Erfinder dieser Kamera, Semjon Kirlian, ein eigenes Laboratorium eingerichtet und auch in anderen russischen Institutionen hat man angefangen, mit den von Kirlian entwickelten Apparaten diese Forschungen voranzutreiben. Die so entstandenen Fotografien zeigen leuchtende Punkte und Strahlen, und der in Leningrad lebende Arzt Dr. Michael Gaikin hat festgestellt, daß die am menschlichen Körper aufleuchtenden Energiepunkte den Körperstellen entsprechen, an denen die Behandlung bei der Akupunktur angesetzt wird.

Ob diese »Kirlian-Auren« etwas mit den traditionellen psychischen Auren zu tun haben, läßt sich noch nicht sagen. Es erscheint aber durchaus möglich, daß wir erst jetzt beginnen, eine Dimension der Energie zu verstehen, welche die westliche Wissenschaft bisher nicht gekannt hat, mit der jedoch Mystiker und für übersinnliche Einflüsse empfängliche Personen schon seit Jahrhunderten vertraut sind.[30]

Und Schauspieler.

Die Schauspieler in den traditionellen Gesellschaften waren Menschen mit einer starken Ausstrahlung. Ebenso wie bei unseren heutigen Schauspielern verstärkte sich ihr persönlicher Magnetismus durch den Ruf, den sie genossen. Es waren aber auch Menschen, die einen starken Einfluß auf andere ausübten, vor allem durch die Stärke ihres Charakters und ihres Willens.

Wahrscheinlich sind viele Schamanenschauspieler rätselhafte, geheimnisvolle und eigenartige Menschen gewesen. Doch ihre Auftritte wurden sehr gründlich vorbereitet. Ihre Spontaneität wurde unterstützt durch gründliche Vorbereitung und Konzentration. Aber vielleicht hat die dabei frei werdende Energie die Präsenz der Schamanenschauspieler zur Wirkung gebracht. Denn sie haben auch Kranke geheilt, und man glaubte, sie übertrügen diese Energie auf ihre Patienten. Es war eine Energie, die mit Hilfe der Geister zur Wirkung kam – mit Hilfe konzentrierter Quellen im Inneren des Menschen. Und es ist konzentrierte Energie, die jedem die Kraft der Präsenz verleiht, der sie für sich in Anspruch nehmen will. Dazu ist es notwendig, sich auf das zu konzentrieren, was man wünscht oder braucht, und alle verfügbare Energie dafür einzusetzen.

Die Schauspielkunst ist keine esoterische Disziplin, die nichts mit dem täglichen Leben zu tun hat. Sie *ist* das tägliche Leben, das intensiv und in seiner ganzen Fülle gelebt wird, wobei dem Schauspieler Kräfte bewußt werden, die jenseits der Rationalität liegen. Glenda Jackson sagt, der Schauspieler erfahre den Sinn des Lebens »Sekunde um Sekunde, Herzschlag um Herzschlag«.

Wenn wir unser tägliches Leben führen und damit unser Selbst zum Ausdruck bringen, erleben wir »dramatische« und weniger dramatische Situationen. Das Theater und das Leben werden interessanter, wenn wir in dramatische Ereignisse verwickelt werden, wenn sich unsere Emotionen steigern und es zu Konflikten und Leidenschaften kommt. Dies geschieht deshalb, weil wir unsere ganze Energie auf das richten, was wir anstreben. Dann sind wir wach, aufmerksam und lebendig – wir sind aktiv.

Wenn wir uns für etwas engagieren und uns zum Handeln veranlaßt sehen, geraten wir buchstäblich in einen Zustand der »Selbstvergessenheit«. Denn sehr oft leben wir in den erregendsten Augenblicken so stark in der Gegenwart, daß wir uns unserer selbst nicht mehr bewußt sind. Wir sind so stark mit unserem Handeln beschäftigt, daß wir uns voll mit unserem Tun identifizieren und nicht mehr den Abstand davon gewinnen, der notwendig wäre, um das Geschehene in unser Bewußtsein aufzunehmen. Das Bewußtsein verzichtet darauf, die Einzelheiten eines so starken Erlebnisses zu registrieren. Wir sind zu beschäftigt, um ein Tagebuch darüber zu führen.

Schauspieler leben ganz und gar in der Gegenwart. Aber im täglichen Leben wagen wir es nur selten, uns ganz der Gegenwart hinzugeben. Robert Benedetti meint, wir zögen es vor, »in einer bequemen Kontinuität zu leben, die wir damit erreichen, daß wir die Linien verwischen, welche die Gegenwart von der Vergangenheit und der Zukunft trennen. Die Vergangenheit in der Erinnerung und die Zukunft in der Erwartung lassen sich beide durch unser Bewußtsein kontrollieren, aber die Gegenwart schreibt uns ihre Bedingungen vor. Zwar können wir sie nie ganz isolieren, aber wir können mit dem unendlichen *Fluß* des Gegenwärtigen in Berührung bleiben.«[31]

Es geht darum, den gegenwärtigen Augenblick zu erfüllen und im Jetzt zu leben.

12.
Die Seele: Die Befreiung vom Körper

Shirley MacLaine verließ ihren Körper zum ersten Mal im Schlaf. Sie hatte nicht das Gefühl zu träumen: »Ich hatte die Empfindung, es sei wirklicher als ein Traum. Es war, als schwebte ich über der Erde mit den Luftströmungen auf und ab wie ein Vogel. Vom Wind getragen schwebte ich über Täler und Berge, Flüsse und Bäume... und mein ganzes Sein konzentrierte sich und dehnte sich gleichzeitig aus. Ich hatte das Gefühl, daß es wirklich geschah, daß mein Körper jede Bedeutung verloren hatte, und das war ein Teil dieses Erlebnisses. Mein wirkliches Ich schwebte frei und klar dahin, erfüllt mit dem Frieden der Verbundenheit mit allem, was existierte.«[1]

Einige Jahre später saß Shirley MacLaine eines Abends im Wasser einer Schwefelheilquelle. »Ich atmete tief... ich hatte das Gefühl großer Leichtigkeit im Kopf und spürte sehr deutlich, wie sich ein Tunnel in meinem Bewußtsein öffnete. Er erweiterte sich wie eine Höhle im freien Raum, in dem es nichts Störendes mehr gab... ich wurde zu diesem Raum in meinem Bewußtsein. Ich hatte das Gefühl, in den Raum hinauszufliegen, ihn auszufüllen und meinen Körper zu verlassen, bis ich anfing, in große Höhen hinaufzuschweben. Ich war mir bewußt, daß mein Körper im Wasser zurückblieb. Ich blickte hinunter und sah ihn... mein Geist, mein Bewußtsein, meine Seele oder was es auch gewesen sein mag, stieg immer höher in den Raum hinauf. Ich schwebte durch die Decke des Badehauses nach oben hoch über den im Dunkel liegenden Fluß und hatte das deutliche Gefühl zu fliegen... nein, fliegen ist nicht das richtige Wort... es war viel sanfter als das... ich könnte eher sagen, ich wurde von der Luft getragen ... so schwebte ich immer höher und höher, bis ich die Berge und die Landschaft unter mir sehen und wiedererkennen konnte, was ich während des vergangenen Tages gesehen hatte.«[2]

Dieses Erlebnis liegt gewiß außerhalb des Bereichs des Rationalen. Die Wissenschaft in unserer westlichen Kultur nimmt an, daß unser bewußtes und unbewußtes Selbst in uns leben oder sogar mit unserem physischen Körper identisch sind. Und eine Existenz außerhalb des Körpers widerspricht unserer Vorstellung von unserem Selbst.

Die meisten von uns haben gewöhnlich den Eindruck, alles, was sie tun und denken, werde von einem Kontrollzentrum innerhalb des physischen Körpers gelenkt. Wir begreifen uns als von allen uns umgebenden Dingen und Menschen getrennt existierende individuelle Einheiten. Wir leben in der Vorstellung unsere Identität sei das gleiche wie unser Körper und daß »ich hier drin« bin, während wir jeden anderen Menschen und jedes andere Ding »außerhalb« unserer selbst sehen. Wir haben uns im Lauf unseres Lebens so sehr an diese Anschauungsweise gewöhnt, daß sie jede andere Perspektive, die wir im Leben entwickeln, entscheidend beeinflußt. Es erschreckt uns, daß es Menschen gibt, die glauben, es verhielte sich anders. Wer würde heute zum Beispiel glauben, das Selbst könne *außerhalb* des Körpers existieren, wie wir es vor Jahrhunderten in der westlichen Kultur getan haben?

Wir alle kennen Aussprüche wie »Er ist aus der Haut gefahren«, »Ich war außer mir vor Erregung« usw. Solche Vorstellungen aus längst vergangenen Zeiten haben sich bis heute erhalten. Damals glaubten wir, der Mensch könne Bewußtseinszustände erleben, in denen er buchstäblich den Körper verläßt. Zwar empfinden wir diesen Gedanken als ungewöhnlich, aber es gibt auch heute Möglichkeiten sich vorzustellen, daß wir uns über den von unserer Haut umschlossenen Raum hinaus ausdehnen können. Wenn wir uns zum Beispiel mit anderen Menschen im gleichen Raum befinden, tauschen wir Körperwärme und Mikroorganismen aus, atmen die gleiche Luft usw. Biologisch gesehen *verbindet* uns die Haut mit jedem und mit allem ebenso wie sie uns von Dingen und Menschen trennt. Sie ist durchlässig. Alles mögliche wird durch die Haut aufgenommen und ausgeschieden.

Doch wie steht es mit unserem psychischen Selbst? Auch hier existieren wir unabhängig von unserem Körper. So ist es zum Beispiel in jedem Augenblick möglich und wahrscheinlich, daß irgend jemand an uns denkt; ein Freund, ein geliebter Mensch, ein Bekannter, ein Arbeitskollege oder ein Verwandter. Und unsere Existenz im Bewußtsein anderer Menschen hat natürlich keine geographischen Grenzen. Der Teil von uns, der das Bewußtsein anderer beschäftigt, kann jederzeit überall auf der ganzen Welt sein.

Wenn das richtig ist, wo liegt der innerste Kern unseres Wesens? Die Essenz unserer selbst? Und welche Verbindung besteht zwischen diesem Kern und unserem Körper?

Man hat diesen Teil des »Selbst«, der unabhängig vom Körper existiert, »Seele« genannt. Weil die religiöse Bedeutung dieses Begriffs heute für viele ihren Sinn verloren hat, ist er in letzter Zeit in den Hintergrund gedrängt worden. Aber in der Welt des Schauspielers hat er immer noch seine Bedeutung. Klaus Kinski spricht zum Beispiel vom »Kontakt von Seele zu Seele« zwischen ihm und seinem Publikum im Kino. Er meint damit die Intensität der Kommunikation, die er zu erreichen hofft und die über die normale »zwischenmenschliche« Beziehung weit hinausgeht. Liv Ullmann spricht von der Wahrheit, die der Schauspieler zum Ausdruck bringt, als von der »Entdeckung der Seele eines anderen menschlichen Wesens«.

Die Seele stellt etwas dar, das zugleich größer und konzentrierter ist als das Selbst – sie ist das *Wesen* der Person. Im Sinne des bisher Gesagten ist das Konzept der Seele insofern interessant, als es uns erlaubt, uns eine Vorstellung von einem Aspekt unseres Wesens zu machen, der nicht an die Körperlichkeit unserer Existenz gebunden ist. Zwar sprechen wir manchmal vom »Herzen« eines Menschen, besonders im Hinblick auf seine Gefühlswelt oder seinen Mut, aber meist beschränken wir uns, wenn wir von dem »Selbst« reden, auf den begrenzten Raum des »Persönlichen«, das zwischen den Ohren und hinter den Augen lebt, von dem Raum, aus dem wir durch die beiden Öffnungen in die Welt hinausblicken, die wir »Augen« nennen.[3]

Dieses »Selbst«, das seinen Sitz im Kopf hat, ist für die meisten von uns das Kontrollzentrum, das unser Leben bestimmt und von dem aus wir unser Verhalten steuern. Dieses »Selbstgefühl« beherrscht uns, und wir stellen uns vor, daß es in gewisser Weise die Verfügungsgewalt über den Körper hat. So sprechen wir zum Beispiel von »meinen Armen« oder »meinen Beinen«, als seien sie irgendwie von dem »Selbst« getrennt und befänden sich in dessen Besitz. Aber andererseits ist auch das Selbst an den Körper gebunden. Wir sind in den Grenzen unseres Körpers gefangen, und weil diese Auffassung von dem an den Körper gebundenen Selbst so fundamental ist, wird von ihr unser ganzes Leben bestimmt... Deshalb ist es so wichtig, daß sich der Schauspieler aus der Enge seiner Körperlichkeit befreit.

Mittelpunkt

Jeder Schauspieler wirkt von einem geistigen *Mittelpunkt* aus. Dieses Zentrum ist nicht so esoterisch wie die Seele, denn die Arbeit des Schauspielers liegt im Bereich des praktischen Lebens. Der »Mittelpunkt« ist eine bewegliche Arbeitsbasis für das Handeln. Oft ist sich der Schauspieler dieses Zentrums nicht bewußt. Es ist vielmehr eine sein Handeln bestimmende intuitive Energiequelle, aus der heraus der Schauspieler arbeitet, handelt und lebt. Wenn der Schauspieler bei der Ausübung seines Berufes dieses Zentrum vernachlässigt oder wenn es ihm fehlt, dann wird es ihm auch an Direktheit, Wahrheit und Überzeugungskraft fehlen. Aber das gilt auch für das Leben eines jeden anderen Menschen. Aus einem Mittelpunkt heraus zu leben, wird jedem Menschen Nutzen bringen.

Ebenso wie die »Seele« ist auch dieses »Zentrum« schwer zu definieren. Es ist ein zu vager Begriff, als daß er mit Worten zutreffend beschrieben werden könnte. Das führt auch in der Welt des Schauspielers zu Täuschungen und Irrtümern. Aber in Seminaren und Proben kann man einem Schauspieler helfen, eine physische und psychische Kraftquelle im Körper zu lokalisieren (bei den meisten liegt sie zwischen dem Herzen und dem Sonnengeflecht). Wer von diesem Zentrum ausgehend arbeitet, erhöht in unbeschreiblicher Weise seine persönliche Ausstrahlungskraft. Vor allem ermöglicht es dem Schauspieler, von einer persönlichen Basis aus zu leben, die nicht allein auf den Kopf beschränkt ist. Natürlich behält das Gehirn auch weiterhin seine Funktionen als das Organ, mit dem wir denken, Entscheidungen treffen und reflektieren. Wenn wir aber das *Selbstgefühl* in den Körper verlegen, hat das eine ausgleichende und harmonisierende Wirkung; das Verständnis für den Begriff der Energie ist bei uns im Westen noch nicht sehr weit entwickelt. Für uns hat er nur eine rein physikalische Bedeutung. Dieses Zentrum ist jedoch der Brennpunkt für das Aufnehmen und das Abgeben von Energie. Es ist die Quelle, von der aus der Mensch seine Energie fließen läßt. Im Osten macht man sich dieses Konzept zunutze, und es wird dort besonders im Kampfsport (Judo und Karate) angewendet. Im Westen hat es vor allem für den Schauspieler eine Bedeutung. Der Schlüssel zur Befreiung von dem im Körper gefangenen Selbst liegt für den Schauspieler darin, daß er bei seinem Spiel von diesem Energiezentrum ausgeht.

Erweiterung des Selbst

Kirsten Hughes liegt in der Mitte eines sehr großen Probenraums auf dem Rücken. Wir befinden uns in einem Studiotheater. Sie hat die Augen geschlossen. Ich spreche mit ihr und führe sie durch eine Entspannungsübung. Dabei verlangsamt sich ihr Atem, ihr Körper entspannt sich, und sie kann klarer denken. Jeder Atemzug wird langsamer und tiefer als der vorige. Ich fordere sie auf, sich vorzustellen, daß sie mit jedem Atemzug eine Farbe in sich aufnimmt, und überlasse es ihr, die Farbe zu bestimmen. Jedesmal, wenn sie einatmet, bildet sich in ihrem Körper eine Kugel aus farbigem Licht, eine helleuchtende Lichtkugel in ihrem Zentrum. Es ist das Zentrum ihrer Energie, ihres Körpers und ihres Bewußtseins. Dieser psychologische Vorgang, bei dem die Farbe eine stark visuelle Kraft darstellt, führt zu einer intensiven Konzentration von Körper und Bewußtsein.

Nun fordere ich Kirsten auf, sich vorzustellen, daß ein Kieselstein in den farbigen Ball fällt wie in das Wasser eines Teichs. Kleine Wellen breiten sich nach allen Seiten hin aus, dringen durch ihre Haut nach außen und erfüllen allmählich den ganzen Raum. Sie fährt fort, tief zu atmen. Die Farbe fließt wellenförmig weiter, bis ein weiter Raum außerhalb ihres Körpers davon erfüllt ist.

Schließlich ist das ganze Innere des Theaters von dieser Farbe erfüllt, und sie ist das erweiterte Selbst von Kirsten. Der Raum ist von ihrer Energie erfüllt. Ihr Körper und mein Körper befinden sich innerhalb ihres erweiterten Selbst. Wir sind von *ihr* umschlossen.

Ich bitte Kirsten, aufzustehen und ihre Augen nicht zu öffnen. Dann nehme ich sie am Arm und führe sie in ihrem eigenen Inneren herum. Dabei entdeckt sie den Inhalt des von ihrem erweiterten Selbst eingenommenen Raums. Wir gehen schneller. Ihre Augen sind fest geschlossen. Ich lasse sie energisch vorangehen, und sie sagt mir, was sie empfindet – wo es warm und wo es kalt ist, und sie sagt, wann sie das Gefühl hat, durch den Mittelpunkt dieses Raumes zu gehen, von dem die Energie ausgeht.

Kirsten beginnt sich in ihrem Inneren wohl zu fühlen. Vertrauensvoll durchschreitet sie den Raum. Ich lasse ihre Arme los, und sie geht allein weiter. Sie fühlt sich sicher, weil ihr diese Umgebung nicht fremd ist. Sie befindet sich nicht außerhalb ihrer selbst. Wohin sie auch geht, bleibt sie bei sich selbst, und dieses Selbst ist nicht mehr auf ihren Körper beschränkt. Es hat sich ausgeweitet, und diese Erfahrung wirkt belebend. Die Grenzen haben sich nach außen verschoben. Dann nähert sie sich einer Wand, und ich rufe »Stopp!« Sie wechselt die Richtung und setzt ihre Reise innerhalb von Kirsten fort.

Manchmal fängt sie an, mit geschlossenen Augen durch diesen Raum zu traben. Ich sorge dafür, daß sie sich dabei nicht an irgendwelchen Ecken oder Kanten stößt, und warne sie vor jeder Gefahr. Sie läuft in sich selbst herum und beschleunigt das Tempo. Schon bald läuft sie mit hoher Geschwindigkeit durch das Zimmer, während ich dafür sorge, daß sie sich nirgends stößt. Es ist zugleich erschreckend und aufregend, sie zu beobachten, und es ist unglaublich, wie belebend und befreiend es auf sie wirkt, mit geschlossenen Augen, aber ungehindert in ihrem erweiterten Selbst herumzulaufen. Das Gefühl des Vertrauens, welches das *Einswerden* mit dem den Körper umgebenden Raum begleitet, während das Selbst ihn ausfüllt und in Besitz nimmt, ist überwältigend. Und wenn zwei oder mehr Menschen sich in diesem Raum befinden, dann ist das Erlebnis, die Erfahrung mit ihnen zu teilen, noch erregender und intensiver als vorher.

Zum Schluß führe ich Kirsten zurück in die Mitte des Zimmers. Sie legt sich hin, und ich bitte sie, wieder normal zu atmen. Anschließend geht sie sofort zu einer Probe für die Inszenierung, in der sie auftritt. Ihre Kollegen haben mir am folgenden Tag erzählt, ihre Leistungen während dieser Probe hätten sie in Erstaunen versetzt. Sie hätten noch nie erlebt, daß Kirsten ihre Rolle mit einem solchen Selbstvertrauen gespielt habe.

Es ist das Vertrauen zu einem über den Körper hinaus erweiterten Selbst.

Fliegen

Ich glaube, vor einer Erstaufführung hat man manchmal ein ähnliches Gefühl wie ein Fallschirmspringer, der sich in den freien Raum stürzen muß – man hat dieses schreckliche Gefühl, daß man den nächsten Schritt nicht tun kann. Man muß sich dazu zwingen. Ich bin noch nie aus einem Flugzeug gesprungen, aber es muß ganz ähnlich sein. Irgendwie *weiß* man, daß sich der Fallschirm öffnen wird, er wird einen auffangen, und man wird richtig landen. Es ist nur dieser unnatürliche Entschluß, diesen Schritt hinaus in die freie Luft zu wagen. Antony Sher sagt, er habe dieses Erlebnis, plötzlich ›fliegen‹ zu müssen, schon häufiger gehabt. Viele Schauspieler kennen es, und sie sprechen davon, wenn sie sagen, sie seien bei einer Aufführung ›high‹ gewesen, hätten das Gefühl gehabt, durch die Luft zu schweben, usw.

Viele Menschen wissen, wie es ist zu fliegen, denn sie haben es in ihren Träumen erlebt. Wir kennen die damit verbundene freudige

Erregung und die Angst, die uns dabei ergreift. Aber für den Schauspieler gehört dieses Erlebnis zu seinem Arbeitsalltag.

Sam Waterston schildert eine solche Erfahrung. Es geschah, als er die Rolle des Lucky in einer Inszenierung des Stücks *Warten auf Godot* spielte: »Während der letzten Aufführung erlebte ich eine Offenbarung, die die ganze Rolle, während ich auf der Bühne stand, blitzartig in einem neuen Licht erscheinen ließ.« Aber es war buchstäblich das emotionale Hoch, das die Inspiration begleitete, auf die es hier ankommt. »Es war wie eine ekstatische Erfahrung... ich habe das gleiche nur noch ein einziges Mal beim Skifahren erlebt.« Waterston war für drei Wochen zum Skilaufen nach Österreich gefahren. »Ich stand täglich von morgens bis abends auf den Skiern und wurde immer sicherer. Gegen Ende des Urlaubs machte ich eine Abfahrt parallel zum Hang. Ich muß etwa 95 Stundenkilometer schnell gewesen sein... alles lief hervorragend, und ich machte mir keine Gedanken darüber, doch plötzlich hatte ich das Gefühl, vom Boden abzuheben. Ich glaubte zu fliegen. Und das gleiche erlebte ich bei diesem Auftritt auf der Bühne.«[4]

Das ist genau die ekstatische Erfahrung, von der die traditionellen Schamanenschauspieler berichten, für die das Fliegen gleichbedeutend mit einem höheren Bewußtseinszustand ist. Im Schamanismus ist die Ekstase der Zustand, in dem der Schamane seinen physischen Körper verläßt, um sich auf die Reise in das Land der Geister zu begeben. Und während der Schamanenschauspieler in der Phantasie in die Geisterwelt aufsteigt, entdeckt Waterston in seiner ekstatisch gesteigerten Phantasie das wahre Wesen *seines* Geistes, der Rolle, die er spielt.

Sam Waterston vergleicht das Spiel auf der Bühne mit »der Fähigkeit, sicher zu fliegen – das ist es, was man zu erreichen sucht. Man will nicht *mit* irgend etwas fliegen; man will *selbst* fliegen!«

In den traditionellen Kulturen erlebten die Schauspieler diesen Zustand des sich außerhalb des Körpers Befindens bei fast jedem Auftritt. Denn der Schamanenschauspieler reiste nach den damals herrschenden Vorstellungen in einem körperlosen Zustand in das Land der Geister, um bei seiner Rückkehr Botschaften aus der

Geisterwelt zu verkünden. Es wird sogar behauptet, daß diese Schauspieler buchstäblich fliegen konnten.[5] Diese Vorstellung gründet sich auf die Tatsache, daß ihre Kostüme oft aus Federn hergestellt waren und sie in vogelähnlicher Gestalt auftraten. Aber wir sollten mit unserem Urteil vorsichtig sein, denn in den traditionellen Gesellschaften gibt es keine so scharfe Unterscheidung zwischen Realität und Phantasie wie bei uns im Westen. Für diese Menschen hat die Metapher in den ungezählten Lebensbereichen, in denen es auf ein kreatives Wahrnehmungsvermögen ankommt, eine viel tiefere Bedeutung.

In den traditionellen Gesellschaften ist die *erfahrene* Realität ebenso bedeutungsvoll wie die objektive materielle Realität. Und das ist mit Sicherheit richtig. Denn wenn sich Menschen eine Szene oder ein Ereignis vorstellen, dann ist das, was sie mental und emotional erfahren, dem, was sie erleben, wenn dieses Ereignis in der Realität eintritt, sehr ähnlich. Die Vorstellungskraft wird in ihrer Intensität nicht durch die äußere materialle Realität bestimmt. Mit anderen Worten, der Schamanenschauspieler *hat das Gefühl* zu fliegen, auch wenn sein physischer Körper am Boden bleibt. Er fliegt im Geist, und sein Bewußtsein vermittelt ihm diese Erfahrung. Er hat das gleiche Erlebnis wie Antony Sher und Sam Waterston.

Außerhalb des Körpers

Ich saß neben ihm. Wir waren allein. Die Sonnenstrahlen drangen durch das Fenster und malten goldene Flecken auf den beigefarbenen Teppichboden. Das einzige Geräusch waren die rhythmischen, langsamen Atemzüge des Schauspielers, der allmählich immer tiefer in die Trance versank.

»Entspannen Sie sich nur«, murmelte ich. »Wenn Sie glauben, soweit zu sein, verlassen Sie Ihren Körper.«

Der Schauspieler lag ganz ruhig da, nur seine Augen bewegten sich unter den Lidern. »Lassen Sie sich Zeit«, sagte ich. Ich wußte, wenn er es zu früh versuchte und es mißlang, würde er das Vertrauen verlieren, und das Experiment würde nicht gelingen. »Lassen Sie sich Zeit, und wenn Sie soweit sind ...«

»Ich bin draußen«, unterbrach er mich mit einer seltsam rauh klingenden Stimme. »Ich bin auf dem Fußboden.« Das Sprechen fiel ihm sichtlich schwer.

»Schweben Sie dicht über dem Fußboden?«

Er nickte fast unmerklich. »Ja«, flüsterte er.

Es folgte ein längeres Schweigen. Ich wagte kaum zu atmen. Meine Augen suchten den Fußboden ab. Ich glaubte, zwischen mir und dem Fenster eine Bewegung zu sehen, erkannte aber, daß es Staubpartikelchen waren, die im Sonnenlicht flimmerten.

»Ich gehe hinaus ... unter der Tür.«

Ich sah zur Tür hinüber. Es war eine große, alte, solide gebaute Tür, und sie war fest verschlossen. Am unteren Rand bemerkte ich einen etwa einen Zoll breiten Spalt zwischen Tür und Teppichboden.

»Ich ... gehe ... die Treppe hinunter.«

Das alles klang sehr seltsam. Wenn er sich wirklich außerhalb seines Körpers befand, dann konnte er doch sicher durch die Wände gehen. Aber nun behauptete er, die Haupttreppe hinunterzugehen, die in die Vorhalle der Royal Academy of Dramatic Art führte. Ich konnte hören, wie die Menschen die Treppe herauf- und hinunterliefen, und fragte mich besorgt, ob ein unsichtbarer Astralleib von diesen Menschen totgetrampelt werden könnte.

Der Schauspieler schwieg.

»Wo sind Sie jetzt?«

»In der Halle. Ich bin in der Halle.«

Die Haupttreppe führte in die Halle hinunter, wo unmittelbar neben dem Eingang der Tisch des Portiers stand. Hier herrschte gewöhnlich lebhafter Betrieb. Die Leute kamen und gingen. Der Publikumsverkehr wurde von »Uncle John« überwacht, dem breitschultrigen Portier der Royal Academy of Dramatic Art, der feststellte, ob die Schauspielschüler rechtzeitig kamen oder vorzeitig nach Hause gingen. Er hatte natürlich keine Ahnung, daß in diesem Augenblick ein Astralleib an seinem Tisch vorüberglitt.

»Ich bin draußen!« rief er erregt. Ein freudiges Lächeln zog über sein Gesicht.

»Sagen Sie mir, was Sie sehen können«, sagte ich, denn ich wollte einige leichte Tests mit ihm durchführen.

»Ich sehe die Türen am Eingang zur Royal Academy of Dramatic Art.«

Das im georgianischen Stil erbaute Haus hat zwei auffallend schön gearbeitete Türflügel am Eingang. »Können Sie mir die Türen im einzelnen beschreiben?« fragte ich.

Es folgte eine erstaunlich detaillierte Beschreibung der Flügeltür. Dabei erwähnte der Schauspieler Einzelheiten, die man normalerweise nicht im Gedächtnis behält. »An der rechten oberen Türfüllung sehe ich fünf Bolzen und sechs in der unteren Füllung. Der Türgriff aus Messing ist in seinem Scharnier nach oben gedreht. In der linken Türfüllung sehe ich einen tiefen Riß, der schräg nach unten in die Mitte bis zum Boden reicht.« So ging es weiter. Ich war überrascht über die präzise Beschreibung. Er sprach langsam, aber sehr genau einige Minuten über die Tür. Dann machte er eine Pause, als sei er von irgend etwas abgelenkt worden. Währenddessen beobachtete ich sehr aufmerksam sein Gesicht. »Ich kann ... nach oben gehen«, murmelte er.

»Nach oben?«

»Ich kann nach oben schweben.«

»Nehmen Sie sich Zeit; schweben Sie ganz langsam nach oben. Sagen Sie mir, was Sie sehen können.«

Er machte eine kurze Pause. Ich stellte mir vor, wie er außerhalb des Gebäudes nach oben schwebte.

»Ich kann uns sehen. Ich kann uns sehen ...«

Ich wandte meinen Kopf dem Fenster zu in der Erwartung, etwas zu sehen – ich wußte nicht was. Eine Erscheinung? Irgendeine Art Geistererscheinung? Aber ich konnte nur den blauen Nachmittagshimmel sehen, der sich über den Dächern wölbte. Dann sah ich mir wieder Bills Gesicht an. Er schien ganz ruhig zu sein, obwohl sich seine Augen unter den Lidern bewegten. Wahrscheinlich verfolgte er irgendeinen Vorgang. Dann hörte auch die Bewegung der Augen auf. Sein Atem wurde flacher und beschleunigte sich ein wenig.

»Wo sind Sie jetzt?« fragte ich leise.

»Auf ... dem ... Dach.« Wieder fiel ihm das Sprechen schwer, aber er war offenbar erregt. »Es ist großartig... ich kann ganz London überblicken.«

Seine Stimme wurde immer leiser, dann schwieg er. Sein Gesicht wirkte entspannt. Ich beschloß, das Experiment weiter voranzutreiben. Er schien mir zu vertrauen und fühlte sich offenbar stark genug. »Würden Sie fliegen wollen?« fragte ich ruhig. »Wollen Sie von dem Gebäude hinunterspringen und fliegen?« Ich sagte das in einem Ton, mit dem ich ihn zu diesem Versuch ermutigen wollte.

Aber er blieb noch einige Sekunden ganz ruhig und schweigend liegen. Dann fing er sehr schnell und aufgeregt an zu sprechen: »Ich möchte zurückkommen. Ich will nicht fliegen. Ich will zurückkommen.« Sein Gesicht verlor plötzlich jede Farbe.

Ich redete ganz ruhig mit ihm wie ein Fluglotse, der mit einem Piloten spricht. »Lassen Sie sich Zeit, Bill. Wir werden Sie ohne Schwierigkeiten herunterbekommen; Sie haben nichts zu befürchten. Nur langsam, und schweben Sie ganz sanft an der Fassade des Gebäudes hinunter.«

Seine Augen bewegten sich schnell unter den Lidern, und sein Atem blieb flach.

»Ich... komme... hinunter«, krächzte er.

»Sagen Sie mir, wenn Sie an der Tür angekommen sind.«

»Ich komme... die Treppe... herauf«, sagte er schließlich. Offenbar war er glatt durch die Eingangstür gekommen und befand sich im Gebäude.

»Ich bin zurück«, sagte er mit einem tiefen Seufzer.

Eine Stunde später saßen wir zusammen in der Bar der Royal Academy of Dramatic Art, und der Schauspieler hatte sich das zweite Glas Bier bestellt. Seine Augen leuchteten. Er war tief beeindruckt von dem, was er heute erlebt hatte. Er glaubte fest daran, daß er seinen Körper verlassen hatte. Jetzt unterhielten wir uns über das Experiment. Augenscheinlich gab es drei mögliche Erklärungen für die so intensiv erlebte visuelle Reise, die er unternommen hatte. An die erste, daß er sich das Ganze nur eingebildet habe, glaubten wir beide nicht. Jeder Schauspieler braucht in seinem Beruf eine lebhafte Phantasie. Angesichts der psychologischen Vorbereitungen des Versuchs war es vorstellbar, daß das ganze Erlebnis nur in seinem Bewußtsein stattgefunden hatte. Aber wie ließ sich dann die Wahrnehmung aller Details erklären, über die er berichtet hatte? Wir gingen hinaus, überquerten die Gower Street und sahen uns das Gebäude der Royal Academy of Dramatic Art von der anderen Straßenseite aus an. Die Türen sahen bis auf den letzten Bolzen genau so aus, wie er sie beschrieben hatte. Auch der Riß in der Türfüllung verlief genauso, wie er glaubte, ihn gesehen zu haben.

Die zweite Erklärung lag unserer Ansicht nach darin, daß er sich in der leichten Hypnose an die Einzelheiten erinnerte, weil er sie in seinem Gedächtnis gespeichert hatte, ohne sich dessen bewußt zu sein. In den 18 Monaten, in denen er das Gebäude regelmäßig besuchte, hatte er die Fassade des Gebäudes Hunderte von Malen gesehen, und obwohl er sich dessen im allgemeinen nicht bewußt gewesen war, mußte er viele Sinneseindrücke in sich aufgenommen haben, so auch die Details an der Eingangstür und die Risse in den Türfüllungen, die auch noch von der anderen Straßenseite aus zu erkennen waren.

Die dritte und am schwersten zu akzeptierende, aber befriedigendste Erklärung war, daß er *wirklich* seinen Körper irgendwie verlassen hatte. Aber wie sollte das möglich sein?

Es kommt relativ häufig vor, daß Menschen den *Eindruck* haben, sie hätten ihren Körper verlassen. Die psychologische Forschung hat ergeben, daß viele Menschen wenigstens einmal das Gefühl gehabt haben, sich außerhalb des Körpers aufzuhalten, und zwar gewöhnlich unter in keiner Weise kontrollierten äußeren Umständen.[6] Das geschieht zum Beispiel im Schlaf. Was hier erfahren wird, unterscheidet sich jedoch wesentlich von den Erlebnissen im Traum. Aber hier ging es darum, das *Wesen* dieses Phänomens zu ergründen. Ist es paranormal? Verlassen diese Menschen *wirklich* ihren Körper? Ist es nur lebhafte Phantasie, oder gibt es einen Zustand, in dem das Bewußtsein in einer gewissen Entfernung vom Körper existieren kann? Dieses Phänomen ist noch kaum ernsthaft untersucht worden, denn es liegt außerhalb der starren Grenzen der konventionellen Wissenschaft, deren Forschungsvorhaben von Sponsoren finanziert werden. Es gibt aber einige Untersuchungen, die sehr interessante, wenn auch nicht schlüssige Ergebnisse gebracht haben.

So hat zum Beispiel Karlis Osis von der American Society for Psychical Research eine Studie entwickelt, zu der er das Medium Keith Harary einlud. Er sollte den Forschern beweisen, daß es mehr war als ein Traum oder lebhafte Phantasie, wenn er seinen Körper verließ. Harary blieb in einem Zimmer und versetzte sich wiederholt in Zustände, in denen er seinen Körper verließ und während dieser Zeit ein anderes Zimmer »besuchte«, um zu sehen, ob er seine Gegenwart den sich dort aufhaltenden Forschern bemerkbar machen könne. Sie erfuhren nicht, wann er in körperlosem Zustand in das Zimmer kommen werde, und sie sollten nur über ungewöhnlichen Gefühle oder Sinneswahrnehmungen berichten. Am Ende der ersten Sitzung stellte sich heraus, daß sie über ungewöhnliche Gefühle häufiger zu den Zeiten berichteten, in denen Harary seinen Körper verlassen hatte. Noch erstaunlicher war die Tatsache, daß Harary direkt das Verhalten einer Katze beeinflussen konnte, die sich im gleichen Zimmer aufhielt wie die Wissenschaftler. Die Katze hörte sofort auf zu miauen, wenn Harary sie im körperlosen Zustand streichelte.[7]

In dem Laboratorium von Charles Tart in Kalifornien gelang es einer Person, die sich in solche Zustände versetzen konnte, ihren Körper zu verlassen, sich über die Couch zu erheben, auf der ihr physischer Körper, an wissenschaftliche Meßgeräte angeschlossen, ausgestreckt lag, und in ihrem körperlosen Zustand eine fünfstellige willkürlich gewählte Zahl zu lesen, die man vorher auf ein hoch an der Wand angebrachtes Regal gelegt hatte. Die Versuche, die Ergebnisse dieser Studie als irrelevant abzutun, endeten mit Erklärungen wie »es war nur Telepathie«.[8]

Auch der bekannte Schauspieler William Hurt berichtet davon, wie er seinen Körper verlassen hat: »Ich stand auf der Bühne und spielte eine Szene. Dann ging ich in den Zuschauerraum, setzte mich in eine der hinteren Reihen und sah meinem Spiel zu.« Hurt meint, dieses Erlebnis sei Teil der Aufgabe des Schauspielers, den übersinnlichen Bereich zu erforschen. Er sagt: »Die Freiheit des Erlebens verleiht einem Kraft... Man springt nur von einer höheren Ebene in die Tiefe. Aber man *muß* springen.«[9]

Der Beruf des Schauspielers bringt es mit sich, daß viele persönliche Grenzen überschritten werden, und die Begrenzung durch den Körper zu durchbrechen, ist außerordentlich wichtig, denn damit gewinnt man ein freieres erweitertes Gefühl für das Selbst. Auch die Erfahrung, den Körper zu verlassen, kann eine transzendentale sein. Shirley MacLaine bezeichnet ihr Erlebnis des »Fliegens« als etwas ganz Besonderes, als eine ekstatische Erfahrung, die ihr Leben entscheidend beeinflußt habe. Wann immer sie sich »unzufrieden, einsam, unausgeglichen, überanstrengt und nervös« fühlte, dachte sie an dieses Erlebnis und daran, welchen inneren Frieden sie empfunden hatte, als sie aus ihrem Körper schwebte.[10]

Sei es nun lebhafte Phantasie oder ein paranormales Phänomen – die Ausdehnung des Selbst über die Grenzen des Körpers hinaus ist immer ein befreiendes Erlebnis.

13. Unsichtbare Kräfte: Psychisches Empfindungsvermögen

Im Herbst 1955 kam Alec Guinness nach Los Angeles, um mit Grace Kelly und Louis Jordan seinen ersten Hollywood-Film *Der Schwan* zu machen. Nach dem 16 Stunden dauernden Flug von Kopenhagen war er »müde und abgespannt«.[1]

Nachdem er sich in seinem Hotel frischgemacht hatte, lud ihn Thelma Moss, die damals in Hollywood als Drehbuchautorin arbeitete, zum Essen ein. Guinness erzählt: »In drei vornehmen Restaurants wurden wir abgewiesen, weil sie lange Hosen trug.« Damals in den 50er Jahren herrschten noch so strenge Sitten!

Schließlich versuchten sie es in einem italienischen Bistro, wo viele Schauspieler verkehrten und sie, wie Thelma glaubte, sicher noch einen Platz finden würden. Aber das Restaurant war voll besetzt, und sie konnten keinen Tisch bekommen. Guinness berichtet: »Enttäuscht machten wir uns wieder auf den Weg, als ich hinter uns jemanden laufen hörte. Ich wandte mich um und sah einen gutaussehenden jungen Mann mit Sweatshirt und Jeans.« Es war James Dean. Er stellte sich vor und bat Guinness und Thelma Moss an seinen Tisch. »Wir nahmen die Einladung dankbar an, aber auf dem Rückweg zum Restaurant führte er uns zuerst auf einen Parkplatz und sagte: ›Ich möchte Ihnen etwas zeigen.‹«

Dort stand ein Wagen, der »aussah wie ein riesiges in Silberpapier verpacktes Geschenkpaket«. Dean erklärte stolz, der Wagen sei eben erst geliefert worden und er habe noch keine Gelegenheit gehabt, ihn zu fahren. Alec Guinness reagierte sehr eigenartig auf den Anblick dieses Autos. Er kann sich bis heute nicht erklären, wie es zu dieser seltsamen Reaktion kam. Er sagt: »Der Sportwagen machte einen bedrohlichen Eindruck auf mich, obwohl auf der Kühlerhaube ein großer Strauß roter Nelken lag. ›Wie schnell ist er?‹ fragte ich. ›Er macht vielleicht 240 Stundenkilometer‹, antwortete Dean. Ich war erschöpft und hungrig und trotz der Freundlichkeit Deans nicht gerade bester Laune, und nun hörte ich mich mit einer Stimme, die ich kaum als meine eigene erkannte, sagen: ›Bitte, steigen Sie nie in diesen Wagen ein.‹ Ich sah auf meine Uhr. ›Es ist jetzt Freitag, der 23. September 1955, zehn Uhr. Wenn Sie in diesen Wagen steigen, dann wird man Sie in einer Woche um die gleiche Zeit tot darin auffinden.‹« Dean erschrak und machte ein verblüfftes Gesicht.

Guinness entschuldigte sich. Er war schockiert darüber, was er gesagt hatte, und versuchte es damit zu erklären, daß er so lange nichts gegessen und nicht geschlafen habe. Er und Thelma Moss begleiteten Dean ins Restaurant, der Abend verlief harmonisch, und man trennte sich schließlich »freundschaftlich lächelnd und in bester Stimmung«. Das neue Auto war den ganzen Abend nicht mehr erwähnt worden.

Aber Guinness machte sich Sorgen. Er war beunruhigt: »Tief im Herzen war ich mir meiner selbst nicht sicher.«

Am folgenden Freitag um vier Uhr nachmittags war James Dean tot. Er war am Steuer dieses Wagens ums Leben gekommen.[2]

Die Einstellung gegenüber diesen Phänomenen, die man heute als paranormal bezeichnet, hat sich im Lauf der Geschichte immer wieder geändert. Aber in den heutigen traditionellen Gesellschaften und den früheren westlichen Kulturen war es in erster Linie der Schamanenschauspieler, der über solche paranormalen Kräfte verfügte. In den Stammesgemeinschaften bestand seine Aufgabe darin, die Fähigkeit, sich mit der Geisterwelt in Verbindung zu setzen (genauer, mit seinen übernatürlichen Kräften), zum Nutzen seiner Mitmenschen einzusetzen. Künftige Schamanenschauspieler wurden zur Ausbildung und Einweihung oft aufgrund außergewöhnlicher geistiger Erfahrungen in der Kindheit und Jugend ausgewählt. Das waren Erfahrungen, die anzeigten, daß der Betreffende die besondere Gabe hatte, mit der Geisterwelt in Verbindung zu treten und dabei Wege zu beschreiten, die dem gewöhnlichen Menschen verschlossen waren. Daß Alec Guinness den Tod von James Dean vorausahnte, wäre in den traditionellen Gesellschaften als etwas für einen Schauspieler durchaus Normales angesehen worden.

In unserer heutigen Zeit weiß man nicht recht, welche Bedeutung man dem Bereich des Paranormalen einräumen soll. Umfragen haben gezeigt, daß die Mehrheit der Bevölkerung in den westlichen Ländern das Paranormale als einen Teil der Wirklichkeit akzeptiert, aber in der Wissenschaft ist man geteilter Meinung. Das liegt zum Teil daran, daß mit der Anerkennung des »Paranormalen« viele der heute als gesichert angesehenen wissenschaftlichen Theorien ihre Gültigkeit verlieren würden. Die Skepsis erklärt sich aber auch daraus, daß die meisten Phänomene dieser Art nur sehr schwer mit der in der wissenschaftlichen Forschung angewandten Methodik nachgewiesen werden können.[3] Doch das trifft auch auf sehr viele und sehr wichtige Elemente des normalen Lebens zu. So hat die Wissenschaft zum Beispiel keine Möglichkeit zu beweisen, daß Menschen einander lieben können. Das Wesen der Liebe bringt es mit sich, daß es fast unmöglich ist, ihre Intensität wissenschaftlich zu messen. Im Laboratorium wird sie zu einer »zwischenmenschlichen Anziehungskraft« und wird mit anderen, sie nur begleitenden Verhaltensweisen zu erklären versucht. Aber wir hören nicht auf, einander zu lieben, weil die Wissenschaft die Existenz der Liebe nicht messen, analysieren oder beweisen kann.

Ebenso hören wir nicht auf, uns über unsichtbare Kanäle miteinander zu verständigen, weil sie sich der wissenschaftlichen Erforschung entziehen. Jedes Jahr erscheinen Tausende von Berichten über unerklärliche Zufälle, Telepathie, Prophetie und Hellsehen. Aber in den meisten Fällen handelt es sich nur um Vermutungen. Sie ereignen sich zufällig und spontan. Wir haben nicht die Möglichkeit, die Kommunikation auf dieser für den Unbeteiligten nicht erreichbaren Ebene herbeizuführen oder zu beeinflussen. Aber der Schauspieler kommt dieser Kommunikationsmethode beim Kontakt mit seinem Publikum sehr nahe. Denn hier wird das Empfindungsvermögen in einer Weise angesprochen und aktiviert, wie dies normalerweise nicht für möglich gehalten wird.

»...Es gibt eine ganz besondere Art der Intimität zwischen Schauspielern, die für ihre Arbeit bezeichnend ist.« Hier spricht Glenda Jackson über die enge Beziehung, die sich zwischen den Schauspielern im Verlauf einer Inszenierung entwickelt. Sie meint, das Besondere am Beruf des Schauspielers sei, daß »...man auf der Bühne sehr leicht alle gesellschaftlichen Barrieren überwinden kann, die sonst das Leben auf dieser Welt kennzeichnen... Bei Schauspielern kommt das oft vor. Man entwickelt enge Beziehungen zu seinen Kollegen und sieht sie dann jahrelang nicht wieder, aber das hat nichts zu sagen; die Freundschaft besteht weiter.«[4]

Lynn Redgrave hat ganz ähnliche Erfahrungen gemacht: »Wenn man als Mitglied einer Gruppe von Menschen für eine gemeinsame Sache arbeitet, entsteht etwas sehr Schönes. Es ist das eine besondere Art der Vertrautheit, auch wenn man einander nicht sehr gut kennt. Und das Erfreuliche daran ist..., auch wenn man sich erst nach 20 Jahren wiedersieht, kann man dort wieder anfangen, wo man aufgehört hat, als habe man sich nie getrennt. Ich weiß nicht, ob es viele Berufe gibt, in denen man das gleiche erlebt, und deshalb glaube ich, Schauspieler sind sehr glückliche Menschen.«[5]

Es hat den Anschein, daß das Proben, die Inszenierung und die Aufführung eines Stücks eine Art ritueller Nähe erzeugten. Die Verwirklichung dieses Vorhabens verlangt einen kooperativen Austausch mit den Schauspielerkollegen, der weit über das hinausgeht, was normalerweise Freundschaften entstehen läßt, und wie in einer Encounter-Gruppe werden einige der Grenzen, die wir sonst im Umgang mit anderen Menschen errichten, niedergerissen.

Oft wird der »Gemeinschaftssinn« bewußt gefördert. Kürzlich hat John Carlisle in einer Neuinszenierung des ungeheuer erfolgreichen Stücks *Nicholas Nickleby* der Royal Shakespeare Company die Titelrolle gespielt. Die Regisseure Trevor Nunn und John Caird brauchten eine ganze Woche für die ersten Leseproben des Werks, das eigentlich aus zwei Stücken besteht. Zu dem Problem, daß ein so ungewöhnlich großes Ensemble mit dieser Inszenierung auf eine Welttournee gehen würde, meinte John Carlisle: »Wir werden während der folgenden 18 Monate (auf dieser Tournee) ständig zusammen arbeiten und leben müssen. Wir müssen also unbedingt gut miteinander auskommen!« Er beschreibt die zweite Probenwoche, in der Nunn und Caird Übungen veranstalteten, um »Barrieren niederzureißen. Nach meiner Ansicht besteht die wirksamste Übung darin, daß der einzelne Schauspieler versucht, Spiegel seines Partners zu sein. Wir wurden aufgefordert, abwechselnd der Spiegel des anderen zu sein, während John oder Trevor die Emotionen und Bewegungen vorgaben. Man kann sich einem anderen niemals näher fühlen, als wenn man ihm seinen Ärger, seinen Haß oder seine Liebe zeigt und spürt, daß dieses Gefühl mit der gleichen Intensität erwidert wird.«[6]

Man kann sich Übungen dieser Art bei der Gruppentherapie oder bei Veranstaltungen zur Vertiefung zwischenmenschlicher Beziehungen vorstellen, aber wenn man daran denkt, daß es auch möglich sein sollte, das gleiche am Arbeitsplatz – im Büro, in der Fabrik oder in der eigenen Familie zu veranstalten, dann erkennt man, welch intensiver emotionaler Kontakt zwischen dem Schauspieler und seinem Partner hergestellt wird.

Natürlich entsteht diese Intimität zum großen Teil schon durch die gemeinsame Arbeit. Hier bedarf es kaum noch des Informationsaustausches durch Worte, mit dem die Kommunikation im gewöhnlichen Leben unter Freunden ermöglicht wird. Der Schriftsteller Strindberg hat schon vor 100 Jahren gesagt: »In keiner Kunstform gibt es eine so starke Abhängigkeit wie in der des Schauspielers. Wenn er nicht von seinen Kollegen unterstützt wird, werden seinem Spiel die Fülle und die Tiefe fehlen. Er wird in Schach gehalten und zu falschen Betonungen und falschen Rhythmen verführt werden. Deshalb sind enge Beziehungen zwischen Schauspielern unerläßliche Voraussetzung für den Erfolg eines Stücks.«[7]

Die Offenheit und Aufnahmebereitschaft des Schauspielers wird in der Treibhausatmosphäre der Bühne oft auf die Kollegen übertragen. Die Tatsache, daß der Schauspieler bei seiner Arbeit unter starkem psychischen Druck steht und es unbedingt notwendig ist, eng mit den Kollegen zusammenzuarbeiten, führt zur Intensivierung der Kommunikation. Einige Schauspieler haben mit Sicherheit das Gefühl, daß sie ihren Kollegen sehr viel *geben* müssen. George Segal hat gesagt: »... Wenn man eine Szene gespielt hat, tritt man ab, weil sie vorüber ist, und wenn der Film vorüber ist, entsteht eine große Leere, weil das Spiel zum Teil daraus besteht, seinem Partner etwas von sich selbst zu geben, auch wenn es nur durch die Rolle zum Ausdruck kommt, die man spielt. Und was man gegeben hat, nehmen diese Menschen mit.«[8]

Als Marlon Brando Maria Schneider kennenlernte, die die weibliche Hauptrolle in seinem Film *Der letzte Tango von Paris* spielen sollte, führte er sie in eine Bar und sagte ihr: »Wir werden eine Menge zusammen erleben. Deshalb wollen wir nicht viel reden. Sehen Sie mir nur so tief in die Augen, wie Sie können.«[9]

Sensibilität

Ich habe festgestellt, daß es fast unmöglich ist, Liv Ullmann zu interviewen. Sie sprach fließend, hatte interessante Dinge zu sagen, war herzlich, charmant und freundlich. Aber das Schlimme war, sie war so aufgeschlossen, so interessiert, so offen, daß ich Schwierigkeiten hatte, nicht über meine Ideen und mich zu sprechen. Ich hatte das Gefühl, beim Zusammensein mit Liv als Mensch durchschaut zu werden. Hier begegnete ich echter menschlicher Wärme und wurde aufgefordert, ihrer Aufgeschlossenheit auf halbem Wege entgegenzukommen.

Etwas Ähnliches hat Virginia Wright Wexman erlebt, deren Interview mit Liv Ullmann 1980 in der Zeitschrift *Cinema Journal* veröffentlicht wurde. Über ihre Begegnung mit der Schauspielerin sagt sie: »Obwohl sie an diesem Tag schon ein paarmal interviewt worden war, zeigte sie sich ungewöhnlich aufmerksam und beantwortete alle Fragen interessiert und mit großem Einfühlungsvermögen. Als ich Monate später den Bericht von Joan Didion über ihren Versuch, die Schauspielerin zu interviewen, las, bei dem die Interviewerin mit der Interviewten fast unmerklich die Rolle tauschte, wurde ich an jenen Nachmittag erinnert.«

Virginia Wexman geht im folgenden noch näher auf die Empfindsamkeit von Liv Ullmann ein: »Liv Ullmann unterscheidet sich von vielen anderen Darstellern, die in geradezu narzißtischer Weise egozentrisch sind, durch die Aufgeschlossenheit und das Verständnis gegenüber den Menschen in ihrer Umgebung. Man ist versucht zu glauben, daß diese Haltung einen wesentlichen Anteil an ihrer erstaunlichen Fähigkeit hat, andere Personen so lebendig darzustellen und Rollen zu spielen, die nicht nur Versionen ihres eigenen Selbst, sondern überzeugende Darstellungen der Welt sind, die sie umgibt.«[10]

Liv Ullmann hält es für sehr wichtig, daß man seinen Mitmenschen vertraut, sich in schwierigen Situationen nicht aus der Ruhe bringen läßt, und sie ist stets bereit, Neues zu entdecken und sich dabei den gegebenen Umständen anzupassen. Sie sagt: »... Wenn sich herausstellen wird, daß morgen ein wunderbarer Tag ist, dann liegt es daran, daß man sich diesem Morgen voller Vertrauen geöffnet hat. Für mich ist das der positive Aspekt der Unschuld.« Aber wenn man diesen Weg der Selbsterfahrung geht, dann kann das zwar sehr befriedigend und oft auch positiv, angenehm und aufregend sein, bringt jedoch auch Gefahren mit sich. Wer sich neuen Erfahrungen öffnet, schafft damit die Möglichkeit, emotionale Höhepunkte zu erleben, muß aber auch bereit sein, die Tiefpunkte zu akzeptieren. Negative Erfahrungen sind schmerzlich, und vielleicht liegt es daran, daß die meisten Menschen ihren Erfahrungsspielraum in engeren Grenzen halten als Schauspieler. Viele wollen sich Enttäuschungen ersparen und versäumen dadurch die Höhepunkte im Leben.

Liv Ullmann sagt: »Ich bin offen genug für die schönen Dinge, weil ich es zulasse, daß mir auch die häßlichen begegnen. Wenn man offen ist, wenn man Vertrauen hat, wenn man an das Morgen glaubt, dann muß man auch viele Enttäuschungen hinnehmen, weil man der Zukunft mit so großem Vertrauen entgegensieht.« Für Liv Ullmann sind Aufgeschlossenheit, Offenheit und die Bereitschaft, sich voller Vertrauen auf neue Erfahrungen einzulassen, Dinge, die zum *täglichen Leben* gehören: »Jeden Tag können wir wählen, wie wir leben wollen.«

Auch viele andere Schauspieler entscheiden sich für eine solche

Aufgeschlossenheit. Sie bestimmt ihr Leben und ihre Arbeit. Sybil Thorndike sagt zum Beispiel von Laurence Olivier: »Larry hat ungeheuer viel Verständnis für andere Menschen. Das macht ihn zu einem so außergewöhnlichen Schauspieler... er hat ein so tiefes, tiefes Mitgefühl und ist stark von seinen Gefühlen bestimmt. Die Güte, mit der er einem Menschen begegnet, der sich in Schwierigkeiten befindet, ist erstaunlich. Sie ist eine seiner stärksten Charaktereigenschaften und der Grund dafür, daß er ein so wunderbarer Schauspieler ist – weil er sich in jeden hineinversetzen und sehen kann, ob er Schwierigkeiten hat.«[11]

Dieses aktive Einfühlungsvermögen ist ein positives Sichöffnen gegenüber anderen Menschen, die Bereitschaft, ihre Emotionen auf sich wirken zu lassen und ihren Gemütszustand zu akzeptieren.

Ein anderer hervorragender Schauspieler, der sowohl die positiven als auch die enttäuschenden und negativen Aspekte der Sensibilität kennt, ist Marlon Brando. Eine bemerkenswerte Schilderung der Empfindsamkeit Brandos und der Art, wie sie in seinem Spiel zum Ausdruck kommt, gibt Eva Marie Saint, die als seine Partnerin in dem klassischen Film *Die Faust im Nacken* aufgetreten ist: »Marlon war unglaublich sensibel für alles, was um ihn her geschah. Er war wie eine offene Wunde. Sein eigenes Ich geriet niemals in Konflikt mit der Rolle, die er zu spielen hatte. Sie wurde zu einem natürlichen Teil seiner selbst, und zwar so sehr, daß er sich nicht erst in sie hineinversetzen mußte. Wenn man mit anderen Schauspielern arbeitet, dann sieht man es ihren Augen an, wenn sie sich in die dargestellte Person verwandeln. Die Augen werden grau und glasig wie die einer Schlange, bevor sie sich häutet. Diese Schauspieler *fangen an, ihre Rolle zu spielen.* Aber Marlon hat das nie getan. Er *war* Terry Malloy.«[12]

Das erstaunliche Einfühlungsvermögen von Brando kann man noch heute auf der Leinwand bewundern, obwohl der Film schon vor mehr als 30 Jahren gedreht worden ist.

Das private Image von Brando war damals allerdings alles andere als das eines sensiblen Menschen; er galt als grob, streitsüchtig und arrogant. Später sagte Brando von sich: »Manchmal spiele ich den Leuten auch nur etwas vor, und sie halten mich für gefühllos. In Wirklichkeit ist das eigentlich nur eine Art Schutzpanzer, den ich anlege, weil ich zu empfindsam bin. Wenn ich mit 100 Menschen in einem Raum zusammen bin und einer von ihnen mich ablehnt, muß ich den Raum verlassen.«[13]

Der Regisseur Elia Kazan, der diese innere Unsicherheit Brandos spürte, schlug ihm vor, einen Psychoanalytiker aufzusuchen. Brando ließ sich analysieren, und was er darüber und über seine Empfindsamkeit denkt, zeigt sehr deutlich, wie diese nach seiner Auffassung entsteht: »Zuerst fürchtete ich mich vor der Analyse. Ich fürchtete, damit könnte ich die Impulse zerstören, denen ich meine Kreativität als Künstler verdanke. Ein empfindsamer Mensch empfängt fünfzig Eindrücke, wo ein anderer nur sieben aufnimmt.«[14]

Das ist nicht unbedingt eine »paranormale« Fähigkeit, sondern ein Offensein für Zeichen, Kommunikation und Kräfte, die von Menschen ausgehen, und nur eine solche Offenheit ermöglicht eine echte Kommunikation.

Auch im Spiel von Dirk Bogarde kann man dieses hohe Maß an Intimität und Einfühlungsvermögen beobachten. Bei den Aufnahmen zu dem Film *Der Tod in Venedig*, in dem Bogarde mit großem Erfolg die Rolle des Aschenbach spielte, entwickelte sich zwischen ihm und seinem Regisseur Luchino Visconti eine sehr enge Arbeitsbeziehung. Diese enge Zusammenarbeit zwischen ihnen wurde ermöglicht durch die Sensibilität der Schauspieler und die Intimität der Atmosphäre bei den Aufnahmen. Bogarde erinnert sich: »Meine Beziehungen zu Visconti waren einmalig. Wir sprachen nur selten miteinander... wir saßen nebeneinander, aber in einem gewissen Abstand von nicht mehr als einem Meter, und jeder achtete darauf, die Intimsphäre des anderen nicht zu verletzen. So unglaublich es klingt, wir brauchten nicht miteinander zu sprechen. Wir stimmten völlig überein. Ich wußte instinktiv, wann er soweit war, und er wußte es von mir.«[15]

Das ist Kommunikation in höchster Vollendung, und es ist erstaunlich, daß es so etwas auch am Arbeitsplatz geben kann. Es ist eine Kommunikation im Rahmen normaler Verständigungsmöglichkeiten. Bogarde und Visconti nickten und blinzelten sich zu, hoben die Augenbrauen und verwendeten andere subtile Möglichkeiten der Zeichensprache, um einander mitzuteilen, was für den reibungslosen Ablauf des komplexen Geschehens der Filmaufnahmen notwendig war. Viele von uns haben ähnliches im Umgang mit Menschen erlebt, die uns sehr nahestehen, aber am Arbeitsplatz und im normalen Umgang mit anderen Menschen kommt es wahrscheinlich nur sehr selten vor.

Schamanenschauspieler galten immer als besonders empfänglich für übersinnliche Eindrücke. Sie hatten ein besonders feines Gefühl für die Dinge, die jenseits der normalen Sinneswahrnehmungen liegen, für das Geheimnisvolle und Unbekannte, für die unsichtbaren Kräfte, von denen dennoch eine starke Wirkung ausgeht. Diese Kräfte manifestierten sich als »Geister«, und die Schamanenschauspieler waren in der Lage, die Botschaften dieser Wesenheiten zu empfangen.

Heute manifestieren sich die »Geister« von Menschen in den Schauspielern. Wie wir gesehen haben, bestehen zwischen ihnen und den primitiven Geistern verblüffende Ähnlichkeiten, aber der moderne Schauspieler ist vor allem sensibel für die Eindrücke, die er von anderen Menschen empfängt. Er beobachtet und versteht sie. Er ist aber auch offen für subtile Formen der Kommunikation – mit seinen Schauspielerkollegen und allen anderen Menschen.

Man braucht seelische Stärke, um sich in dieser Weise zu öffnen, denn die gegenseitige Beeinflussung wird, wenn sich nicht erkennen läßt, daß dem anderen damit geholfen werden soll, oft als bedrohlich empfunden. Viele Menschen sind im Umgang mit anderen vorsichtig, sie sind auf der Hut und wollen sich davor schützen, daß ein anderer in die eigene Intimsphäre eindringt. Doch Schauspieler müssen ein gewisses Maß an Offenheit entwikkeln, denn diese Offenheit ist eine wichtige Grundlage bei ihrer Arbeit.

An der Royal Academy of Dramatic Art haben wir mit einer Gruppe von Schauspielern, die mehrere Monate täglich gemeinsam probten, eine Methode entwickelt, diese Kommunikationskanäle zwischen den einzelnen Mitgliedern der Gruppe zu öffnen. Und einige dieser Versuche waren so erfolgreich und beeindrukkend, daß dabei zum Teil fast die gleiche Intensität erreicht wurde wie zwischen Bogarde und Visconti, ja, es kam sogar zu ähnlichen unerklärlichen übersinnlichen Kontakten wie zwischen Alec Guinness und dem unglücklichen James Dean.

Übersinnliche Sensibilität

Zwei Schauspieler stehen einander an zwei gegenüberliegenden Wänden eines großen Probenraums gegenüber. Einem von ihnen sind die Augen verbunden. In dem Raum zwischen ihnen sind mehrere Stühle als Hindernisse aufgestellt. Würde der Schauspieler mit verbundenen Augen gerade durch den Raum gehen, dann würde er über die Stühle stolpern. Auf ein Zeichen führt der sehende Schauspieler den blinden Partner durch den Raum zu sich her, indem er ihm sagt, in welche Richtung er gehen soll: »Zwei Schritte nach rechts, einen Schritt vorwärts, zwei nach links ...« usw. Den meisten Partnern gelang diese Übung recht gut, obwohl sie nicht so einfach ist, wie man annehmen möchte. Die Schritte mancher Versuchspersonen sind größer als erwartet, oder sie befolgen die Anweisungen nicht präzise genug. Dazu ist Konzentration erforderlich.

Dann wird die Übung unter erschwerten Voraussetzungen wiederholt. Der sehende Schauspieler führt seinen Partner, dem die Augen verbunden worden sind, nur noch mit Lauten durch die im Zimmer aufgestellten Hindernisse. Er kann dabei jeden beliebigen, mit dem Mund zu erzeugenden Laut von sich geben, darf aber keine Worte benutzen. Die Übung läßt sich ohne weiteres durchführen, setzt aber voraus, daß zwischen den beiden Schauspielern sehr schnell die richtige Verständigungsmöglichkeit geschaffen wird. Sie müssen sich auf eine Lautsprache einigen, die sie im Verlauf der Übung entwickeln. Einige erfinden Laute, die sofort verstanden werden. Bei anderen ist es schwieriger. Was sie auch erfinden, muß konsequent angewendet werden und sich nach den Reaktionen des blinden Partners richten. Ein Laut, der bedeuten soll, »wende dich nach rechts«, kann leicht von dem Partner mißverstanden werden, der sich statt dessen nach links wendet oder sogar rückwärts geht. Der sehende Partner muß dann sofort reagieren und das Verhalten des anderen korrigieren. Die meisten Paare können diese Aufgabe bewältigen. Die Schauspieler, denen die Augen verbunden worden sind, durchqueren den Raum in den meisten Fällen, ohne irgendwo anzustoßen. Beide lernen sehr schnell, sich aufeinander zu konzentrieren. Mit anderen Worten, sie stellen sich auf ihre Kommunikationskanäle ein.

Am Schluß kommen wir zur schwierigsten Version dieser Übung. Der sehende Schauspieler soll seinen Partner durch den Probenraum und um die Hindernisse herumführen, indem er sich auf ihn konzentriert. Dabei darf er ihm keine akustischen Zeichen geben. Der Schauspieler mit der Binde vor den Augen wird angewiesen, sich den Botschaften seines Partners zu öffnen, die unmittelbar auf sein Bewußtsein und seinen Körper wirken werden. Ich habe diese Arbeitsmethode zunächst entworfen, um die Fähigkeit der Schauspieler, sich auf ihre Partner zu konzentrieren, zu testen, zu wecken und zu intensivieren. Eine Gefahr beim Spiel auf der Bühne besteht darin, daß der einzelne Schauspieler agiert, ohne die Beziehung zu seinen Kollegen aufzunehmen, die mit ihm auf der Bühne stehen. Doch als wir mit dieser Übung begannen, waren wir überrascht festzustellen, daß einige Schauspieler auf die sprachlosen Botschaften ihrer Partner ebenso gut reagierten wie auf die mit Worten gegebenen Anweisungen. Sie gingen vollkommen sicher und fast ohne zu zögern an den aufgebauten Hindernissen vorbei durch den ganzen Raum. Andere taten es langsamer und vorsichtiger, als sammelten sie zuerst Informationen oder warteten auf »telepathische« Signale. Wieder andere scheiterten und stießen immer wieder gegen die Hindernisse.

Eines Tages arbeite ich mit einer Gruppe von sechs Schauspielern, die diese Übung mit erstaunlichem Erfolg bewältigen. Sie weichen den Hindernissen so geschickt aus, daß wir begeistert und zugleich erschreckt über die Kräfte sind, die hier frei werden. Am Schluß fordern sie mich auf, selbst zu versuchen, durch die Hindernisse zu gehen. Ich wähle einen Partner, mir werden die Augen verbunden, und dann warte ich, bis die Hindernisse aufgestellt sind. Die Stühle werden so leise abgestellt, daß ich nichts hören kann und deshalb auch nicht weiß, wo sie stehen.

Auf das verabredete Zeichen mache ich mich auf den Weg. Zwar besteht kaum die Gefahr, daß ich mich ernsthaft dabei verletzen könnte, aber die Übung erscheint mir als großes Wagnis. Der vor mir liegende Raum kommt mir bedrohlich vor. Die darin aufgestellten Stühle warten nur darauf, daß ich dagegenrenne. Nach einer langen Pause wage ich langsam den ersten und dann den zweiten Schritt. Von meinem Partner spüre ich nichts, und ich habe auch keine Ahnung, wo die Hindernisse aufgebaut sind. Nach dem dritten Schritt fühle ich plötzlich die Gefahr. Ich weiß genau, wenn ich noch einen Schritt weitergehe, werde ich auf ein Hindernis stoßen. Die Bedrohung liegt unmittelbar vor mir. Ungefähr einen halben Meter von mir entfernt spüre ich einen Gegenstand, der eine Gefahr für mich bedeutet. Ich bin mir immer noch nicht bewußt, irgendwelche Anleitungen von meinem Partner zu empfangen, und ich habe keine Ahnung, in welche Richtung ich mich wenden soll.

Ich bleibe mit den Füßen fest auf dem Boden stehen und beschreibe mit dem Oberkörper einen Kreis. Wohin ich mich auch wende, überall lauern Gefahren. Dann spürte ich rechts von mir einen etwas nach vorn führenden freien Raum, der sicherer zu sein scheint. Vorsichtig gehe ich in dieser Richtung weiter und stoße auf kein Hindernis. Ich gehe weiter zur Seite, durchquere dabei den ganzen Raum diagonal, aber nach etwa zwölf Schritten fühle ich mich nicht mehr so sicher. Ich glaube, wenn ich noch weiter nach rechts gehe, werde ich irgendwo anstoßen. Ich brauche Hilfe, aber ich empfange keine Anweisungen von meinem Partner. Ich drehe den Kopf nach allen Seiten und versuche mir ein Bild von der Aufstellung der Hindernisse zu machen. Mein Gehirn scheint völlig leer zu sein. Ich versuche, die Botschaften meines Partners zu empfangen, kann aber weder etwas hören noch mir etwas vorstellen.

Dann wird mir bewußt, daß ich nur mit meinem Gehirn arbeite und verzweifelt versuche, Worte, Bilder, Vorstellungen und Botschaften zu empfangen. So beschließe ich, das Denken auszuschalten und mich allein auf mein Körpergefühl zu verlassen. Sofort erlebe ich etwas ganz Erstaunliches; ein seltsames, verwirrendes Gefühl, als zerre jemand an meiner Gürtelschnalle. Ich werde nach links vorwärts gezogen. Ich folge dieser Richtung, gehe langsam zur Seite und höre dann das leise Keuchen der anderen im Zimmer. Entweder mache ich alles richtig, oder ich werde im nächsten Augenblick aus dem Fenster steigen. Während ich das denke, spüre ich, wie mein Arm berührt wird. Ich nehme die Binde von den Augen und sehe, daß ich neben meinem Partner stehe. Ich wende mich um und blicke in das Zimmer. Jetzt weiß ich, weshalb die anderen so erstaunt sind. Im Zimmer sind die Stühle in zwei langen, parallel laufenden Reihen aufgestellt und bilden so einen V-förmigen Korridor durch die ganze Länge und Breite des Raums. Ich war genau durch den Korridor gegangen, ohne einen einzigen Stuhl zu berühren. Und die Wahrscheinlichkeit, daß ich rein zufällig diesen Weg gewählt hätte, war in der Tat sehr gering.

Im allgemeinen glauben unsere heutigen Schauspieler nicht, besonders empfänglich für übersinnliche Erfahrungen zu sein. Aber eigentlich sollten sie es doch tun. Charles Marowitz sagt: »Wenn jemand spürt, was wir meinen, ohne daß wir ihm ein sichtbares Zeichen gegeben haben, dann halten wir diesen Menschen für telepathisch veranlagt. Schauspieler sind ständig mit solchen Dingen beschäftigt. Sie übertragen auf ihr Publikum Gedanken, lassen es Wünsche spüren, regen seinen Willen an, versetzen es in die verschiedensten Gemütszustände – und wirken in der verschiedensten Weise auf ihre Zuschauer ein, die ihrerseits körperlich auf solche Ausstrahlungen reagieren – oder nicht – je nach der Stärke des von dem Schauspieler ausgesandten Impulses.«[16]

Telepathie heißt wörtlich übersetzt »Fühlen aus der Ferne«,[17] und genau das ist die Beziehung zwischen dem Schauspieler und seinem Publikum.

Aber natürlich sind es nicht nur die Schauspieler, die auf übersinnlicher Ebene Erfahrungen machen. Wir alle machen ähnliche Erfahrungen. Denn wenn wir die »Botschaften« der Schauspieler aufnehmen, stellen wir unsere Kommunikationsantenne auf Empfang und empfangen mit mehr als nur den Sinnen, oder wir empfangen Eindrücke durch mehrere Sinne gleichzeitig, und das ist etwas anderes. Marowitz sagt dazu: »Das Radarsystem eines Publikums sieht mehr, als ihm gezeigt wird, und was es nicht sieht, kann es fühlen; und was es nicht fühlt, kann es sich vorstellen. Ein Schauspieler, der sich einem so komplexen Überwachungsapparat gegenübersieht, kann nichts verbergen ...«[8]

Schauspieler bemühen sich darum, aufgeschlossen, sensibel und intuitiv zu sein. Der Grad ihrer Aufgeschlossenheit gegenüber anderen Menschen ist ein Wertmaßstab. Wenn wir vom Schauspieler gelernt haben, daß es Kommunikationsmöglichkeiten jenseits unserers Bewußtseins gibt, dann haben wir etwas gewonnen. Und das könnte erst der Anfang sein. Im Falle von Alec Guinness haben sich daraus sogar übersinnliche Fähigkeiten entwickelt.

14. Energien: Intime Kommunikation

Der Transvestit verwendete schon bei seinem ersten Auftritt schmutzige Ausdrücke. Denn als Antony Sher in Harvey Feinsteins Stück *Torch Song Trilogy* die Hauptrolle spielte, mußte er schon in der ersten Szene seinem Publikum verdeutlichen, welche Rolle er zu spielen hatte; die Rolle eines Transvestiten. Hier steht er allein auf der Bühne und wendet sich an das Publikum. Der Monolog ist sehr komisch, enthält aber auch recht eindeutige Passagen über das Sexualleben eines Transvestiten. Bei der Aufführung, die ich im Lyric Theatre in London erlebte, reagierte das Publikum auf diese Szene mit geradezu nervös hysterischem Gelächter. Sher hat mir später gesagt, er habe die Reaktion des Publikums wie etwas empfunden, das er mit Händen greifen und nach seinem Willen beeinflussen könne: »Manchmal kann dieser erste Monolog sehr abstoßend wirken – die Menschen müssen, bevor sie ins Theater kommen, wissen, worum es in diesem Stück geht, aber irgendwie überrascht es sie dann doch, wenn sie diesem Mann zuhören, der mit schmutzigen Ausdrücken um sich wirft, und das Stammpublikum fühlt sich manchmal davon angewidert.« In dem Stück geht es um das Leben eines homosexuellen Mannes. Die Inszenierung in New York wurde zunächst vor allem von Homosexuellen besucht, und ein breiteres Publikum interessierte sich erst später dafür. Aber in London kam von Anfang an ein gemischtes Publikum zu den Aufführungen. Sher sagt, er habe sofort aus der Reaktion auf die ersten Sätze des Monologs spüren können, »wie viele Homosexuelle im Zuschauerraum saßen. An manchen Abenden mußte ich wirklich meinen ganzen Charme spielen lassen, um die Leute zu beruhigen. Aber wenn sehr viele Homosexuelle unter den Zuschauern sind, erwärmen sie sich sofort für den Monolog. Sie denken: ›Oh, ein Mann in Frauenkleidern!‹«

Zum Teil reagieren die Leute mit Zurufen, und dann weiß der Schauspieler, wie sein Spiel ankommt: »Es ist sehr interessant zu beobachten, wie dieses Stück auf die verschiedenen Zuschauer wirkt. Es kommt zu Zwischenrufen, wie ich sie im Theater vorher noch nie erlebt habe. Die Leute fangen an, laut zu schreien, und fühlen sich selbst betroffen ... Sie wissen doch, daß es im Theater gewöhnlich zwei Arten von Reaktionen gibt: Entweder wird applaudiert, oder es herrscht absolutes Schweigen. Aber hier habe ich ganz anderes erlebt.«

Doch die Gesamtreaktion auf den Monolog besteht aus mehr als den Geräuschen, die das Publikum erzeugt. Sher sagt, es sei die »Atmosphäre«, ein »Gefühl«, das in Wellen aus dem Zuschauerraum auf die Bühne kommt.

Simon Callow schildert eine ähnliche Erfahrung mit der »Sensibilität« des Publikums während einer Aufführung des Stücks *Amadeus* von Peter Shaffer am National Theatre, wo er die Rolle des Mozart spielte: »Hier erlebte ich wieder etwas, was ich bisher nur zwei- oder dreimal erlebt hatte: Es war der Hunger des Publikums, das Gefühl, daß es hier etwas bekam, auf das es zu lange hatte verzichten müssen. Meine Schauspielerkollegen hatten das gleiche Gefühl. Es war wie eine magnetische Kraft, die aus dem Zuschauerraum kam ... unter den etwa 200 Aufführungen hat es nicht eine einzige gegeben, in der es uns nicht gelungen wäre, diesen elektrischen Funken im Publikum zu zünden ...«[1]

Was also *ist* das Wesen der Beziehung des Schauspielers zu seinem Publikum? Woher kommt die hier wirkende Energie? Das Theater kann ein wahrer Hexenkessel der Gefühle sein, in dem nur dadurch die Ordnung einigermaßen gewahrt wird, daß es sauber aufgestellte Sitzreihen, uniformierte Theaterdiener, klare Abgrenzungen und gerade Gänge gibt. Aber wenn wir hinter diesen äußeren Schein blicken, dann sehen wir viel urwüchsigere und stärkere Kräfte, die so gefährlich sind, daß sie durch das »gesellschaftliche Wohlverhalten« gebändigt werden müssen.

Was erlebt das Publikum?

Jeder lebt in einem engumgrenzten Raum, den er als Individuum als sein »Territorium« betrachtet. Dieses Territorium ist gewissermaßen aufgeladen mit Sensibilität, und wenn ein anderer in diese Sphäre eindringt, dann versuchen wir im normalen Alltagsleben die so entstehende Spannung dadurch abzubauen, daß wir den Augenkontakt mit den Menschen vermeiden, die uns zu nahe gekommen sind. Und wenn wir in Situationen geraten, in denen wir diese Intimsphäre nicht schützen können, wie etwa in einer vollbesetzen Eisenbahn, in einem Aufzug usw., dann ziehen wir uns in uns selbst zurück, schauen durch die anderen Menschen hindurch, ohne sie wahrzunehmen, und schirmen uns so gegen sie ab.

Menschen, die sich als Zuschauer in einem Theater versammelt haben, haben sich freiwillig in die unmittelbare Nähe von Fremden begeben, und damit entsteht automatisch eine physisch und psychisch gespannte Lage. Die Menschen, die hier nebeneinandersitzen, blicken alle in eine Richtung, und deshalb kommt es kaum zu einem Augenkontakt. Die meisten halten sich an die ungeschriebene Regel, daß man sich nicht umdrehen darf, um die hinter einem sitzenden Menschen anzusehen. Aber die große Nähe bringt es mit sich, daß die persönliche Intimsphäre eines jeden verletzt wird. Es besteht ein ganz intimer Kontakt. In einem vollbesetzten Theater kreuzen sich die Intimsphären, denn jeder einzelne hat es zugelassen, daß die um ihn herum sitzenden fremden Menschen in seine Sphäre eindringen. Wer im Zuschauerraum eines Theaters sitzt, erlebt die Auswirkungen eines engen, fast körperlichen Kontakts mit anderen Menschen. Aber da alle im Publikum das gleiche Erlebnis teilen, geht der Kontakt über die rein körperliche Nähe hinaus. Die Zuschauer haben sich stillschweigend darauf geeinigt, gemeinsam eine emotionale Reise zu unternehmen, ein dramatisches Erlebnis miteinander zu teilen. Und soweit sich diese Menschen der Tatsache bewußt sind, daß sie etwas miteinander teilen wollen, sind sie einander nicht mehr so fremd wie vor dem Theaterbesuch. Freundschaft ist die Bereitschaft, Erfahrungen mit anderen zu teilen, und deshalb besteht die

Verbundenheit eines Theaterpublikums darin, daß alle diese Menschen etwas miteinander teilen wollen, und das heißt, es entsteht eine Art Freundschaft.

Die meisten von uns haben es natürlich auch schon erlebt, daß in einem Theaterpublikum ein solches Gefühl nicht entstanden ist. Man kann sich innerlich dagegen wehren, mit anderen etwas zu teilen. Aber in den Theateraufführungen, von denen Sher und Callow berichten, hat das Publikum dieses Gemeinschaftsgefühl in erregender Weise erlebt. Wahrscheinlich steigert sich dieses Zusammengehörigkeitsgefühl auch noch dadurch, daß der einzelne nicht mehr die Empfindung hat, sich unter Fremden zu befinden, sondern unter »Freunden«, und dieses Bewußtsein verringert die ursprünglich bestehenden Spannungen. Wenn man sich der Tatsache bewußt wird, daß die anderen die gleichen Gefühle haben wie man selbst und daß ihnen das Stück gefällt, dann gehört man zu ihnen, und sie gehören zu einem.

Als Katalysatoren dieser Gruppenerfahrung sind sich die Schauspieler der Bedeutung des Gemeinschaftserlebnisses des Publikums sehr wohl bewußt. »Die Zuschauer sind der Teil einer Inszenierung, der bis zur Erstaufführung noch fehlt und auf den die ganze Arbeit des Schauspielers ausgerichtet ist. Erst wenn das Publikum daran beteiligt ist, wird das Theaterstück zu dem, was es sein soll. Das Publikum gehört dazu. Das lebendige Theater ist etwas Besonderes, denn es ist das einzige Medium, das in diesem Ausmaß von seinem Publikum abhängig ist.« Lynn Redgrave sagt, das Ballett und die Oper würden von der Musik beherrscht und seien deshalb nicht in dem Maß von der Reaktion des Publikums abhängig wie das Theater. »Aber im Theater ist die Beteiligung des Publikums von entscheidender Bedeutung, und was es dazu beiträgt oder nicht beiträgt, beeinflußt den Verlauf jeder Aufführung.«[2]

Sie weist darauf hin, wie das Fernsehen, dessen Publikum sich ganz anders verhält, dazu geführt hat, daß die Menschen ihre Fähigkeit verlieren, so intensiv an den gezeigten Vorgängen *teilzunehmen* wie ein Theaterpublikum: »Es ist völlig gleichgültig, was die Leute vor einem Fernsehschirm oder der Leinwand im Kino tun, weil ihre Teilnahme keinerlei Einfluß auf das Spiel der Schauspieler hat. Deshalb ist es sehr angenehm und entspannend, ins Kino zu gehen oder sich ein Fernsehspiel anzusehen; man ist nicht gezwungen, sich innerlich daran zu beteiligen. Und deshalb ist es heute auch so schwierig, vor einem lebendigen Publikum zu spielen. Die Leute wissen zum Beispiel nicht, daß die Schauspieler oder die anderen Zuschauer es hören, wenn sie sich während der Aufführung unterhalten. Die Leute haben sich daran gewöhnt, vor dem eingeschalteten Fernsehgerät miteinander zu sprechen.«[3]

Auch beim Kinopublikum kann man eine interessante Dynamik beobachten, aber offensichtlich ist das Theater das Medium, bei dem die Schauspieler sich der Reaktion des Publikums unmittelbar bewußt werden.

Liv Ullmann meint, das Theaterpublikum »trägt ebensoviel zum Gelingen einer Aufführung bei wie die Schauspieler auf der Bühne. Das Publikum ist viel mehr Teil einer Inszenierung, als ihm bewußt ist. Das Schweigen ist sein Beitrag und durch das Schweigen nimmt man wahr, wie die Leute zuhören. Sie können sich mit ihrem Lachen beteiligen, und wenn sie das tun, weiß der Schauspieler, daß seine Pointe angekommen ist. Auch wenn die Zuschauer nur lächeln, hört man auf der Bühne, wie dieses Lächeln das ganze Theater erfaßt. Selbst wenn die Zuschauer weinen, beteiligen sie sich an der Aufführung, denn man kann es hören, wenn sie Tränen in den Augen haben – es entsteht eine ganz bestimmte innere Bewegtheit.«[4]

Diese Reaktionen entstehen, weil den Menschen die Vorgänge auf der Bühne ans Herz gehen. Liv Ullmann vergleicht die Beziehung zwischen dem Schauspieler und seinem Publikum mit dem Gespräch, das man mit einem einzelnen Menschen führt: »Wenn man das Gefühl hat, daß der Gesprächspartner wirklich zuhören will – auch wenn man gar nichts Besonderes zu sagen hat –, dann sagt man es mit Liebe ... das läßt die Menschen aufblühen – sie brauchen jemanden, der sie anerkennt.«[5]

Es ist dieses Element der gegenseitigen Anerkennung, das uns dem Wesen der Energien näherbringt, die im Theater zur Wirkung kommen. Denn das klingt sehr ähnlich wie die Erfahrungen, die Simon Callow bei der Aufführung des Stücks *Passing By* von Martin Sherman gemacht hat, in dem es um die Liebe zwischen zwei jungen homosexuellen Männern geht: »... Es war erstaunlich, das winzige *Almost Free*, das kleinste Zimmertheater weit und breit, war jeden Abend bis auf den letzten Platz ausverkauft. Die männlichen Zuschauer ... waren zutiefst bewegt. Es war eine rührende Geschichte, aber daran lag es nicht. Es war so, als wäre ein Geheimnis, das zu lange nicht gelüftet worden war, endlich den Menschen offenbart worden, die es aus eigener Erfahrung kannten, aber noch nie erlebt hatten, daß es anerkannt wurde ... hier spielten die Schauspieler wirklich für ihr Publikum ...«[6]

Ein von der Gemeinschaft vollzogenes Ritual

Jahrhundertelang ist es die Aufgabe der Schauspieler in den traditionellen Gesellschaften gewesen, sich mit ihrem Spiel an der Lösung von Problemen zu beteiligen, welche das ganze Gemeinwesen betrafen. Der Schamanenschauspieler vollzieht einen Akt der Selbstheilung, wenn er sich in die Welt der Phantasie, des Imaginären, in die Welt der Geister begibt. Und in dieser Welt trifft er auf die Geheimnisse, die wir alle als einzelne tief in unserem Unterbewußtsein kennen, die jedoch öffentlich mit anderen *geteilt* werden müssen. Auf diese Weise werden sie uns bewußt gemacht und anerkannt.

Auf der Reise in die Traumwelt unserer Phantasie begeben wir uns in einen Seelenzustand, in dem wir diesen Geheimnissen begegnen und sie intuitiv verstehen können. In den traditionellen Gesellschaften war eine solche Reise ein Neubeginn, ein Vorgang, an dem sich alle Anwesenden beteiligten. Hier sollte nicht nur »der Unglaube zerstört« werden, um die Vorgänge auf der Bühne wirksamer werden zu lassen, sondern die Zuschauer öffneten sich mit ihrem Vorstellungsvermögen den Botschaften der Geister, die ihnen durch die Schamanenschauspieler übermittelt werden sollten. Manchmal hatten diese Geister sehr unangenehme Dinge zu sagen, und das Publikum mußte die Kraft und den Willen haben, die für sie oft schmerzlichen Erkenntnisse zu akzeptieren.

Auch heute sehen und hören wir auf der Theaterbühne und im

Film Dinge, die uns schmerzlich berühren und von denen wir im Grunde nichts wissen wollen. Und ebenso wie die Schamanenschauspieler ihre Zuschauer an den Aufführungen beteiligten und sie voll in das Geschehen einbezogen, tun es unsere Schauspieler auch heute noch.

Das Publikum muß mit seiner Phantasie und seiner Vorstellungskraft in die Aufführung einbezogen werden und sie mit Leben erfüllen. Liv Ullmann spricht davon, wie wichtig es ist, dem Publikum gerade das zu erlauben, und sie glaubt, die Schauspieler sollten »ihrem Publikum nicht im Weg stehen, sondern es zu einer schöpferischen Beteiligung anregen. Lassen wir diese Menschen mit ihrer Phantasie zu uns herein.« Um das möglich zu machen, sollte der Schauspieler nach ihrer Auffassung auf der Bühne nicht zuviel tun. Sie sagt, wenn sie eine gewisse Ruhe um sich herum verbreitet, könnten die Zuschauer sich mit ihrer Phantasie an der Aufführung beteiligen: »...Das Publikum und ich müssen gemeinsam die Aufführung gestalten. Wenn ich mich selbst etwas ruhiger verhalte und dem Zuschauer erlaube, mein Schweigen zu interpretieren, dann wird sein Eindruck tiefer sein als bei einer Vorstellung, in der die Schauspielerin auf der Bühne allzu lebhaft agiert...«[7]

Während die Beziehungen zwischen dem Schauspieler und seinem Publikum im traditionellen und im modernen Theater im Grunde die gleichen sind, gibt es wesentliche Unterschiede im Hinblick auf den *Zweck* des ganzen Unternehmens. Denn heute dient das Theater der Unterhaltung. Es gehört zu der Kategorie von Veranstaltungen, welche die Beteiligten auf einem kulturell höheren Niveau unterhalten sollen. Alles, was Spannungen abbaut, wird, wenn es innerhalb von bestimmten Grenzen praktiziert wird, allgemein gebilligt.

Aber die Rolle des Schauspielers in den traditionellen Gesellschaften war eine völlig andere. Denn die regelmäßig stattfindenden Kontakte zwischen der Geisterwelt tiefer, intuitiv wahrgenommener Wahrheiten und der Öffentlichkeit wurden nicht als unterhaltend angesehen. Sie waren *notwendig*. Ihr Sinn war die Aufrechterhaltung des Gleichgewichts innerhalb einer von der Natur gegebenen Gesellschaftsordnung. Man fürchtete sich davor, zu stark in der rationalen, profanen Alltagswelt zu leben und den Kontakt zu den Mysterien zu verlieren, die diesem Leben eine tiefere Bedeutung geben, weil der einzelne und die Gemeinschaft damit auch das Verständnis für den Sinn des Lebens verlieren konnten.

Ein Auftritt des Schamanenschauspielers, der als Heilungsprozeß verstanden und vor allen Mitgliedern des Gemeinwesens veranstaltet wurde, sollte nicht nur einzelnen kranken Menschen helfen. Die Aufführung diente dem ganzen Gemeinwesen. Sie war ein Ritual, bei dem der Schauspieler den Kontakt zwischen dem Publikum und der Welt der Phantasie des einzelnen und der sich als Gemeinschaft fühlenden Gruppe herstellte. In den traditionellen Gesellschaften war eine solche Aufführung ein Ritual, das die gesammelten Energien der Gemeinschaft freisetzte und die Hilfe der Geister erflehte. Das geschieht auch heute noch.

»Das Theater ist neben der Kirche und dem Konzertsaal einer der wenigen Orte, an denen sich die Menschen zu einem Ereignis versammeln können – zu einem Ereignis, das ihnen etwas zu sagen hat, ihnen die Augen öffnet. Und hier erfahren sie etwas, was sie mit vielen anderen Menschen teilen können. Sie sitzen nicht allein vor einem Fernsehgerät oder vor einer Zeitung.« Liv Ullmann meint, daß dieses gemeinsame Erleben in der heutigen Welt immer seltener wird und etwas ist, das der Schauspieler den Menschen schenken kann. »Wir können unsere Erfahrungen mit dem Publikum teilen, unsere Interpretation der Worte und des Lebens – die Interpretation dessen, was es heißt, ein lebendiger Mensch zu sein.«

Wenn sie von den im Theater frei werdenden Energien spricht, dann stehen die gemeinsam erlebten Gefühle im Mittelpunkt: »Was geteilt wird, ist im Grunde das, wonach sich der einzelne sehnt und wodurch er am stärksten zum inneren Wachstum angeregt wird. Die Liebe wird gemeinsam erlebt. Es ist fast wie ein Strom positiver Energie, die dabei zur Wirkung kommt, weil viele Menschen sie gemeinsam ausströmen.« Das ist es, was sie im Theater zu sehen glaubt: »... Wenn man anfängt, gemeinsam mit dem Publikum zu atmen, zu lachen und zu weinen, dann steigert sich das Lachen und das Atmen, auch wenn man sich dessen nicht bewußt wird, weil man es zusammen mit anderen tut. Hätte man allein im Zuschauerraum gesessen, dann hätte man nicht so leicht lachen können, und vielleicht wären die Tränen sehr viel leiser geflossen. Hier werden wir zu etwas ermutigt. Das gemeinsame Erlebnis ermöglicht es den Menschen, ihre Gefühle zum Ausdruck zu bringen.«[8]

Ben Kingsley spricht davon, daß dieses gemeinsame Erleben ansteckend wirkt: »Die Erregung, die man spürt, wenn man auf der Bühne etwas sagt..., kann, wenn man sehr intensiv an seiner Rolle gearbeitet hat, ansteckend wirken; sie kann weitergegeben und vom Publikum geteilt werden.«[9]

Und Glenda Jackson sagt über das gemeinsame Erleben im Theater folgendes: »Mich interessiert kein Theater, das nur dem passiven Vergnügen des Zuschauers dient. Das Erregendste und das für mich einzig Wertvolle am Theater ist die Tatsache, daß man gelegentlich einen gesellschaftlichen Mikrokosmos erzeugen kann.« Und mir sagte sie: »Unter den günstigsten Voraussetzungen sind es zwei Gruppen von Fremden, die sich in einem Raum begegnen, der niemandem gehört, und aus dieser Situation erschafft man ein Ganzes, man erzeugt eine Einheit, und das ist eine Erfahrung, die sich niemals in der gleichen Weise wiederholen wird. Es kann mit einer neuen Gruppe von Fremden wieder geschehen, aber jedesmal ist es ein ganz besonderes und einzigartiges Ereignis.«

Glenda Jackson meint, daß allein dieses gemeinsame Erleben dem Theater die Existenzberechtigung verleiht: »...Die gesellschaftliche Bedeutung des Theaters liegt nach meiner Auffassung überall dort, wo sich eine Gesellschaft um Ausgewogenheit und Produktivität bemüht, und darin, daß hier die Gelegenheit geboten wird, seine Erfahrungen mit anderen zu teilen, daß eine Gruppe von Fremden zusammenkommt und dadurch die seltene Möglichkeit hat, das Fremdsein zu überwinden. Das dauert unter Umständen nicht länger als das Durchschreiten einer Tür, aber wenn es geschieht, dann läßt es sich nicht mehr rückgängig machen und ist als Idee dessen, was es bedeutet, als menschliches Wesen das Zusammensein mit anderen menschlichen Wesen zu erleben, sehr wertvoll.«

Sie betont, daß nur eine Theateraufführung mit lebendigen Schauspielern diese Atmosphäre erzeugen kann: »Es ist ein Vorgang, an dem das Publikum ebenso intensiv beteiligt ist wie die Schauspieler, weil beide an der dabei entstehenden Energie einen Anteil haben. Nicht nur das, sondern es konzentriert sich alles auf den im Scheinwerferlicht liegenden Raum. Die Energie geht von der Bühne in den Zuschauerraum und fließt von dort zurück auf den Schauspieler. Wenn das geschieht, spürt man deutlich die enge Beziehung, das gemeinsame Erlebnis. Man spürt, daß Schauspieler und Zuschauer eine Einheit bilden und daß alles, was die Schauspieler tun, durch das Verhalten des Publikums in seiner Wirkungsmöglichkeit gesteigert wird ... hier entsteht ein Mikrokosmos dessen, was eine ideale Gesellschaft sein sollte – alle Beteiligten werden in gleicher Weise von der so entstandenen Energie erfaßt. Das geschieht allerdings sehr selten, aber es ist einer der Hauptgründe dafür, daß es ein Theater gibt.«

Estelle Parsons teilt diese Ansicht und weist auf bestimmte Voraussetzungen für das Entstehen dieser Atmosphäre hin: »Ich glaube, es kommt ganz entscheidend darauf an, daß wir lebendig sind. Es sollte eine Seelengemeinschaft entstehen wie auf religiöser Ebene.«[10]

Diese Auffassungen kommen den in den traditionellen Gesellschaften herrschenden sehr nahe. Aber wie entsteht diese durch ein gemeinsames Erlebnis erzeugte und darin wirkende Energie? Der Regisseur Charles Marowitz meint, es gäbe »... in jedem Schauspieler einen Punkt, durch den er den Kontakt zu einem äquivalenten Zentrum im Publikum herstellt. Auf einer Ebene ist das die Gedankenübertragung als wesentlicher Teil der Arbeit des Schauspielers. Auf einer zweiten Ebene ist es ... ein spiritueller Kontakt. Das heißt, die Herstellung einer Kommunikation mit unsichtbaren Kräften.«

Doch normalerweise ist das Theater für uns kein Ort, an dem »unsichtbare Kräfte« wirken. Wie entstehen die Kräfte?

»Man denke einen Augenblick daran, welche Schwierigkeiten ein Medium hat, das versucht, den Kontakt mit einer spirituellen Kraft herzustellen«, sagt Marowitz. »Hier haben wir das Ritual einer spiritistischen Sitzung, das verdunkelte Zimmer. Die Menschen sitzen an einem Tisch und berühren sich dabei mit den Händen, die ganze Gruppe konzentriert sich, und unsichtbare Wesenheiten werden aufgefordert, sich zu materialisieren oder ein Zeichen zu geben ... im Theater geschieht ähnliches (das gesellschaftliche Ritual, der abgedunkelte Raum, die Teilnahme einer Gruppe von Menschen, die intensive Konzentration, die Beschwörung nicht real existierender Menschen und Ereignisse).«[11]

Zwar verwenden wir nicht die Sprache der Medien, wenn wir über diesen Vorgang reden, aber wir kommen ihr doch sehr nahe. Marowitz sagt: »Wenn man von einer ›gelungenen‹ Aufführung spricht, dann deshalb, weil sie Resonanzen weckt, die von den Kritikern mit Worten wie ›Magnetismus‹, ›Magie‹, ›Faszination‹ und ›hypnotisch‹ beschrieben werden.«[12]

Nach Auffassung von Charles Marowitz liegt der Brennpunkt des Dramas nicht auf der Bühne oder im Zuschauerraum, sondern in einem »Bewußtseinszustand, der die beiden Räume miteinander verbindet. Er ist eine Ebene der Sensibilität im Publikum, die der Schauspieler dadurch anspricht, daß er über sich selbst und seinen Text hinauswächst.«[13]

Sam Waterston beschreibt die Beziehung, die zwischen ihm und seinem Publikum bei seinen Auftritten am Broadway entsteht, ganz ähnlich: »Es herrschte eine Atmosphäre unglaublich intensiver Kommunikation, für die weder ich noch die Zuschauer verantwortlich waren. Sie lag ganz einfach zwischen uns in der Luft ... es war wie eine Gruppenerfahrung ...«[14]

Energien

Dieses Gemeinschaftsritual bezieht seine Kraft aus der Energie des Schauspielers. Al Pacino meint, Schauspieler erzeugten ihre Energie wie »emotionale« Athleten: »Man arbeitet hart; ... und dann steigt die Emotion auf und wird ausgestrahlt. Es ist eine Art Exorzismus.«[15]

Allerdings können nicht alle Schauspieler die für das Ritual auf der Bühne erforderliche Energie erzeugen. Rip Torn sagt: »Es gibt sehr gute Filmschauspieler, die jedoch nur vor der Kamera in der Großaufnahme auf eine Entfernung von anderthalb Metern wirken können. Auf der Bühne verfügen sie nicht über diese Ausstrahlung. Ihnen fehlt diese Art von Energie.« Er vergleicht die Energie, die bei einem normalen Gespräch verwendet wird, mit der bei einem Auftritt auf der Bühne verwendeten und sagt, der Unterschied läge in der Intensität: »Es liegt nicht nur darin, daß das Bild des Schauspielers vergrößert wird. Sehr oft ist es die Intensität. Auf der Bühne ist es eine viel intensivere Energie, als wir sie hier brauchen, wenn wir miteinander reden.«[16]

Schauspieler scheinen sich der Qualität der Energie, die sie bei ihren Auftritten aufwenden müssen, durchaus bewußt zu sein. In den letzten Jahren ist kaum ein Schauspieler so für seine Leistungen gelobt worden wie Antony Sher in der Titelrolle von Richard III. Was mich an seinem Spiel besonders beeindruckt hat, war die Tatsache, daß seine Ausstrahlung über die Sitzreihen hinausging und den ganzen Zuschauerraum zu erfüllen schien. Sie hatte die Kraft, die man im allgemeinen nur in kleinen, intimen Theatern erlebt. Auf meine Frage, wie er sein Publikum erreiche, sagte er: »Ich bin mir der Bedeutung der Energie durchaus bewußt. Ich weiß, daß man selbst spüren muß, wie diese Energie von einem ausgeht.«

Schauspieler setzen bei ihrer Arbeit eine erhebliche physische Energie ein. Als Ian McKellan zu Beginn seiner Laufbahn die Rolle des Hamlet spielte, war er erstaunt, welche hohen körperlichen Anforderungen diese Rolle an ihn stellte: »Während eines Auftritts steht man eine ganze Stunde ununterbrochen auf der Bühne. Man ist die Maschine, die jeden Aspekt des Auftritts bewältigen muß, und diese Maschine muß irgendwie mit Energie gespeist werden. Und am Schluß muß man dieses schreckliche Gefecht bestehen. Wenn es vorüber ist, ist man tatsächlich bereit zu sterben.«[17] Die physische und mentale Energie, die sich hier aufstaut und zur Wirkung gebracht wird, muß ungeheuer sein. Nach jeder Aufführung des *Hamlet* brauchte McKellan drei Stunden, um sich zu entspannen. Manchmal führt das Sammeln der physischen Energie, die der Schauspieler braucht, zur Erschöpfung, aber dies ist notwendig, denn damit wird die Vorstellungskraft freigesetzt. Judi Dench sagt: »Gelegentlich hilft es, wenn man vorher den ganzen Tag geprobt hat. Dann überwindet man die Grenzen der Ermüdung. Es kann sogar etwas Wunderbares sein, denn dann bemerkt das Publikum nicht, daß der Schauspieler seine Kräfte sammeln muß. Man schaltet gewissermaßen den Schnellgang ein, und bei solchen Gelegenheiten kann es geschehen, daß alles irgendwie von selbst abläuft... Das kann erregend sein.« Dieses Aufladen mit physischer und mentaler Energie zu einem solchen Höhepunkt kann auch daran gemessen werden, in welcher Weise die anschließende Entspannung abläuft. Judi Dench sagt: »Etwa anderthalb Stunden fühlt man sich ganz wohl, aber dann ist man ziemlich erschöpft... ich kann nach einer solchen Anstrengung sofort einschlafen. Ich würde es nicht mehr schaffen, nach Hause zu gehen, die Treppe hinaufzusteigen, mich ins Bett zu legen und zu schlafen.«[18] So wichtig dieser Energieverbrauch auch sein mag, er hat nicht unmittelbar etwas mit der Präsenz des Schauspielers zu tun. Viele Schauspieler müssen hart arbeiten, aber obwohl sie große körperliche und geistige Leistungen vollbringen müssen, scheint die Vorstellung nicht ganz richtig zu sein, daß allein der Energieaufwand für die Herstellung der Beziehung zwischen dem Schauspieler und seinem Publikum maßgebend und dafür verantwortlich ist, daß die Zuschauer von ihm gefesselt werden. Es gehört mehr dazu als physische und geistige Anstrengungen, um die Präsenz eines Gary Cooper zu erzeugen, der allein durch seine Gegenwart Rowdys in einem Londoner Restaurant in Schach hält, oder eines Richard Burton, der sein Publikum in seinen Bann schlägt. Auch Albert Finney verfügt über andere Kräfte, wenn er trotz eines langweiligen Textes, den er sprechen muß, die Zuschauer fesselt, und Meryl Streep zwingt die Zuschauer mit anderen Mitteln, ihr Spiel auf der Leinwand zu verfolgen. Wir müssen mehr erfahren, als daß sie bei ihrer Arbeit große Anstrengungen unternehmen, auch wenn das zweifellos eine Grundvoraussetzung für den Erfolg ist. Es erklärt aber nicht die fast hypnotische Wirkung, die manchmal von einem Schauspieler ausgeht.

Nachdem ich Liv Ullmann in dem Stück *Old Times* von Harold

Pinter gesehen hatte, fragte ich sie danach, aus welchen Quellen sie die Energien schöpft, die sie für die lebendige Darstellung einer Rolle braucht. »Manchmal gibt es in einem Stück eine wunderbare Szene, und sie lädt einen mit der Energie auf, die man für die nächste Szene braucht. Aber in diesem Stück habe ich nichts besonders Aufregendes zu sagen; es ist ein sehr eigenartiger Text. So fasse ich meine Rolle als die einer Tänzerin auf; das Ganze ist ein Tanz für mich: Ich bewege mich in diese Richtung, und dann geschieht etwas, und ich bewege mich in jene Richtung, und es geschieht etwas anderes. Und gerade das ist es, woraus ich die notwendige Energie beziehe. In diesem Stück habe ich keine andere Möglichkeit. Ich tanze meine Rolle, und ich werde dabei von einer Art Welle getragen, und dieser Vorgang verleiht mir eine besondere Art von Energie.«

Was ist nun diese besondere Art der Energie?

Wir kommen der Sache etwas näher, wenn wir darauf hören, was mir Glenda Jackson über die Energie gesagt hat, die ein Schauspieler auf der Bühne braucht: »Von dieser Energie hängt es ab, ob eine Aufführung lebendig ist oder tot. Der Kontakt zwischen dem Schauspieler und dem Publikum läßt eine Energie frei werden, die ständig latent vorhanden ist; man muß nur wissen, wie man sie freisetzt.«

Natürlich spricht Glenda Jackson hier nicht nur über rein physische oder mentale Energie. Was sie sagt, läßt einen vielmehr an die emotionale Spannung denken, die zwischen dem Schauspieler und dem Publikum entsteht und die die körperliche Leistung des Schauspielers und die intellektuelle Gegenwart des Publikums transzendiert.

Glenda Jackson meint, wir hätten im Westen keine klare Vorstellung davon, wie diese Art der Energie zum Ausdruck zu bringen sei: »In den östlichen Kulturen kann man das sehr klar erkennen – es ist die Fähigkeit, im gleichen Augenblick vollständig entspannt und vollständig mit Energie aufgeladen zu sein; die Fähigkeit, ein Gefühl, eine Idee oder auch nur eine Geste mit all seiner Energie aufzuladen und sie vollständig zu beherrschen.« Sie meint, diese Fähigkeit schlummere in jedem von uns, »aber wir leben nun einmal nicht in einer Kultur, wo diese Fähigkeit so hoch eingeschätzt wird wie in anderen. Man sieht diese Art der Ausgewogenheit in unserer Kultur nur sehr selten, aber in den östlichen Kulturen ist sie deutlich zu erkennen. Bei den Chinesen erlebt man es, daß sie alles mit absoluter Energie erfüllen können. Man denke nur an ihre Kampfsportarten.«

Im Westen haben wir uns daran gewöhnt, Geist und Körper voneinander zu trennen, und deshalb haben wir verschiedene Kategorien der »physischen« und der »psychischen« oder mentalen Energie. Wenn man begreift, wie man diese Konzepte in einer einzigen Energiequelle vereinigen kann, versteht man auch, wie das Leben und das Handeln des Menschen im Osten auf den verschiedenen Ebenen aufgefaßt wird. In bestimmten Kampfsportarten und bei der Akupunktur werden zum Beispiel die Systeme für die Anwendung von Energie sichtbar gemacht. Es ist vielleicht vorstellbar, daß diese Energie über gewisse psychophysische Kanäle läuft, aber das Entscheidende ist, daß man diese in China mit »Chi« bezeichnete Energie auch in dramatisch wirksamer Weise verwenden kann. »Chi« befähigt einen Karatekämpfer, mit der bloßen Hand Ziegelsteine zu zerschlagen, und die gleiche Kraft wird bei der durch die Akupunktur herbeigeführten Anästhesie wirksam und ermöglicht es dem Chirurgen, einen Patienten bei vollem Bewußtsein zu operieren.

Im Westen betrachten viele solche Methoden als esoterisch und lehnen sie als fremdartig ab. Aber der Schauspieler ist sich dieser Kräfte bewußt und verwendet eine dem »Chi« sehr ähnliche physische und psychische Energie, wenn er auf der Bühne steht. Klaus Kinski erlebt diese Energie als eine durch seinen Körper fließende Kraft. Er öffnet sich ihr und sagt, »ich lasse diese Kraft durch mich hindurchströmen und auf das Publikum wirken.«

Auch Sam Waterston spürt, wie diese Energie durch ihn hindurchfließt, und sagt, er werde dabei in einen ekstatischen Zustand versetzt: »Wenn man davon ganz ›high‹ wird, und das ist das Beste, was es gibt, denn dann wird man von Leidenschaft ergriffen. Ich meine damit nicht eine Leidenschaft, die sich in einer turbulenten Szene ausdrückt. Vielmehr meine ich, daß die Dinge durch einen hindurchfließen. Man ist ein Leitungsrohr in einem Kanal.«

Diese modernen Schauspieler lassen uns ebenso wie die Schamanenschauspieler in den traditionellen Kulturen Kräfte aus dem transzendentalen Bereich spüren – heilende Kräfte, Geister. Und das beweist aufs neue, daß das Leben des Schauspielers ein Weg zu Wissen und Macht ist.

15. Rückkehr zum Mysterium

Der Schauspieler fügt unserem Leben nichts hinzu. Im Gegenteil, es wird uns vieles genommen; Hindernisse, Beschränkungen, Grenzen und konventionelle Ansichten über das Selbst und den Sinn des Lebens.

Im Vertrauen auf unsere Intuition und im Verzicht darauf, unseren Ausdrucksmöglichkeiten Beschränkungen aufzuerlegen, finden wir wie der Schauspieler den Weg zur Freisetzung der in uns schlummernden Kräfte. Das Theaterspiel ist eine ausgezeichnete Methode, diese innere Befreiung zu bewirken. Denn das Gestalten einer Rolle ist nicht nur ein Vorgang, bei dem man aus den eigenen Erfahrungen schöpft, sondern es nimmt auch die Aufmerksamkeit des einzelnen so sehr in Anspruch, daß es unmöglich ist, sich vor allen Gefahren zu schützen. Simon Callow sagt über seine erste Rolle, die den vollen Einsatz seiner Persönlichkeit von ihm verlangte: »Ich hatte keine Zeit, über die Art meines Spiels nachzudenken ... zum ersten Mal ... begriff ich, was es bedeutet, die Rolle eines anderen Menschen zu spielen. Ich mußte bereit sein, ganz anders zu denken als bisher ... *ich existierte in einer völlig anderen Weise*.«[1]

Was bedeutet es nun, »in einer anderen Weise zu existieren«? Das Entscheidende ist, daß der Schauspieler in sich eine Lebensauffassung erzeugt, in welcher der Mythos ad absurdum geführt wird, der Mensch sei eine einzige, geschlossene Persönlichkeit. In jedem von uns schlummern viele Persönlichkeiten, und der Schauspieler entdeckt alle diese Persönlichkeiten, die wir ignorieren oder verdrängen, in sich und verleiht ihnen Ausdruck. Der Schauspieler erkennt, daß jeder von uns nicht nur eine, sondern eine

Vielzahl von Persönlichkeiten ist, und verändert sich daher physisch, mental und emotional. Das geschieht bei der Gestaltung seiner Rollen, wird aber auch außerhalb des Theaters oder des Filmstudios im täglichen Leben sichtbar. Während wir nur manchmal daran denken, daß wir uns gern verändern würden, tun die Schauspieler das in sehr dramatischer Weise.

Bei der Vorbereitung auf ihre Rollen leben Schauspieler ganz in der Gegenwart. Denn sie vergegenwärtigen sich vergangene Erfahrungen, erleben sie von neuem und lassen sie bei der Gestaltung einer Rolle lebendig werden. Die dramatischen und die normalen Ereignisse des eigenen Lebens werden ausgewertet und in einer allgemeingültigen Form zum Ausdruck gebracht. Das Gewöhnliche wird zum Besonderen, und die Vergangenheit wird zur Gegenwart. Das sind die beiden wichtigsten Voraussetzungen dafür, *im Jetzt leben zu können.*

Das Leben des Schauspielers erschließt ihm die Fülle und Kraft der eigenen Phantasie und gibt ihm die Möglichkeit, seiner Intuition zu folgen. Wer sich für ein solches Leben entscheidet, ist jedoch nicht »auf Rosen gebettet«. Hohe körperliche Anforderungen und emotionale Risiken sind die Würze im Leben des Schauspielers. Wer in der Gegenwart lebt und bereit ist, Risiken einzugehen, wird von seiner Umgebung deutlicher wahrgenommen und entwickelt in sich die Fähigkeit, die in ihm schlummernden Kräfte voll zum Ausdruck zu bringen.

Der Schauspieler erweitert auf seinem Weg viele Grenzen, auch die Grenzen seines Körpers. Denn das Zentrum – die Quelle und der Mittelpunkt seiner Energien – wird über die Grenzen des Körpers hinaus in die ihn umgebende Welt ausgedehnt. Starke Kräfte werden wirksam, anstatt zurückgehalten zu werden und schließlich verlorenzugehen.

Die Schamanenschauspieler in den traditionellen Gesellschaften verfügten, wie man glaubte, über übersinnliche Kräfte. Sie waren offen für jene Bereiche des Lebens, die außerhalb des Normalen liegen. Noch heute zeigen Schauspieler eine Kommunikationsfähigkeit, die über das von uns als normal Angesehene hinausgeht. Zu dem Wichtigsten, was der Schauspieler der Welt gegeben hat, gehört die Erweiterung der Kommunikationsmöglichkeiten.

Allerdings sind wir alle Schauspieler. Die Ideen und Einsichten, die uns durch den Schauspieler vermittelt werden, sind für uns alle erfahrbar. Das geschieht nicht nur auf der Bühne – obwohl viele die Möglichkeit hätten, als Laiendarsteller aufzutreten oder an Schauspielkursen und Seminaren teilzunehmen –, sondern wir haben auch in vielen anderen Bereichen, wo wir es nicht wagen, alle uns zur Verfügung stehende Energie einzusetzen, die Gelegenheit dazu.

Vor jeder schauspielerischen Leistung steht die Frage: »Was wäre, wenn ...?« Das bedeutet, wenn man eine Rolle gestalten will, fragt man sich zunächst: »Wenn ich mich in jene Person, die ich darstellen soll, verwandeln würde, wie würde ich denken und handeln; welche Erfahrungen würde ich dabei machen?« Auch wir, die wir nicht auf der Bühne stehen, stellen uns oft die gleiche Frage, beantworten sie aber nur in unserer Phantasie. Doch der Schauspieler läßt die Vorstellungen seiner Phantasie zur Wirklichkeit werden, und zwar auch im wirklichen Leben. Doch vor allem läßt der Schauspieler diesen so ungeheuer wichtigen Bereich der Imagination und Phantasie für uns lebendig werden.

Das kann uns zumindest helfen, eine positivere Einstellung gegenüber dem Leben auf dieser Welt zu gewinnen. Marlon Brando spricht davon, wenn er sagt: »Jeder hat schon einmal das Gefühl gehabt, im nächsten Augenblick müsse die Welt untergehen. Und dann geht man ins Kino und sieht, wie John Wayne über die Prärie reitet, und man sieht das wehende Gras und die Wolken, und er hebt das Mädchen in den Sattel und reitet mit ihm auf die untergehende Sonne zu. Man ist in verzweifelter Stimmung ins Kino gegangen, und nun kommt man heraus und fühlt sich wohl. *Er* hat einem dieses Gefühl gegeben. Das ist nicht schlecht, es ist nicht schlecht, wenn man so etwas fertigbringt ...«[2]

Der Filmregisseur John Boorman mußte gestehen: »Als ich anfing Filme zu machen, hatte ich ein schlechtes Gewissen, weil die Handwerker, um meine Phantasien zu verwirklichen, gutes Bauholz benutzten, aus dem sie richtige Häuser hätten bauen können. Es liegt eine schreckliche Arroganz darin, dieses Material zu nehmen und es in Schatten zu verwandeln, in Nichts.« Aber dann lernte Boorman die Indianer im brasilianischen Regenwald kennen, Menschen, denen die Welt der Phantasie sehr viel bedeutete. »Die Indianer versuchen mit ihrer Musik, ihren Tänzen und Ritualen ständig, aus ihrem materiellen Leben in die Geisterwelt zu entfliehen. Wenn wir einen Film machen, nehmen wir die materiellen Elemente unserer Gesellschaft und verwandeln sie in einen Lichtstrahl, der auf eine Wand projiziert wird, und hoffen, daß er etwas von *unserem* Geist enthalten wird.«[3]

Ebenso wie die Schamanen bei den brasilianischen Indianern ihre Geister manifestieren, personifizieren unsere Schauspieler heute *unsere* Geister. Das ist eine Perspektive, die wir vergessen haben. Mit der Wiederentdeckung der Rolle des Schauspielers haben wir, glaube ich, einen Teil unserer Selbst wiederentdeckt – jenen Teil, der uns mit dem Unbekannten verbindet, mit jenseitigen Kräften, den Geheimnissen des Lebens, denen wir uns einzig und allein durch die Intuition nähern können. Denn es ist hier, tief im Inneren unseres Geistes, daß die Kunst der Wissenschaft begegnet und beweist, daß sie genauso stark ist.

Natürlich kann es allzu leicht anmaßend klingen, wenn wir über Kunst reden, weil wir auf der Suche nach den richtigen Worten zu einem Vokabular greifen, das übertrieben klingt. Und es wird immer Menschen geben, die es für übertrieben halten, dem Beruf des Schauspielers eine zu große Bedeutung beizumessen. Doch in einer Welt, in der wir mit den wissenschaftlichen Werkzeugen unserer so hochgelobten Rationalität eifrig damit beschäftigt sind, Atomwaffen herzustellen, können wir es uns nicht leisten, auf Möglichkeiten zu verzichten, die uns tiefere Einblicke in die menschliche Natur ermöglichen können.

Als Wissenschaftler weiß ich die wissenschaftlichen Methoden zu schätzen, mit denen wir uns darum bemühen, unser Wissen zu erweitern. Aber die Wissenschaftler selbst beginnen heute zu erkennen, daß unsere rationale Welt in Wirklichkeit zutiefst irrational ist und die Wissenschaft ihre Grenzen hat. Schauspieler sind mehr als ein kultureller Luxus, ästhetische Anhängsel der Unterhaltungsindustrie. Im Gegenteil, wir brauchen die Schauspieler dringend als Vermittler zwischen uns und der Welt der Phantasie, mit unserem universalen Selbst, dem Teil von uns, der uns mit der gesamten Menscheit verbindet. Bei unserem Bemühen, das Leben harmonischer zu gestalten und die geistige Gesundheit des Individuums und der Massen zu bewahren, sollten wir, wie ich glaube, die Schauspieler als wertvolle Hilfskräfte erkennen und als eine vom Aussterben bedrohte Art schützen.

Die Schamanenschauspieler in den traditionellen Kulturen personifizierten die Götter, und auch die modernen Schauspieler tun das, wenn sich in ihnen Persönlichkeiten verkörpern, die aus den Tiefen unserer Vorstellungswelt zu uns sprechen. Aus einem mit der Ratio nicht faßbaren Stoff erzeugen sie etwas Greifbares. Mit den Worten von Alec Guinness, dessen Bericht über ein übersinnliches Erlebnis am Anfang dieses Buches steht, ist »die Erschaffung aus dem Nichts eigentlich eine göttliche Tat. Natürlich *sind* wir keine Götter – aber vielleicht gleichen wir kleinen Göttern ...«[4]

Die Schauspieler in den traditionellen Gesellschaften waren die Bewahrer von Geheimnissen und Mysterien. Bei ihren Auftritten zeigten sie das, was sie zeigen durften, aber sie wußten immer mehr, als sie zeigen konnten. Dem ist auch heute noch so, denn der Schauspieler geht mit dem ureigenen Wesen der Realität um, einer Realität, die sich mit Worten nicht analysieren läßt, die jedoch in der Arbeit des Schauspielers zum Ausdruck kommt. John Boorman sagt: »Der Schauspieler beherrscht diese Dinge ebensowenig wie wir, vielleicht noch weniger. Und doch kann er sie gelegentlich in einer Weise verdeutlichen, die dem Leben selbst Leben einhaucht.«

Der Schauspieler ist dazu berufen, uns mit dem Geheimnis in Berührung zu bringen, das die Seele allen Lebens ist.

Fußnoten

Einführung

1. Guinness 1985, S. 34–35
2. MacLaine 1983
3. Eliade 1972
4. Boorman 1985, S. 88
5. La Barre 1972
6. Halifax 1982
7. MacLaine 1983, S. 4
8. Andrews 1983
9. Thomas 1973, S. 91
10. Roberts 1985, S. 10–12
11. Kalter 1979, S. 52
12. Brook 1972, S. 122–123
14. Mandelbaum 1960
15. La Barre 1979, S. 7–11
16. Bates 1983
17. Charles 1953, S. 95–122
18. Huxley 1974, S. 263
19. Southern 1962
20. Mayer und Immoos 1977
21. Mayer und Immoos 1977, S. 43
22. Johnstone 1981, S. 149
23. Lewis 1971
24. Tyler 1985
25. Bowers 1960
26. Kalter 1979, S. 191
27. Caughey 1984, S. 40

1. Die verlorene Tradition

1. Rogers 1983
2. Peachment 1984, S. 12–16
3. Waymark 1971
4. Cottrell 1975, S. 357
5. Ferris 1983, S. 131
6. Ward 1983
7. Thomas 1973, S. 153
8. Morella und Epstein 1973, S. 142–143
9. Hayman 1971
10. McAsh 1985, S. 22
11. Billington 1973, S. 145
12. Billington 1973, S. 144
13. Billington 1973, S. 144

2. Schauspieler im täglichen Leben

1. Thomas 1973, S. 234–236
2. Cottrell 1975, S. 390
3. Cottrell 1975, S. 390
4. Stanislawsky 1949, 1961a, 1961b
5. Marowitz 1978
6. Kalter 1979, S. 185
7. Marowitz 1978, S. 14
8. Kalter 1979, S. 21
9. Wexman 1980
10. Callow 1984, S. 80
11. Wexman 1980
12. Kalter 1979, S. 185
13. Cottrell 1975, S. 390
14. Marowitz 1978, S. 15

15. Sher 1985
16. Hay 1984, S. 9–10
17. Kalter 1979, S. 156

3. Aber ist das Kunst?

1. Bonner 1984
2. Artaud 1974, Grotowski 1975
3. Roose-Evans 1984
4. Kalter 1979, S. 229–230
5. Thomas 1973, S. 112
6. Callow 1984, S. 92
7. Kalter 1979, S. 204
8. Ullmann 1977, S. 222
9. Boorman 1985, S. 103
10. Goodman 1985, S. 10
11. Thomas 1973, S. 64
12. Peachment 1984, S. 12–16
13. Callow 1986, S. 36
14. Kalter 1979, S. 191
15. Boorman 1985, S. 128
16. Boorman 1985, S. 112
17. McAsh 1985, S. 22–23

4. Sind sie denn nicht alle verrückt?

1. Smith 1983, S. 13–14
2. Smith 1983, S. 13–14
3. Smith 1983, S. 13–14
4. Gray 1979
5. Norman 1986, S. 20–24
6. Braithwaite 1974, S. 5
7. Downing 1983, S. 9
8. Hay 1974, S. 9–10
9. Eliade 1972
10. Halifax 1982
11. Kalter 1979, S. 144
12. Thomas 1973, S. 153
13. Guiles 1982, S. 76
14. Jacobi 1967
15. Singer 1972, S. 166–168
16. Cottrell 1975, S. 400–401
17. Kalter 1979, S. 71
18. Kalter 1979, S. 61
19. Thomas 1979, S. 28
20. Kalter 1979, S. 105
21. Kalter 1979, S. 187
22. Ullmann 1977, S. 222
23. Kalter 1979, S. 201–202
24. Morella 1973
25. Morella 1973
26. Kalter 1979, S. 71
27. Norman 1986, S. 23
28. Kalter 1979, S. 21
29. Kalter 1979, S. 185
30. Lewis 1986, S. 16
31. Morella 1973, S. 114
32. Thomas 1973, S. 251
33. Morella 1973, S. 139
34. Thomas 1973, S. 252
35. Morella 1973, S. 140
36. Thomas 1973, S. 252
37. Thomas 1973, S. 253
38. Callow 1984, S. 80
39. Kalter 1979, S. 226
40. Kalter 1979, S. 62
41. Perry 1974, S. 8
42. Thomas 1973, S. 153
43. Cottrell 1975, S. 404
44. Johnstone 1981, S. 83
45. Kalter 1979, S. 22

5. Besessenheit: Die Suche nach dem inneren Selbst

1. Bogarde 1978, S. 364
2. Kalter 1979, S. 203
3. Thomas 1980, S. 22–27
4. Southern 1962
5. Lewis 1971
6. Cole 1975, S. 42
7. Marowitz 1978, S. 100
8. Kalter 1979, S. 51
9. Owen 1983, S. 22
10. Goodman und Rygrave 1979, S. 55
11. Bonner 1984

12. Kalter 1979, S. 71
13. Andrews 1983
14. Ullmann 1977, S. 96–97
15. Ullmann 1977, S. 217
16. Ullmann 1977, S. 217
17. May 1970
18. Caughey 1984, S. 18
19. Johnstone 1981
20. MacLaine 1983
21. Burton 1967
22. Kalter 1979, S. 151
23. Kalter 1979, S. 152
24. Sher 1985
25. Conrad 1985
26. Brook 1972, S. 123
27. Kalter 1979, S. 108

6. Die Verwandlung des Selbst

1. Southern 1962, S. 277
2. Hayman 1971
3. Hayman 1971
4. Griffin 1969
5. Kalter 1979, S. 202
6. Wardle 1985
7. Denby 1981, S. 26
8. Beauman 1985, S. 9
9. Nathan 1984, S. 45
10. Jung 1956, S. 167
11. Bates 1971
12. Cottrell 1975, S. 400
13. Kalter 1979, S. 74
14. Ullmann 1977, S. 208

7. Vergangenes wird wieder lebendig

1. Hay 1984, S. 10
2. Beauman 1985, S. 54
3. Zitiert in Benedetti 1981, S. 4
4. Kalter 1979, S. 62
5. Franks 1985
6. Shakespeare 1985
7. Hay 1984, S. 10
8. Kalter 1979, S. 73
9. Gussow 1984
10. Brenner 1984
11. Gussow 1984
12. Gussow 1984
13. Brenner 1984
14. Brenner 1984
15. Goodman und Rygrave 1979, S. 55
16. Kalter 1979, S. 28–29
17. Andrews 1983
18. Grof 1979

8. Das Sehen: Konfrontation mit der Realität

1. Morella und Epstein 1973
2. Thomas 1973
3. Thomas 1973
4. Heilpern 1979
5. Ullmann 1977, S. 224
6. Ullmann 1977, S. 224
7. Kalter 1979, S. 50–51
8. Usher 1979
9. Kalter 1979, S. 202
10. Rosenthal 1982

9. Träume: Symbole der Macht

1. Gow 1979, S. 22
2. Downing 1983, S. 163–164
3. Elsom 1985, S. 14–15
4. Kalter 1979, S. 39
5. Caughey 1984, S. 157
6. Caughey 1984, S. 119–127
7. Norman 1986, S. 20–24
8. Kalter 1979, S. 109
9. Andrews 1983
10. Nathan 1984, S. 28
11. Herrigel 1953, S. 7
12. Edwards 1982, S. 30
13. Russell 1982, S. 193
14. Russell 1982, S. 193

15. Edwards 1982, S. 36
16. Universal 1967
17. Kalter 1979, S. 85
18. Ullmann 1985, S. 103–106

10. Tod: Leben am Rand des Abgrunds

1. Boorman 1985, S. 183
2. Boorman 1985, S. 183
3. Cottrell 1975, S. 384
4. Cottrell 1975, S. 264–265
5. Goodman und Rygrave 1979, S. 55
6. Kalter 1979, S. 49
7. Kalter 1979, S. 89
8. Brenner 1984
9. Brenner 1984
10. Waymark 1971
11. Cottrell 1975, S. 379
12. Kalter 1979, S. 84
13. Owen 1983
14. MacLaine 1983, S. 318
15. Hayman 1971
16. Rosenthal 1982
17. Andrews 1983
18. Southern 1962, S. 24
19. Thomas 1973, S. 55
20. Callow 1984, S. 56
21. Callow 1984, S. 81
22. Couch und Kenison, 1960

11. Charisma: Die Macht der Gegenwart

1. Southern 1962, S. 40
2. Downing 1983, S. 96
3. Kalter 1979, S. 63
4. Kalter 1979, S. 218
5. Wexman 1980, S. 70
6. Thomas 1973, S. 41
7. Ward 1983, S. 43
8. Kalter 1979, S. 157
9. Ferris 1983, S. 58–59
10. Ferris 1983, S. 70
11. Ferris 1983, S. 69–70
12. Ferris 1983, S. 60
13. Nathan 1984, S. 78
14. Cottrell 1975, S. 404
15. Thomas 1980, S. 22–27
16. Kalter 1979, S. 88–89
17. Kalter 1979, S. 149–150
18. Downing 1983, S. 145
19. Callow 1984, S. 20
20. Hutchinson 1980
21. Downing 1983, S. 145
22. Wexman 1980, S. 70
23. Kalter 1979, S. 18
24. Kalter 1979, S. 215
25. Rosenthal 1982
26. Usher 1979
27. Boorman 1985, S. 167
28. Kalter 1979, S. 156
29. Matson 1979
30. Matson 1979
31. Benedetti 1981, S. 21

12. Die Seele: Die Befreiung vom Körper

1. MacLaine 1983, S. 3
2. MacLaine 1983, S. 332–333
3. Watts 1967
4. Kalter 1979, S. 144
5. Eliade 1972
6. Blackmore 1982
7. Inglis 1985, S. 47
8. Blackmore 1982
9. Norman 1986, S. 20–24
10. MacLaine 1983, S. 3–4

13. Unsichtbare Kräfte: Psychisches Empfindungsvermögen

1. Guinness 1985, 34–35
2. Guinness 1985, 34–35
3. Bates 1985
4. Nathan 1984, S. 64
5. Kalter 1979, S. 70
6. Truss 1985
7. Benedetti 1981, S. 119
8. Nathan 1984, S. 64
9. Morella 1973
10. Wexman 1980, S. 69
11. Cottrell 1985, S. 402
12. Thomas 1973, S. 93
13. Thomas 1973
14. Braithwaite 1974
15. Bogarde 1978, S. 366
16. Marowitz 1978, S. 103
17. Russell 1982
18. Marowitz 1978, S. 101

14. Energien: Intime Kommunikation

1. Callow 1984, S. 97
2. Kalter 1979, S. 85
3. Kalter 1979, S. 86
4. Andrews 1983
5. Andrews 1983
6. Callow 1984, S. 47
7. Andrews 1983
8. Andrews 1983
9. Chambers 1978
10. Kalter 1979, S. 220
11. Marowitz 1979, S. 102
12. Marowitz 1978, S. 102–103
13. Marowitz 1978, S. 105
14. Kalter 1979, S. 145
15. Peachment 1984, S. 14
16. Kalter 1979, S. 47
17. Waymark 1971
18. Gow 1979, S. 12–17

15. Rückkehr zum Mysterium

1. Callow 1984, S. 23
2. Morella und Epstein 1973, S. 142–143
3. Boorman 1985, S. 229
4. Bragg 1985

Literaturverzeichnis

Andrews, D., *Actress Liv Ullmann: Life without barriers,* Christian Science Monitor, 1983

Artraud, A., *The Theatre and Its Double,* London, 1977 (dt.: *Das Theater und sein Double,* Frankfurt am Main, 1969)

Bates, B., *Territorial behavior in primates: A review of recent field studies,* Primates: Journal of Primatology, 1971, Bd. 11 (3), S. 271–284

Bates, B., *The Way of Wyrd,* London, 1983 (dt.: *Wyrd,* München, 1986)

Bates, B., *Spooks classified: on present views of the paranormal,* The Guardian, 25. 4. 1985

Beauman, S., *As you like it, as they like it,* Sunday Times Magazine, Juni 1985, S. 51–54

Benedetti, R., *The Actor at Work,* Englewood Cliffs, New Jersey, 1981

Billington, M., *The Modern Actor,* London, 1973

Blackmore, S., *Beyond the Body,* London, 1982

Bogarde, D., *Snakes and Ladders,* London, 1978

Bonner, H., *Interview with John Hurt,* Mail on Sunday, 29. 4. 1984

Boorman, J., *Money into Light,* London, 1985

Bowers, F., *Theatre in the East,* New York, 1960

Bragg, M., *Interview with Alec Guinness,* The South Bank Show, London Weekend Television, 6. 10. 1985

Braithwaite, B., *The Films of Marlon Brando,* London, 1974

Brenner, M., *Death of a Salesman,* (Dustin Hoffman), New York, 26. 3. 1984

Brook, P., *The Empty Space,* London, 1972 (dt.: *Der leere Raum,* München, 1975

Burton, H., *Great Acting,* London, 1967

Callow, S., *To Beebe or Not to Beebe,* The Sunday Times, 6. 4. 1986, S. 36–38

Caughey, J. L., *Imaginary Social Worlds,* University of Nebraska Press, 1984

Chambers, C., *Responsibility to the future: Ben Kingsley and Patrick Stewart in interview,* Plays and Players, 1978, 25 (10), S. 10–15

Charles, L. H., *Drama in Shaman exorcism,* Journal of American Folklore, 1953, 66, S. 95–122

Cole, D., *The Theatrical Event,* Middletown, Connecticut, 1975

Conrad, P., *An Actor possessed,* The Observer, 23. 6. 1985
Cottrell, J., *Laurence Olivier,* London, 1975
Couch, A. und Kenison, K., *Yeassayers and Naysayers,* Journal of Abnormal and Social Psychology, 1960, (160), 2
Denby, D., *Meryl Streep is Madonna,* New York, 21. 9. 1981, S. 26
Downing, D., *Jack Nicholson,* London, 1983
Edwards, B., *Drawing on the Right Side of the Brain,* London, 1982
Eliade, M., *Shamanism: Archaic Techniques of Ecstasy,* Princeton, 1972 (dt.: *Schamanismus und archaische Ekstasetechnik,* Zürich, Stuttgart, 1957)
Elsom, J., *Brook's Latest,* Plays International, 1985, 1, (2), S. 14–15
Ferris, P., *Richard Burton, London, 1983* (dt.: *Richard Burton, seine Filme, sein Leben,* München, 1983)
Franks, A., *Scofield on the couch,* The Times, 30. 11. 1985
Goodman, J., *The rise and rise of an unconventional hero,* (Interview mit John Malkovitch), The Times, 20. 2. 1985, S. 10
Goodman J. und Rygrave, M., *The making of Meryl,* (Interview with Meryl Streep), The Observer Magazine, 4. 3. 1979
Gow, G., *Energy and rompishness and exquisite agony,* (Interview mit Judi Dench), Plays and Players, 1979, 26 (9), S. 12–17
Gow, G., *Incarnation,* (Interview mit Klaus Kinski), Films and Filming, 1979, 25 (10), S. 22–24
Gray, P., *A mother finds herself: The silent suffering of Meryl Streep,* Time, 3. 12. 1979
Griffin, J. H., *Black Like Me,* London, 1969 (dt.: *Reise durch das Dunkel,* München, 1962)
Grof, S., *Realms of the Human Unconscious,* London, 1979 (dt.: *Topographie des Unbewußten. LSD im Dienst der tiefenpsychologischen Forschung,* Stuttgart, 1978)
Grotowski, J., *Towards a Poor Theatre,* London, 1975 (dt.: *Das arme Theater,* Velber, 1970)
Guiles, F. L., *Jane Fonda: The Actress in her Time,* London, 1982
Guinness, A., *Blessings in Disguise,* London, 1985 (dt.: *Das Glück hinter der Maske,* München, 1988)
Gussow, M., *Dustin Hoffman's »Salesman«,* New York Times Magazine, 11. 3. 1984
Halifax, J., *Shaman: The Wounded Healer,* London, 1982 (dt.: *Schamanen, Zauberer, Medizinmänner, Heiler,* Frankfurt am Main, 1983)
Hay, M., *The essential touchstone for Roger Rees,* Drama, 1984, 3 (153), S. 9–10
Hayman, R., *Helen Mirren,* The Times, 11. 9. 1971
Heilpern, J., *Interview with John Hurt,* Radio Times 233, 19. 5. 1979
Herrigel, E., *Zen in the Art of Archery,* London, 1953 (dt.: *Zen in der Kunst des Bogenschießens,* Weilheim, 1979)
Hutchinson, T., *Interview with John Hurt,* Now Magazine, 26. 9. 1980
Huxley, F., *The Way of the Sacred,* London, 1974

Inglis, B., *The Paranormal*, London, 1985
Jacobi, J., *The Way of the Individuation*, New York, 1967 (dt.: *Der Weg zur Individuation*, Zürich, Stuttgart, 1965)
Johnstone, K., *Impro: Improvisation and the Theatre, London, 1981*
Jung, C. G., Two Essays on Analytical Psychology, New York, 1956 (dt.: *Analytische Psychologie und Erziehung*, Zürich, 1950)
Kalter, J., *Actors on Acting*, New York, 1979
La Barre, W., *The Ghost Dance: Origins of Religion*, New York, 1972
La Barre, W., *Shamanic Origins of religion and medicine*, Journal of Psychedelic Drugs, 1979 II (1–2), S. 7–11
Lewis, I. M., *Ecstatic Religion: An Anthropoligical Study of Spirit Possession and Shamanism*, Baltimore, 1971
Lewis, P., *The pride and joy of Peter Hall*, Sunday Express Magazine, 23. 2. 1986, S. 15–19, & 58–59
MacLaine, S., *Out on a Limb*, London, 1983 (dt.: *Zwischenleben*, München, 1984)
McAsh, I., *Take 2: People in camera*, Films, März 1985, S. 22–23
Mandelbaum, D. G., *Anthropology of Folk Religion*, London, 1960
Marowitz, C., *The Act of Being*, London, 1978
Matson, K., *The Encyclopaedia of Reality*, London, 1979
May, R., *Psychotherapy and the Daimonic*, in J. Campbell (Hrsg.), *Myth Dreams and Religion*, New York, 1970
Mayer, F. und Immoos, T., *Japanese Theatre*, London, 1977 (dt.: *Schattentheater*, Würzburg, 1981)
Morella, J. und Epstein, E. Z., *Brando: The Unauthorised Biography*, London, 1973
Nathan, D., *Glenda Jackson*, Tunbridge Wells, 1984
Norman, N., *Hurt: The actor with the atom brain*, The Face, 1986, 69, S. 20–24
Owen, M., *Meryl Streep*, Evening Standard, London, 19. 3. 1983, S. 22
Peachment, C., *An American Buffalo in London*, (Interview mit Al Pacino), Time Out, 1984, 733, S. 12–16
Perry, J. W., *The Far Side of Madness*, New York, 1974
Roberts, P., *Actor as Storyteller*, Plays International, 1985, 1 (2), S. 10–12
Rogers, B., *Streep draws the line*, Sunday Times, 20. 3. 1983
Roose-Evans, J., *Experimental Theatre*, London, 1984
Rosenthal, D., *The mystique of Meryl Streep*, Cosmopolitan, Mai 1982
Russell, P., *The Awakening Earth*, London, 1982 (dt.: *Die erwachende Erde*, München, 1984)
Shakespeare, N., *Strong in practice*, (Interview mit Sheila Gish), The Times, 27. 3. 1985
Sher, A., *Year of the King*, London, 1985
Singer, J., *Boundaries of the Soul*, New York, 1972
Smith, G., *The lives and deaths of Dustin Hoffman*, Rolling Stone, 3. 2. 1983, S. 3–4 & 51–52

Southern., R., *The Seven Ages of the Theatre*, London, 1962 (dt.: *Die sieben Zeitalter des Theaters*, Gütersloh, 1966)
Stanislawski, K., *An Actor prepares*, New York, 1961 (dt.: *Die Arbeit des Schauspielers an sich selbst*, Berlin, 1961–1963)
Stanislawski, K., *Building a Character*, New York, 1949 (dt.: *Die Rolle des Schauspielers an der Rolle*, Berlin, 1955)
Stanislawski, K., *Creating a Role*, New York, 1961
Thomas, B., *Brando: Portrait of the Rebel as an Artist*, London, 1973
Thomas, D., *The many faces of Klaus Kinski*, American Film, 1980, V (7), S. 22–27
Truss, L., *An Actor bids farewell to peace of mind*, The Times, 19. 12. 1985
Tyler, R., *The hard sell behind television's soft soap*, The Times, 17. 12. 1985
Ullmann, L., *Changing*, London, 1977 (dt.: *Wandlungen*, München, 1976)
Ullmann, L., *Choices*, London, 1985 (dt.: *Gezeiten*, München, 1985)
Universal Pictures Ltd. New, *Interview with John Hurt*, 1967
Usher, S., *Why Meryl Streep's best performance had an audience of one*, Daily Mail, 19. 4. 1979
Ward, R., *I'm not a movie star, I'm an actor*, (Interview mit Gene Hackmann), American Film, 1983, VIII (5)
Wardle, I., *Rape of the American Indian as seen from the reservation*, The Times, 19. 12. 1985
Watts, A., *The Book: On the Taboo Against Knowing Who You Are*, New York, 1967 (dt.: *Die Illusion des Ich*, München, 1980)
Waymark, P., *Ian McKellan joins the Shakespearian acting elite*, Daily Telegraph, 29. 3. 1971
Wexman, V. M., *An Interview with Liv Ullmann*, Cinema Journal, 1980, 20 (1)